U1010722

法学与法治建设研究·文丛

孟庆瑜 主编

RESEARCH ON JURISPRUDENCE
AND RULE OF LAW

15

法治建设与法学理论研究部级科研项目成果：“承包地‘三权’运行制度研究”（编号：18SFB3038）

河北省高等学校人文社会科学重点研究基地
——河北大学国家治理法治化研究中心资助

# 承包地“三权”运行制度研究

Research on the Operation System of
“Three Rights” of Contracted Land

徐超 著

法律出版社 LAW PRESS·CHINA
——北京——

图书在版编目(CIP)数据

承包地"三权"运行制度研究 / 徐超著. -- 北京 : 法律出版社, 2020(2021.10 重印)
(法学与法治建设研究文丛 / 孟庆瑜主编)
ISBN 978-7-5197-4876-0

Ⅰ. ①承… Ⅱ. ①徐… Ⅲ. ①农村土地承包法-研究-中国 Ⅳ. ①D922.324

中国版本图书馆 CIP 数据核字(2020)第 156756 号

承包地"三权"运行制度研究
CHENGBAODI "SANQUAN" YUNXING ZHIDU YANJIU

徐 超 著

策划编辑 陈 妮
责任编辑 陈 妮 黄 筝
装帧设计 马 帅

出版发行 法律出版社
编辑统筹 法治与经济出版分社
责任校对 王 丰 李景美
责任印制 吕亚莉
经 销 新华书店

开本 710 毫米×1000 毫米 1/16
印张 15 字数 258 千
版本 2020 年 8 月第 1 版
印次 2021 年 10 月第 2 次印刷
印刷 固安华明印业有限公司

地址:北京市丰台区莲花池西里 7 号(100073)
网址:www.lawpress.com.cn
投稿邮箱:info@lawpress.com.cn
举报盗版邮箱:jbwq@lawpress.com.cn

销售电话:010-83938349
客服电话:010-83938350
咨询电话:010-63939796


版权所有·侵权必究


书号:ISBN 978-7-5197-4876-0
定价:86.00 元

凡购买本社图书,如有印装错误,我社负责退换。电话:010-83938349

《法学与法治建设研究文丛》

## 编 委 会

**编委会主任** 孟庆瑜

**编委会成员**（按姓氏笔画排序）

王凤鸣 李 林 时建中 宋英辉

岳彩申 周叶中 郑尚元 孟庆瑜

姚 辉 姚建宗 蔡守秋 阚 珂

# 总　　序

“完善和发展中国特色社会主义制度，推进国家治理体系和治理能力现代化”是党的十八届三中全会确立的全面深化改革的总目标。在实现这一总目标的过程中，法治发挥着至关重要的作用。《中共中央关于全面推进依法治国若干重大问题的决定》进一步深刻指出，“依法治国，是坚持和发展中国特色社会主义的本质要求和重要保障，是实现国家治理体系和治理能力现代化的必然要求”。因此，将国家治理的现代化目标与全面推进依法治国的战略布局相结合，实现国家治理的法治化，不仅是党和政府全面推进的重大改革任务，而且是广大社会公众，特别是广大法律、法学工作者必须积极参与的重大系统工程。正是在这样一个特定的时代背景下，河北大学国家治理法治化研究中心适时成立和运行，并成功获批为河北省高等学校人文社会科学重点研究基地。

河北大学国家治理法治化研究中心是依托河北大学人大制度与地方立法研究中心、河北省政府法治研究中心等学术机构，整合法学、政治学、经济学、社会学等多方面的科研力量创建的，与河北省人大常委会法制工作委员会、河北省人民政府法制办公室、河北省人民检察院和河北省高级人民法院等国家机关和法律实务部门之间已建立交流与合作长效机制。中心拥有一支政治素质高、业务能力强、富有团队协作和创新精神的专兼职相结合的学术队伍，主要围绕人大制度与地方立法、政府法治与政府执行力、社会治理与法治创新、京津冀协同发展与地方法治等方向开展科学研究、人才培养和社会服务等工作。迄今为止，中心在课题研究方面，承担国家社会科学基金项目近 10 项，其中，中心负责人孟庆瑜教授主持的国家社会科学基金重点项目《京津冀区域生态环境协同治理政策法律问题研究》实现了河北省在该领域的突破；在决策咨询与服务方面，接受省人大法制工作委员会、省政府法制办公室、省人民检察院等部门委托，承担委托起草、专家论证、立法后评估、检察公信力测评等工作40余项；在学术交流方面，承办或协办第三届海峡两岸能源经济与能源法学术交流会、第六届中国农村法治论坛、第九届中国财税法前沿高端论坛、中国经济法学研究会2015年年会等多次全国性学术会议。

《法学与法治建设研究文丛》是河北大学国家治理法治化研究中心创设的，由法律出版社负责出版的研究成果转化平台，着力对法学研究和法治建设方面的原创性或实用性成果予以资助出版，以期能为推进国家治理体系和治理能力现代化这一总目标的实现提供必要的理论支撑和决策参考。

河北大学国家治理法治化研究中心
《法学与法治建设研究文丛》编辑委员会
2015年12月

# 序

我国是传统的农业大国,“三农”问题历来是国家最重视的核心问题,土地问题是农民最为关切的利益问题,是关涉农村稳定的重大问题。因而,农业农村部部长韩长赋曾言“土地制度是一个国家最为重要的生产关系安排,是一切制度中最为基础的制度”。20 世纪 80 年代,通过我国历史上第一个关于农村工作的中央一号文件《全国农村工作会议纪要》,明确了承包地“两权”分离的制度安排,从而极大地解放了农村的生产力。随着工业化、城镇化的不断推进,大量农民进城导致承包权和经营权已经在事实上呈现分离态势。社会现实的变迁必然呼吁制度的改革,2016 年 10 月中共中央办公厅、国务院办公厅印发的《关于完善农村土地所有权承包权经营权分置办法的意见》提出“将土地承包经营权分为承包权和经营权”从而实现“‘三权’分置并行”,便是我国在土地制度方面继续深化改革的体现。

随着《农村土地承包法》的修正,承包地“三权分置”已然由政策转变为法律。然而,诸如“三权”的权利性质为何、权利结构如何配置、具体如何运行等规定尚散见于《土地管理法》《民法典》等法律及相关行政法规中。承包地“三权”的有效运行尚需更为完备系统的顶层设计。具体而言,需要在现有的基本理论和法律框架下,找准承包权和经营权的功能定位,围绕发包、流转、收回建构具有可操作性和可行性的具体规则,使“三权分置”落到实地,推动土地制度的深化改革。

徐超博士的专著《承包地“三权”运行制度研究》正是在该领域探索的一本力作。综观全书,以承包地“三权”的学理基础和制度完善为研究内容,具有明确的问题意识,结构合理且论证充分,值得向学界同仁们推荐。首先,提出问题。从“两权”到“三权”的现实必要性、“三权”的地方探索以及现行制度在政策目标实现中的不足，这三个层层递进的方面，引出本书将要探究和解决的问题。其次，理论提炼。遵循问题导向，书中明晰了“三权”运行的价值目标和功能定位。基于此，具体的制度框架应当涵盖发包、流转和收回等环节。最后，制度创设。在均衡承包地发包、流转、收回这一价值目标指引下，探讨具体发包、流转、收回等运行环节的制度完善。

我国经济体制正处在重大历史转型时期，农地改革、转型也正与我国的转型同步。对农村土地尤其是农用地及其权利配置也正处于改革、转型中，这需要理论的支撑，同时又必然在实践中完善现有的理论。因而，这一时期的理论研究似乎会显得不完备甚至有瑕疵。自然，这会是本书的不足。“三权分置”是一项体现中国智慧、具有中国特色的制度创新，也是《农村土地承包法》《土地管理法》修正后尚需完善的探索。对于“三权分置”制度的全面把握尚离不开深入的调研和以后的社会实践。因此，专著尽管对各地承包地“三权分置”的探索实践进行了细致的梳理和分析，却相对缺乏具体实践的案例。然而，瑕不掩瑜，本书依然堪称一部探索创新的优秀之作。

作者是我名下的优秀博士研究生之一，攻读博士学位期间勤奋好学、刻苦钻研，是国家社科基金项目“集体土地‘三权’抵押窘境及改革措施研究”的主研人之一；收集了大量的有关承包地“三权”的资料，并就农村土地权利方面在CSSCI期刊发表有数篇学术论文，取得了较为丰富的成果。取得博士学位后，他不忘初心，再接再厉，继续在该领域潜心深耕细作。本书是其主持的司法部法治建设与法学理论研究部级科研项目“承包地‘三权’运行制度研究”(18SFB3038)的最终成果。为人师者，审阅学生独立之说，犹以青胜于蓝而欣喜。后生可畏，年青可为。我相信作者通过不懈努力，在我国农村土地法研究方面，会有累累硕果，终将会当凌绝顶。

是为序！

*

2020年4月20日

* 西南政法大学经济法学院教授、博士研究生导师，法学博士。

# 目录

# 导　论

土地为人类提供生存的空间、发展的场所以及维持生命的必备要素。农村土地制度改革的变迁与演进,始终围绕着农民与土地这对核心关系,承包地是“三农”问题的核心所在。在我国工业化、城镇化和农业现代化不断推进的新形势下,大量的农村人口进入城市从事非农生产,在原本承包地“两权分离”制度设计下,大量承包地之上的承包权和经营权已然发生了事实上的分离。应势而为,根据我国农村地区社会经济发展和新型城镇化推进的现实需求,为了进一步实现农业增效、农民增收、农村增富等“三农”改善以及保障国家粮食安全、农业生态环境可持续发展等制度目标与功能,并且协调深化改革进程中承包地所承载的实质公平与经济效率的价值目标,以及妥善处理与“两权分离”改革成果的关系,中央在原有的农村土地制度改革的基础上适时作出了承包地“三权分置”改革的重大抉择。2014 年中央一号文件——《关于全面深化农村改革加快推进农业现代化的若干意见》首次明确提出农村土地“三权分置”的改革思路,此后的一系列中央政策文件进一步明确了“三权分置”的政策内涵与改革路径,并将之上升为深化农村土地制度改革的核心与基本方向。2016 年 10 月,中共中央办公厅、国务院办公厅印发的《关于完善农村土地所有权承包权经营权分置办法的意见》提出,“将土地承包经营权分为承包权和经营权,实行所有权、承包权、经营权‘三权’分置并行”,“形成层次分明、结构合理、平等保护的格局”。党的十九大决议提出乡村振兴战略,并把“三权分置”制度改革作为实现乡村振兴的重要内容。

农村土地不仅是农户生存、发展的基础性生产资料及重要家庭财产，更是支撑农业生产的宝贵资源及生态系统载体，关乎国家粮食安全、农产品质量安全等社会公共利益的实现，其本质属性是一类公共资源，而非单纯的财产权对象。我国的农村土地改革走过了40余年的发展历程，广大农村地区以社会主义市场经济取代了计划经济，在农业生产经营方面，以家庭承包经营制度取代了人民公社制度，建立了适应发展社会主义市场经济要求的农村土地经济体制框架，为承包地“两权分离”改革释放出巨大的制度红利，从根本上解放和发展了农业、农村的生产力，使农村地区的经济发展取得了巨大进步，为我国现代化建设提供了基础性的物质保障。在此基础上，承包地“三权分置”改革是完善和丰富集体统一经营与家庭承包经营相结合的双层经营体制之必然选择；是推进现代农业发展、增加农民收入的必然选择；是中国特色社会主义的重大制度创新。然而我国的土地资源极为有限，人均耕地不足世界平均水平的一半，影响和制约我国经济的发展。由此，为促使有限的承包地资源发挥最大的经济效用并保障粮食安全和社会稳定，进一步深化农村土地制度改革便成为社会主义市场经济健康发展的客观要求。

随着2018年《农村土地承包法》的修正，承包地“三权分置”改革已经由政策转为法律，《农村土地承包法》对这一政策内涵进行了法律表达，然而“三权分置”的法律表达存在缺陷，导致承包地“三权”关系不明。[1] 法律规则的制定与完善需要符合法律规范的基本要求并将之转化为立法内容。在承包地“三权”运行制度的规范完善过程中，要从法理层面认真研究承包地“三权”的权利结构，厘清“三权”的权利性质及其相互关系，在此基础上对承包地发包、流转、收回等制度完成立法层面的规范表达。因此，对于承包地“三权”运行制度的研究，有助于在理论上厘清“三权”的概念界定、权利属性及其相互之间的法律关系，构建“三权”运行的框架结构，选择符合我国国情的“三权分置”改革路径，以及完善承包地发包、流转、收回等过程中的制度规范。以此，在承包地“三权分置”的地方性实践探索中提供可能的创新性指导与理论性借鉴，并防止其在摸索的进程中突破现行立法所既定的法律框架而侵害多元主体的权益。

当前，承包地“三权分置”问题的相关研究已然成为学界关注的焦点。“三

〔1〕 参见房绍坤：《〈农村土地承包法修正案〉的缺陷及其改进》，载《法学论坛》2019年第5期。

权分置”的改革政策提出伊始,就在经济学界和法学界引发了广泛的讨论与争议。“农户承包权”和“土地经营权”在法律中的权利属性以及二者关系成为各方理论争议的焦点,实际上体现的是政策文本转化为法律概念的过程中理论阐释和规范表达之间的冲突。一方面,“三权分置”的政策提出确实有其所依据的现实基础,需要从法学理论层面进行创新和加以解释并指导未来立法;另一方面,“三权分置”终究要落实到承包地之上“三权”的权利属性、结构配置以及运行制度的完善,应当在原有“两权分离”制度框架的基础上进行法律表达,同时需要注意立法的体系规范性和逻辑自洽性。法学理论观点的争议也反映了学者对承包地“三权分置”的理论阐释,以及如何与现行立法及《民法典》相互衔接的问题。

对于承包地“三权”运行制度的研究,需要在对我国农村土地权利制度演进历程和地方性实践成果进行梳理和提炼的基础上进行理论层面的创新,应当以问题意识为导向,展开符合法律逻辑性的演绎推理,同时对我国现行立法背景下所体现的既有经验成果和制度资源予以充分的考量与关照,还需对如何与《民法典》中农村土地权利体系化进行衔接展开思考。承包地“三权”运行制度的设计所要解决的关键问题在于,以符合民法体系中《民法典》之法理作为前提,厘清承包地“三权”在既有承包地权利制度体系中的应有功能与适当定位,并以承包地的发包、流转、收回等法律事实流程为依托完善具有可操作性的制度规则,使理论创新具有制度层面的指导意义与价值,同时制度规则的完善以理论为依据。故此,本书从理论阐释和制度完善两个层面,对承包地“三权”运行制度展开体系性的探讨。

本书以承包地“三权”的学理基础和制度完善为研究中心,在总体结构和具体章节的研究上均贯穿“提出问题、分析问题、解决问题”的问题导向意识,从基础理论研究和具体制度研究以及制度完善的角度展开。首先,通过对现行的法律规范及其演进历程的梳理和考察,把握“两权分离”下农村土地权利运行制度的基本状况;通过对“三权分置”政策文件以及各地试点方案的文本解析,明确“三权分置”政策意欲实现的目标;剖析现有制度在实现政策目标过程中存在的不足并探明其具体成因,以明确本书研究所欲解决的现实及理论问题。其次,以解决原有农村土地权利运行制度在实现“三权分置”政策目标上存在的不足为导向,明确“三权分置”是承包地“三权”运行制度的逻辑起点;

以政策目标为指引,明确"三权"运行制度的价值目标以及功能定位;根据"三权"相互间的逻辑关系,沿袭发包、流转和收回等运行环节确立制度的体系框架。最后,在承包地"三权"的学理基础上,分别对承包地发包、流转、收回等运行过程中的制度完善展开研究,阐释"三权分置"下承包地发包、流转、收回的法律内涵,均衡承包地发包、流转、收回的价值目标,构建"债—物"并行的流转框架,以及不同运行流程中具体规则的完善。全书分为五章,具体包括以下内容:

第一章承包地"三权分置"的发展历程与现状梳理。我国农村土地制度的构建与发展始终回应我国经济发展的现实需求。由于我国承包地资源分配的碎片性、利用的小农性、农地的可损害性、承载利益的多元性,为了激发农业生产力的提升,1978 年安徽省小岗村开启了我国农村土地家庭承包经营制度的试验,并在中央政策的支持下迅速向全国推广。沿着我国农村土地权利演进的历史脉络,农村土地权利实现了权利属性的跨越、权能内容的充实、农地流转的规范,但是同时也面临着集体土地所有权的虚化、土地承包经营权的固化、农地流转的失范等问题。面对社会转型的新形势,国家实施"三权分置"改革积极回应现实需求。"三权分置"的提出,旨在新形势下理顺我国自"两权分离"至今所遗留的问题,重新审视承包地"三权"的构成及相互之间的关系。同时,我国农村土地权利制度改革源于地方实践,法律制度的构建与完善依赖地方实践的成功经验。基于此,重点选取了安徽、福建、陕西、重庆等省、直辖市关于承包地"三权分置"的地方性规范进行文本实证分析,以明确承包地"三权"在农村社会中运行的实然状态。通过对文本素材的分梳与厘定,归纳总结出地方性规范中对于"三权"运行等具体制度构建的先进经验与不足之处,为未来立法的制度构建与完善寻求可靠路径及成功样本。

第二章承包地"三权"运行的学理基础。承包地"三权分置"改革必然会涉及农地制度的系统性变革,无疑是对"两权分离"的超越和创新。然而,2018 年修正的《农村土地承包法》存在诸多缺陷,政策中的"农户承包权""土地经营权"在法律中并不明确,"三权"内在逻辑不清晰。"三权分置"政策的法律表达,需要体现政策的实质精神,更要在符合民法法理的前提下完成法律规则的创制,应当对承包地"三权"予以合乎法律逻辑和我国语境的体系性解释。就承包地"三权"的权利属性而言,集体土地所有权不同于传统私法意义上的所有权,而是土地公有制下兼具公益与私益的集体所有权;农户承包权是土地承包经营权抽离经营性权能派生土地经营权之后的代称,是集体成员再次承包农地之时的物权取得权;鉴于我国农村土地权利改革的历史进程,土地经营权作为一类新型的财产性权利,其权利属性需要经过实践的探索。土地经营权以"两权分离"的权利框架为基础,在学理上宜将其界定为剥离身份属性的一类纯粹用益物权,在现行立法的实然状态下,其一般采用债权的规范表达形式,但立法也预留了空间,在时机成熟时可进行修订使之成为一类纯粹的用益物权。同时,在理顺承包地"三权"生成路径法律逻辑的基础上,实现承包地"三权"由政策与法律的转化与对接,进而明确法律意义上"三权"的运行框架,在现阶段以登记法律制度作为支撑,实现承包地"三权分置"改革所欲达到的目的。在我国深化农村土地制度改革的探索进程中,民法理论中对财产的抽象权能难以厘清承包地"三权"之间的权利结构和边界以及指引实践中"三权"的运行,需要以民法理论为基础,将财产权的抽象权能解析为承包地"三权"的具体权能,并形成承包地"三权"之间的均衡结构,以实现承包地发包、流转、收回等过程中"三权"运行的体系化。

第三章"三权分置"下承包地发包制度的完善。在"三权分置"下,承包地发包制度具有新的内涵及要素构成,多元主体在"国家干预权(力)—集体土地私权(利)"框架下,根据法定程序,由集体土地所有权派生出土地承包经营权或土地经营权,实现集体土地所有权与土地承包经营权或土地经营权的分离,集体经济组织将承包地交由集体成员或非集体成员从事农业生产经营的承包地初始配置的过程,其中包含了一系列法律行为和承包地权利配置。集体土地所有权抽离部分权能派生出土地承包经营权或土地经营权,直接涉及具有社会公共利益的国家和集体与具有个体利益的集体成员和经营者的冲突,经济效益与实质公平在不同阶段具有不同的价值位序与定位,经济民主是承包地发包的程序性价值,而均衡的法律价值能够指引二者之间的利益冲突并构建完善的承包地发包制度,规范多元主体在承包地发包中的行为,调整承包地"三权"运行中所形成的一系列社会关系。在对承包地发包制度的法律内涵与要素构成进行界定的基础上以及在均衡的价值目标指引下,对集体成员资格认定、承包方案、承包合同、设立登记等制度的规则加以完善,对集体成员资格认定标准的类型化分析,确定其标准与方式以及成员资格登记;延展承包方案的制度功能，形成成员权、经济民主与承包方案、承包合同的制度连接，对土地经营权设立登记的生效模式、登记内容、编成方式等加以明确，以构建承包地“三权”运行的制度框架。

第四章“三权分置”下承包地流转制度的完善。“两权分离”下的“以人为中心”、具有明显身份属性和社会保障功能的权利框架设置符合当时农村、农业的生产条件和时代特点的需求，其价值导向呈现“形式正义”的倾向与色彩，然而，其已不再适应新形势下的现实需求。有限自由与理性秩序是“三权分置”下承包地流转制度的价值目标，具有独特的内涵及其构成，二者之间并非并列或杂乱无章的，其存在一个较为严谨的价值位序，并且二者在承包地流转价值体系中的定位亦不相同，并具有明确承包地“三权”的权利结构和运行逻辑、促进土地经营权市场的有效配置、实现承包地资源的国家治理等重要的意义。通过对《农村土地承包法》和《民法典》中“三权分置”的梳理，“三权”权利结构为法律确立，土地经营权流转基本规则的雏形形成，立法为其预留与拓展了一定的空间，然而存在土地经营权的权利属性尚未明确、流转具体规则尚存不足、流转法律体系未能健全等诸多困境，亟待更新“三权分置”下承包地流转的法律内涵，以土地经营权的流转作为市场机制下实现承包地资源的配置。在理论上，无论是对承包地进行物权性利用或是债权性利用均无不可，土地经营权“债—物”并行的流转框架契合“三权分置”改革的需求，一方面，使其流转能够经由《民法典》的一般性规则，保障流转关系的稳定性；另一方面，以2018年修正的《农村土地承包法》规定其流转的特殊性规则，同时在《民法典》中为土地经营权流转保留一定的法律空间，以较为弹性的方式在市场机制下流转承包地，使多样化的流转方式归入“债—物”并行的流转框架。在明确承包地流转的价值目标、法律内涵、流转框架的基础上，针对承包地流转中存在的诸多制度缺陷，对受让主体适格性审核、流转合同、流转登记、流转管理等制度的具体规则加以完善与明确，以保障“三权分置”下承包地流转过程中“三权”的权利结构及运行体系的稳定和高效。

第五章“三权分置”下承包地收回制度的完善。“三权分置”下承包地收回不仅是农户经营集体土地的经营权之消灭，亦是农户承包集体土地的承包权之放弃，其意味着农民作为农村集体成员的身份属性丧失，以及身份属性意义上的农民整体数量的减少。通过对承包地“收回”与“退出”的辨析，二者的侧重点虽然各有不同，但是本质上均是对权利回归权源这一事实状态的描述，“收回”更加契合“三权分置”改革需求，在承包地“三权”的权利结构和运行体系中强调权源基础与土地经营权的联系。在我国国情下，承包地收回的实现路径应当是市场性、多元性和激励性的多重统一。“三权分置”下承包地收回制度是对社会经济的转型、承包地分配的碎片化以及国家政策的变迁与法律制度的缺位等现实需求的回应，亦是承包地“三权”运行的重要制度保障。同时，针对承包地收回的制度缺陷，应当对土地经营权的消灭事由、合同终止、注销登记等制度规则加以完善。土地经营权注销登记是“三权分置”实现的重要制度支撑，公示土地经营权消灭的权利变动状态，其权能回归权源，为未来重新设立土地经营权提供了前提与基础，具有重要的意义与功能。

本书主要采用规范分析和实证分析两种研究方法。(1)规范分析方法。规范法学将法律规范本身作为研究对象，以完善立法和解决司法问题作为自己的使命。规范分析方法立足于价值判断和利益衡量。承包地“三权分置”改革的出发点和基本归宿在于，承包地“三权”运行所涉及的是对农民集体、承包农户和经营者等多元主体权益的平等保护和有效均衡。本书对承包地“三权”的权利属性、权能结构、运行体系以及“三权分置”改革路径等内容的论证，主要运用文献分析方法和规范分析方法，指出现有承包地权利运行制度在实现“三权分置”制度方案的过程中存在的不足，并分析其制度和理论成因，以阐释本研究所欲解决的问题。通过对政策文本和法律规范的梳理与解读，分析“三权分置”下承包地“三权”之间的关系及其权利属性、权能构造、运行体系，以承包地发包、流转、收回等法律制度为逻辑脉络，并提出完善“三权分置”制度规则的建议。(2)实证分析方法。法律实证研究是通过对研究对象大量的观察、调查和分析，发掘法律制度或具体规则与社会生活诸多因素的相互影响和制约，主要是以经验性现象的方式而呈现，其所面对的是法律在实际运作中的实然状态，具体包括文本与文献的实证分析方法。本书在研究承包地“三权分置”改革的历史演进和法律内涵时，需要探索地方性的前期实践，以及对中央和地方的规范性文件进行梳理和提炼。通过对政策文本和地方性规范的梳理与分析，一方面，明确“三权分置”政策背景下，承包地“三权”运行制度的逻辑前提、价值目标、功能定位以及体系架构，以阐明承包地“三权”运行制度的理论基础；另一方面，针对承包地发包、流转以及收回制度中存在的问题，通过探明解决各自制度中存在问题的具体方案,以建立体系完整的承包地“三权”运行制度。此外,学界关于承包地“三权”的权利属性、权能结构与内容以及运行体系、制度完善等方面的阐释有着不同的观点,均有一些实践案例作为支撑,本书对于作为这些观点论据的形式多样的改革实践探索,同样需要进行文本与文献的实证研究,并在对地方实践和中央改革政策文件进行比较分析的基础上,阐释本书的核心观点。

# 第一章　承包地“三权分置”的发展历程与现状梳理

## 第一节　改革开放以来承包地权利制度的回顾与变迁

### 一、改革开放以来承包地权利制度的历史演进

#### (一)改革初期的政策指引

为了激发农业生产的效率,我国开始了农村土地家庭承包经营的试验,20世纪70年代末,以“包产到户”为特征的农村土地改革首先在安徽省小岗村进行试验,由农民和基层主动创造,在中央及地方政府的支持下,很短的时间内就在全国普遍推广。1980年中共中央印发的《关于进一步加强和完善农业生产责任制的几个问题》指出“可以包产到户,也可以包干到户,并在一个较长的时间内保持稳定”,初步确认了“包产到户”这一农村基本经营制度,1982年中共中央批转的《全国农村工作会议纪要》正式肯定了“双包”[1]的生产方式。由于土地承包经营制度处于改革的初期,因此在1985年之前基本是政策先行,对土地承包经营的制度支撑源于国家政策,此时的土地承包经营制度带有明显的计划经济时期的痕迹,这一时期的合同并不完全是市场经济下的民事合同,合同双方的法律关系亦非民事法律关系,带有明显的行政管理色彩。但是这一阶段我国的土地权利改革在地方实践中积累了大量经验,为随后的立法

---

〔1〕 1982年《全国农村工作会议纪要》规定:“联产承包制的运用,可以恰当地协调集体利益与个人利益,并使集体统一经营和劳动者自主经营两个积极性同时得到发挥。”

提供了丰富的制度样本,中央政策在地方的先行实践保障了未来立法的成功,也就此确定了我国土地权利改革的"政策—地方实践—立法"的基本思路与路径。

(二)以《物权法》为标志的法律制度构建

1986年《土地管理法》设置专章规定了土地的所有权与使用权,在法律上首次将所有权与使用权分离,其第12条第3款将集体的土地使用权界定为"土地的承包经营权"。1988年施行的《民法通则》(已废止,下同)第80条第2款[1]中同样沿用"土地的承包经营权"这一概念。2003年实施的《农村土地承包法》进一步明确集体土地所有权与使用权的分离,稳定和完善家庭联产承包责任制,对农民赋予长期而有保障的土地使用权,明确实行土地承包经营制度,保障土地承包关系长期稳定。将承包方对集体土地的使用权重新界定为"土地承包经营权"。2007年实施的《物权法》(已废止,下同)第58条、第59条分别规定了集体土地所有权的范围及权利内容,并将土地承包经营权列入"用益物权"编所设的专章之中,由此土地承包经营权以土地公有制为基础,成为集体土地所有权之下,为使用集体土地,而分离出的一类特殊的用益物权,并对土地承包经营权的权能内容、期限、设立生效、登记、流转方式、对发包人的限制等方面作出了明确规定。1986年《土地管理法》揭开了我国农村土地权利立法改革的序幕,随后《民法通则》《农村土地承包法》《物权法》等法律的颁布,实现了我国农村土地权利改革由政策向法律的转化,将中央政策指引下的地方实践的成功样本、经验以法律形式加以确定。在这一过程中逐渐去除了前一阶段政策先行中的计划经济痕迹和行政管理色彩,建立了符合我国国情的土地承包经营制度的法律体系。

(三)新形势下农村土地承包经营制度完善的政策方向

随着我国城镇化、工业化的推进,我国所确立的土地承包经营制度面临新的挑战:部分农民进入城市放弃农业生产,而集体外的社会主体却难以利用集体土地,造成承包地资源的荒废;并且,碎片化的承包地利用模式使承包地经营的规模化难以实现,降低了农业生产的效率,并对农业生产的转型造成巨大

[1] 1988年《民法通则》第80条第2款规定:"公民、集体依法对集体所有的或者国家所有由集体使用的土地的承包经营权,受法律保护。……"

阻碍。同时,受制于农业生产转型的困境,农民收入增长缓慢,尤其是其财产性收入较低。以上均是由于在法律规定下承包地无法有序流转,以及农民缺乏对于土地的财产性权利所造成的。因此,在现实需求之下,我国土地权利体系亟待新一轮改革。以2013年11月党的十八届三中全会通过的《中共中央关于全面深化改革若干重大问题的决定》为标志,我国开启了新一轮的农村土地权利制度改革,明确“稳定农村土地承包关系并保持长久不变……赋予农民对承包地占有、使用、收益、流转及承包经营权抵押、担保权能,允许农民以承包经营权入股发展农业产业化经营”。随后数份政策文件[1]的出台均坚持了这一改革的方向。2016年10月中共中央办公厅、国务院办公厅印发了《关于完善农村土地所有权承包权经营权分置办法的意见》(以下简称《分置办法》),进一步明确了“三权分置”下农村土地承包经营制度的完善方向及具体实施意见。可见,“三权分置”下的土地权利改革依然遵循“政策—地方实践—立法”的改革路径,此次改革的主要目的有二:一是实现承包地的有序流转,保证承包地资源的有效利用;二是增加农民对于承包地的财产性权利,保障农民分享改革开放发展的成果。因此,需要准确把握“三权分置”下土地权利体系改革的脉络,并发现其中的缺陷,由此准确定位“三权”之间的关系,在新形势下重塑我国的承包地权利体系。

## 二、改革开放以来承包地权利制度的演进脉络

自实行家庭联产承包责任制后,由中央政策的演进到法律制度的转化,梳理出我国农村土地权利体系改革的脉络,能为认清“三权分置”的构成、权利属

---

〔1〕 2014年1月中共中央、国务院印发的《关于全面深化农村改革加快推进农业现代化的若干意见》再次指出:“……赋予农民对承包地占有、使用、收益、流转及承包经营权抵押、担保权能。……允许承包土地的经营权向金融机构抵押融资。”2014年9月,习近平总书记在中央全面深化改革领导小组第五次会议上作出重要讲话,为现阶段深化农村土地制度改革定下了基调与方向,即“我们要在坚持农村土地集体所有的前提下,促使承包权和经营权分离,形成所有权、承包权、经营权三权分置、经营权流转的格局”。2014年11月中共中央办公厅、国务院办公厅发布的《关于引导农村土地经营权有序流转发展农业适度规模经营的意见》贯彻了这一指导方针,即“……坚持农村土地集体所有,实现所有权、承包权、经营权三权分置,引导土地经营权有序流转……”2015年2月中共中央、国务院印发的《关于加大改革创新力度加快农业现代化建设的若干意见》进一步指出,“……明确现有土地承包关系保持稳定并长久不变的具体实现形式,界定农村土地集体所有权、农户承包权、土地经营权之间的权利关系……”2016年1月中共中央、国务院印发的《关于落实发展新理念加快农业现代化　实现全面小康目标的若干意见》积极推进地方实践,要求“……稳妥有序推进农村承包土地的经营权和农民住房财产权抵押贷款试点。……完善‘三权分置’办法”。

性及运行体系提供帮助,以利于政策与法律的衔接。

### (一)承包地权利的属性跨越

1980 年中共中央印发的《关于进一步加强和完善农业生产责任制的几个问题》虽未明确界定“包产到户”这一集体经济下的责任经营方式的性质,但是对专业承包联产计酬责任制,规定了“包产部分统一分配,超产或减产分别奖罚;以合同形式确定下来当年或几年不变”。随后 1982 年中央一号文件《全国农村工作会议纪要》中,明确了“为了保证土地所有权和经营权的协调与统一,社员承包的土地,必须依照合同规定……”但是这个时期的合同关系,并非一类民事上的债权关系,而是“集体经济管理工作的主要手段”,同时“公共建设劳务、计划生育和统购派购任务也应纳入合同”,可见此时的“合同”带有明显的计划经济痕迹,而不属于市场经济下的民事法律关系的范畴。因此,在改革早期,仅对“包产到户”这一经营方式予以原则性的规定,并没有土地承包经营权这一民事权利的概念,却为土地所有权与使用权的“两权分离”提供了政策指引,此后全国各地的实践又为市场经济下法律制度的设计提供了样本和参考。

原《民法通则》第 80 条第 2 款规定了“……承包双方的权利和义务,依照法律由承包合同规定”,在此阶段我国是将“土地的承包经营权”作为一类民事财产权利,予以债权性的保护,该“土地的承包经营权”的性质应界定为一类民事债权。2001 年《关于〈中华人民共和国农村土地承包法(草案)〉的说明》规定了“对家庭承包的土地实行物权保护”,“对其他形式承包的土地实行债权保护”。随后《农村土地承包法》沿用了这一制度设计,对家庭方式和其他方式两类承包方式分别予以物权保护和债权保护,此时对于土地承包经营权的权利属性界定以是否具有本集体成员的身份属性为区别,兼有物权和债权的双重属性。2007 年《物权法》将土地承包经营权置于用益物权编中并设置专章加以规定,土地承包经营权成为一类特殊的用益物权,其权利属性为物权。由此,土地承包经营权由最初作为带有计划经济痕迹的集体经济管理的主要手段,逐渐向民事债权跨越,随后又兼有物权和债权的双重属性,实现了物权属性的跨越。

### (二)承包地权利的权能充实

在“包产到户”试验的初期,我国将其作为集体经济下多种经营方式之一,

1982 年中央一号文件《全国农村工作会议纪要》指出，不论实行何种类型的承包责任制，土地的承包必须力求合理。提倡根据生产的需要按劳力或人劳比例承包土地；由于劳力强弱、技术高低不同，承包土地的数量也可以不同。社员承包的土地应尽可能连片，并保持稳定。同时，对于承包集体土地作出了一定的限制性规定。[1] 虽然在改革初期，国家并没有对于承包地之上权利的权能内容作出过多的规定，但是也对其进行了一定的限制，对之后的政策和法律产生了一定的影响。

1986 年《土地管理法》第 12 条规定“集体所有的土地……可以由集体或个人承包经营，从事农、林、牧、渔业生产”。2002 年《农村土地承包法》第 13 条、第 14 条及第 16 条、第 17 条规定了以家庭方式承包土地的双方当事人的权利和义务，第 45 条规定了以其他方式承包土地的当事人的权利和义务、承包期限等，由双方协商确定。同时，该法第 32 条规定了以家庭承包取得的土地承包经营权可以依法采取转包、出租、互换、转让或者其他方式流转；第 49 条规定了以招标、拍卖、公开协商等方式取得的土地承包经营权可以依法采取转让、出租、入股、抵押或者其他方式流转。此外，2002 年《农村土地承包法》对承包地流转的程序进行了规定，对发包方的收回、调整承包地等加以一定的限制，防止其侵害承包方的权益。原《物权法》第 125 条规定土地承包经营权人依法对其承包经营的耕地、林地、草地等享有占有、使用和收益的权利，有权从事种植业、林业、畜牧业等农业生产。可见，我国承包地权利的权能内容是逐渐由笼统到明晰，由集体土地从事农、林、牧、渔业生产的用途规定到承包地流转方式的列举，对土地承包经营权的限制亦愈加明确，可见我国承包地权利的权能内容不断充实。

### （三）承包地权利的流转规范

1980 年中央一号文件《关于进一步加强和完善农业生产责任制的几个问题》明确了对于承包经营关系要以合同形式确定下来当年或几年不变。为了实现“土地所有权和经营权”的协调与统一，1982 年中央一号文件《全国农村工

---

〔1〕 例如，国家职工和干部不承包土地。严禁在承包土地上盖房、葬坟、起土。社员承包的土地，不准买卖，不准出租，不准转让，不准荒废，否则集体有权收回；社员无力经营或转营他业时应退还集体。严格控制机关、企业、团体、部队、学校、社队占用耕地。

作会议纪要》进一步规定，“社员承包的土地，必须依照合同规定”，无论各类生产队采用何种承包责任制，其“必须抓好订立合同的工作”，将双方的经济关系及权利、义务以合同形式确定。同时，“合同可以由粗到细，形式要便于群众理解和接受”。虽然此时的合同是一种经济管理的手段，但是体现了国家对于承包经营关系的规范性要求。

1986 年《土地管理法》第 12 条[1]规定了承包土地的经营者有义务按照“承包合同规定的用途”合理利用和保护承包的土地。2000 年中央一号文件《中共中央、国务院关于做好二〇〇〇年农业和农村工作的意见》指出，对承包土地管理的加强，“重点是建立健全承包合同的各项管理制度，建立合同档案……没有颁发土地承包经营权证书的，必须尽快发放到户”。2002 年中央一号文件《中共中央、国务院关于做好 2002 年农业和农村工作的意见》更加明确地指出，“……为期 30 年的承包经营合同全部签订到户，土地承包经营权证书全部发放到户”。2002 年《农村土地承包法》第 22 条规定了承包合同自成立之日起生效，第 33 条规定了土地承包经营权流转的原则，第 37 条规定了流转合同的内容及备案，第 38 条规定了土地承包经营权流转应当登记的情况及登记的效力，可见对承包地权利的流转，我国法律有较为明确的规定。原《物权法》第 127 条至第 129 条及第 133 条对土地承包经营权的设立、流转进行了规定。由此，我国从政策到法律始终强调承包地权利流转的规范，重视合同、登记等制度在承包地流转中的规范功能。需要强调的是，虽然我国一直在规范承包地权利的流转，但政策、法律始终将承包地流转主要限制在本集体范围之内，一旦政策、法律对承包地流转范围的限制被突破，我国缺乏市场经济下规范承包地流转的法律制度，难以保障承包地权利的有序流转。

## 三、新形势下农村土地承包经营制度所面临的困境

土地承包经营权制度为我国的农业发展提供了巨大的制度支撑，但是“其并未被定位为农民纯粹的、独立的财产权，仅具残缺之处分权能，支配力受到

---

〔1〕 1986 年《土地管理法》第 12 条第 2 款规定：“承包经营土地的集体或者个人，有保护和按照承包合同规定的用途合理利用土地的义务。”

极大限制”。[1] 随着社会转型的不断推进,加之农业税的取消以及农村土地政策、立法对土地承包经营权不断调整,我国承包地权利体系也随之面临一系列的问题。

(一)集体土地所有权的虚化

自家庭承包经营制确定以来,土地承包经营权制度的改革就在所有权和使用权“两权分离”为基础的路径上,沿着“赋予农民长期而有保障的使用权”的方向发展。在这一发展方向的指引下,虽然我国的土地承包经营权制度仍建立在设计之初提出的“统分结合的双层结构”基础上,但农民对土地所享有的权利不断被强化,土地承包经营权的权能不断挤占集体土地所有权的权能,而集体土地所有权则被忽视,并不断虚化。农业税的取消,“承包期内增人不增地、减人不减地”[2]等政策的实施,加之预防集体经济组织侵害农民利益的考量,因而集体经济组织的财权与事权进一步受限,其在农民生产、生活中的重要性不断下降。[3] 立法、农村政策以及农村改革后客观实际的发展状况,使集体经济组织的职能逐渐弱化和虚化。[4]

我国对于“集体”的法律内涵究竟为何,始终不明确。随着我国社会经济发展转型的推进,我国农村土地权利制度中的缺点不断暴露。由于土地集体所有权概念本身的模糊性,导致集体所有权主体不明确,集体土地所有权呈现虚化的缺陷。农村土地集体所有权主体的抽象性,集体土地所有权的虚化不断加重,使集体土地所有权的实现和集体成员个体利益之间并不存在直接关联,集体成员个体亦很难切实感受集体土地所有权对于其个体利益实现的应有功能,仿佛集体成员仅与土地承包经营权相连,集体所有权与集体成员无关。同时,由于集体土地所有权往往缺乏最终的归属,在集体所有权及其所代表的集体利益受到损害后,由何方主体代表行使集体所有权并维护集体利益,亦不明确。

---

[1] 温世扬:《农地流转:困境与出路》,载《法商研究》2014 年第 2 期。

[2] 1993 年 11 月,《中共中央、国务院关于当前农业和农村经济发展的若干政策措施》指出,“为避免承包耕地的频繁变动,防止耕地经营规模不断被细分,提倡在承包期内实行‘增人不增地、减人不减地’的办法”。

[3] 参见孔祥智等:《当代中国农村》,中国人民大学出版社 2016 年版,第 34 页。

[4] 参见唐烈英:《征收集体土地补偿费分配问题研究》,载《农村经济》2014 年第 3 期。

### (二)土地承包经营权的固化

1986年《民法通则》颁布后,农民的承包地权利逐渐由债权向物权的属性转化,2007年通过的《物权法》最终在法律上确定了土地承包经营权的物权属性,结束了学界与实务界长期以来对土地承包经营权之权利属性的争议。这对于稳定土地承包关系具有十分重要的意义。但是在土地承包经营权不断物权化的立法进程中,承包农户作为农村集体成员的身份属性亦被嵌入土地承包经营权制度,使其承载了过多的保障功能。在农业发展的转型过程中,土地承包经营权制度中的身份属性桎梏已经成为阻碍承包地流转最为本质的制度缺陷。土地承包经营制度仍是"以身份为中心"的理念进行构建,相关制度设计均是围绕农村集体成员以户为单位便捷利用承包地为目的,农村集体所有的承包地被限定在特定集体范围内利用、流转、收益。在此理念下,强调农户对于集体土地的利用以及集体土地对农户生存、发展的保障,逐渐将身份属性固化在土地承包经营权之中,对于集体土地的利用仅限于集体之内,外部的社会主体难以进入。

尽管2009年修正《农村土地承包法》对"集体成员承包土地的权利"这一具有身份属性的权利的表述仅集中出现在第5条和第18条第1款的规定中,但综观整部法律,这一具有身份属性的权利内嵌于土地承包经营权制度,其诸多条文以土地承包经营权维系着集体经济组织与其成员的关系,体现出对于集体成员的社会保障功能。2009年《农村土地承包法》第33条、第37条、第41条分别规定了本集体经济组织成员对流转的土地承包经营权享有优先权,集体经济组织对于承包地流转的同意权以及承包地转出的承包户经济条件等。身份属性的制约使承包地资源的利用被限于特定的主体范围内,依附于特定的组织或群体,"农地流转成为特定范围之内的关系交易,其弊端在于交易范围很窄,使市场被人为分割"。[1] 由于土地承包经营权所固化的身份属性桎梏,土地承包经营权的转让就意味着集体成员身份的丧失,进而失去了从事农业生产、生活的保障,与土地承包经营制度所承载的社会保障功能相背离。在这种制度语境下,为了将集体所有的土地分配给集体成员,《农村土地承包法》对于承包地流转设置了诸多限制与条件,《物权法》禁止土地承包经营权抵押

---

〔1〕 应飞虎:《从信息视角看经济法基本功能》,载《现代法学》2001年第6期。

亦是基于此种考虑。对于限制承包地流转的制度设置，都体现了土地承包经营权在本集体内部分配的性质，反映了土地承包经营权中所固化的身份属性，导致承包地流转十分困难。

（三）承包地流转的失范

人多地少的基本国情决定了我国承包地资源的分配、利用呈现碎片性。2013 年我国的耕地约为 20.25 亿亩，人均面积仅为 1.48 亩。[1] 从这个角度来看，承包地是农民最重要的财产。承包地承载着农民社会保障的功能，长期以来强调生产资料的公平分配，要求集体之内实现承包地数量、质量在形式上的公平分配。由于承包地质量、交通、地理环境等因素的不同，要做到形式上的公平分配，需要将集体所有的地块打碎分配。碎片化的承包地资源利用模式符合我国改革开始之初所需要的以户为单位经营的小农生产的要求，在农户的精耕细作之下能够实现农业生产的发展，却成为现代农业转型所需要的规模经营的最大阻碍。

长期以来，我国承包地权利由于“身份属性”的限制，相关制度设计均是围绕使农村集体成员以户为单位便捷使用承包地，承包地资源的利用被限于一定的集体经济组织范围之内，同时政策强调土地承包经营关系“稳定”“长期保持不变”，制度设计倾向于农户固定的使用承包地而非流转，承包地的流转交易成为一种“熟人社会”之间的关系交易，承包地流转制度的构建落后于现实需求。由于承包地流转制度的缺位，我国承包地流转处于失范的状态，具体表现在以下几方面：（1）权属证书的失范。以广东省佛山市、东莞市为例，仅 30.9% 的农户同时持有承包合同和证书，35.1% 的农户持有其中一项，34% 的农户既无合同也无证书。[2] （2）债权型流转的失范。以云南省文山县（2011 年撤县设市，变为文山市）为例，大部分流转协议采用口头形式，[3] 债权型流转的规范性在现实中难以保障，容易出现合同内容、用词不规范等问题。（3）物权性流转的失范。由于我国对两类承包方式在登记效力、登记生效模式等方

---

〔1〕 依据《中国统计年鉴 2015》数据计算所得。

〔2〕 参见张沁岚等：《土地股份合作制背景下推进承包经营权确权的农户意愿、难点与对策——以广东省为例》，载《农业经济问题》2014 年第 10 期。

〔3〕 参见张钧：《农村土地流转法律问题研究——以云南文山县为例》，法律出版社 2012 年版，第 21 页。

面作出了不同的设置,使农民对其承包地财产权的性质认识不清,登记意识淡薄,[1]农民登记的积极性不高。

随着我国城镇化、工业化的不断推进,大量的农民开始脱离承包地进入城镇从事非农生产,大量的承包地闲置,然而由于现行承包地权利流转的制度设计已经落后于现实需求,土地承包经营权制度中所内含的身份属性,使相当一部分入城农民不敢将承包地轻易流转出去,唯恐丧失了返乡生活的基本生产资料,而采用了熟人社会中非规范的流转方式。同时,由于承包地权利流转制度的空白,使从事农业生产的农业经营者即使想转入因部分农民入城务工而闲置的承包地,亦缺乏相应的制度支持,承包地流转关系的安全性、稳定性难以保障。虽然我国始终强调承包地流转的规范性,但是制度的空白使农民对于承包地流转的需求难以得到相关的制度支持,且顾虑颇多,因此承包地的流转处于失范的状态。

## 四、"三权分置"改革回应我国承包地权利制度发展的现实需求

农村土地不仅是农户生存、发展的基础性生产资料及重要家庭财产,更是支撑农业生产的生态系统载体,关乎国家粮食安全、农产品质量安全等社会公共利益的实现,其本质属性是一类公共资源,而非单纯的财产权对象。我国的农村土地改革走过了40余年的发展历程,广大农村地区以社会主义市场经济取代了计划经济,就农业生产经营方面,以土地家庭承包经营制度取代了人民公社制度,建立了适应发展社会主义市场经济要求的农村土地经济体制框架。这一改革释放出巨大的制度红利,从根本上解放和发展了农业、农村的生产力,使农村地区的经济发展取得了巨大进步,为我国现代化提供了基础性的物质保障。随着社会主义市场经济体制的建立和完善,以市场机制配置土地、劳动力、资本等生产要素成为市场经济发展的必然要求。土地是一类稀缺的宝贵资源,我国人均耕地占有量低于世界平均水平,并且可用于开垦的土地后备资源严重不足,影响和制约着我国经济的发展。随着城市化进程不断加快,亟待进一步深化土地制度改革,使有限的土地资源发挥最大的效用,这是社会主

[1] 参见何虹、许玲:《农村土地承包经营权确权登记制度的法律完善——基于苏南农村视角》,载《农村经济》2013年第6期。

义市场经济健康发展的内在要求,即以市场机制配置土地、劳动力、资本等生产要素。相对而言,城市地区的国有土地之上已经建立了一套较为完善的法律制度。然而,农村地区的集体所有土地流转尚处于起步阶段,法律制度体系尚显不足,实践中仍受到诸多制约和限制。

随着我国社会经济转型的推进和市场经济改革的深入,外部社会经济环境发生了巨大变化。首先,农村土地对承包农户的社会保障功能正在降低,大量的农村人口随着工业化、城镇化的进程,开始向城市转移从事非农生产,中国已经经历了非常巨大的农业劳动力转移,且未来更多的劳动力需要转移,大量农村土地出现了撂荒的情况。其次,随着我国加入世界贸易组织(WTO),国外农产品进入我国市场,农民从事农业生产所获经济收益受到了农产品价格与成本“天花板”与“地板”的双重挤压,农民单纯从事农业生产的收入增长困难。最后,在长期的城乡二元分治的影响下,城乡之间经济发展的差距越来越明显,城市资本进入农村地区存在很大的困难,农村地区并没有真正融入市场经济体系。现行的农村土地分配、利用的碎片化、小农化,加之农村土地制度所具有的“身份属性”桎梏限制了承包地资源的有效利用和有序流转。

因此,为顺应农村地区的社会经济发展需要,推动农业现代化、新型工业化、信息化、城镇化的发展,中央明确提出将农村土地家庭承包经营制度中土地由集体土地所有权和土地承包经营权的“两权分离”模式,进一步深化改革为集体土地所有权、农户承包权和土地经营权的“三权分置”模式,以期解决农民融资难问题、促进农业适度规模经营、提高土地利用效率。然而,“两权分离”下农村土地承包经营制度必然无法满足“三权分置”政策下农村土地制度改革的需求,需要在“三权分置”改革之下构建与完善承包地“三权”运行法律制度,厘清“三权”之间的边界及其关系,对土地经营权这一新型承包地权利的内容、效力等方面加以规范,以推动承包地有序流转,充实并实现承包地的财产性权能,最终实现承包地资源的有效利用。

## 五、《农村土地承包法》修正后承包地“三权”运行制度所面临的问题

随着2018年《农村土地承包法》的修正,承包地“三权分置”由政策转化为法律,原本的“两权分离”承包地权利体系演化为承包地“三权分置”的承包地

权利体系，承包地“三权”在新法中得以体现。但是，由于本次修法并未能明确土地经营权的权利属性以及权能内容，加之承包地“两权分离”改革的部分遗留问题，原《物权法》并未明确“农民集体”作为所有权人如何行使权利以及如何享有占有、使用、收益等所有权的抽象权能，对承包农户权益的过度保护，土地承包经营权过度张扬并挤占了集体土地所有权，因此，承包地“三权”之间的相互关系以及“三权”的权利结构依旧未能理顺。这一缺陷反映在承包地“三权”运行制度的建构过程之中，则具体表现为承包地“三权”运行制度的体系与流转框架不健全、内涵和价值目标不明确、规则及配套制度不完善等问题。

（一）承包地“三权”运行制度的体系与流转框架不健全

承包地“三权分置”改革随着2018年《农村土地承包法》的修正，以原本“两权分离”的权利体系为基础，重构了“三权分置”下承包地权利体系。2018年修正的《农村土地承包法》第37条规定了土地经营权的概念及权利内容，并且该法第36条、第49条分别规定了两类不同承包方式下土地经营权的生成路径，即土地经营权是以土地承包经营权或集体土地所有权作为其基础与源头，抽离经营性权能而派生的一类新型的财产性权利，但是土地经营权的权利属性在此次修法中并未加以明确，其究竟为一类物权还是债权，在学界存在较大的争议。这就首先造成了承包地“三权”运行制度的体系结构存在模糊不清的情况，承包地“三权”体系究竟是“所有权—用益物权—债权”或是“所有权—用益物权—权利用益物权”则难以确定，进而造成“三权”之间的关系、“三权”在民法权利体系中的定位以及“三权”的相互转化等方面无法依托既有的民法权利理论进行解答或是建构，进而造成承包地流转框架模糊且混乱，在实践中究竟是按照合同法还是物权法的规则难以确定，最终造成承包地“三权”运行过程中的法律关系处于模棱两可的状态。集体土地所有权人如何行使权利、承包地“三权”的权利边界如何划分、承包农户与经营者的权益如何保护与平衡等疑问始终难以回答。因此，承包地“三权”运行制度的体系与流转框架不健全，会直接影响承包地“三权分置”改革的最终成果，同时也无法建构与完善“三权”整体有序的运行规范及具体的制度规则。为此，应当首先厘清“三权”的权利属性以及权能结构，在理论上建构承包地“三权”运行制度的体系顶层设计，这一权利体系的构建既要有利于实现“三权分置”改革所欲实现的价值功能,同时符合法学规律性并适当照顾法律制度的承继性,[1]在最大限度保留既有改革成果的基础上将“三权分置”改革的成本和对现行制度的冲击降至最低。

(二)承包地“三权”运行制度的内涵和价值目标不明确

随着2018年《农村土地承包法》的修正,“三权分置”改革为原本的“两权分离”承包地权利体系引入了土地经营权这一新型的财产性权利,打破原本的权利架构并将之重构为承包地“三权”运行制度体系,其法律内涵较之“两权分离”下的承包地权利制度势必发生重大的改变,需要对“三权分置”下承包地发包、流转、收回等制度的法律内涵重新加以解读,以此保障制度规则的设置不会偏离“三权分置”改革的现实需求与理论基础。同时,“两权分离”下承包地权利流转制度的设计过于凸显对于承包农户个体利益的保护,安全这一价值目标明显优先于效率,集体成员的身份属性内嵌于土地承包经营权,其流转方式、范围、受让对象受到法律的严格限定,故而造成土地承包经营权的“固化”,而集体土地所有权则呈现一种“虚化”的状态,承包地的流转仅限于本集体内部,权利主体空有流转承包地的现实需求和意愿,但是“两权分离”下承包地的流转大多以“灰色”方式进行,从而引发流转的“失范”。因此,随着“三权分置”改革内容的入法,原本“两权分离”下承包地权利制度的法律内涵和价值目标均应当在理论层面进行重构,但是,《农村土地承包法》作为实定法对于承包地“三权”运行制度的内涵和价值目标的规定并不明确,正如上文所指出的,由于该法未对土地经营权的权利属性加以明确,加之“流转”本身不是一个严谨的法律概念,是在特定历史条件下创造的,[2]并且在该法中多处对土地经营权及其“流转”内涵的表述并不一致。[3] 因此,应当以承包地“三权分置”改革为契机,从理论层面重构承包地“三权”运行制度的法律内涵和价值目标,明确其制度功能与定位,用于指引承包地发包、流转、收回等制度的规则完善。

---

[1] 参见宋志红:《三权分置下农地流转权利体系重构研究》,载《中国法学》2018年第4期。

[2] 参见陈小君:《土地改革之“三权分置”入法及其实现障碍的解除——评〈农村土地承包法修正案〉》,载《学术月刊》2019年第1期。

[3] 有学者指出土地经营权有三种形态:第一种是2018年修正《农村土地承包法》第二章第五节所称的“土地经营权”;第二种是该法第47条规定的用以向金融机构融资担保的“土地经营权”;第三种是该法第49条规定以“其他方式”所取得的“土地经营权”。房绍坤:《〈农村土地承包法修正案〉的缺陷及其改进》,载《法学论坛》2019年第5期。

### (三)承包地“三权”运行制度的规则及配套制度不完善

鉴于2018年修正的《农村土地承包法》对于“三权分置”下承包地发包方案的制定、土地经营权的流转方式及效力模式、土地承包权的权能内容及行使方式、土地经营权的消灭事由等“三权”运行制度的规则大多是原则性规范,加之法律本身所具有的高度抽象性与概括性等特点,导致难以对实践中复杂多样的“三权”运行制度的具体规则进行详细规定。同时,由于如上文所述承包地“三权”运行制度的体系与流转框架不健全、内涵和价值目标不明确等原因,制度顶层设计的模糊与空白就使具体规则的设计十分不完善,在适用的过程中呈现明显的弹性和不确定性,虽然这一特性在一定程度上契合了我国广大农村地区在实践中创新承包地“三权”运行制度的现实需求,但是可能会引发突破法定框架的情况,从而背离承包地“三权分置”改革的初衷。此外,随着《民法典》的颁布,承包地“三权”作为民事权利需要与民法普遍性规则进行衔接,保障其能够嵌入我国民事权利体系之中。但是,《农村土地承包法》作为一类民事特别法,其特殊性规则不仅本身与民法的普遍性规则存在差别,而且造成民法体系下与承包地“三权”运行相关的配套制度之间难以衔接。例如,2018年《农村土地承包法》第36条规定了土地经营权入股流转的方式,但是土地经营权入股流转的受让对象、登记适用、法律效力等制度规则以及土地承包经营权确权登记颁证、入股价值评估、受让主体章程确认等与“三权”运行相关的配套制度未能实现衔接与完善,因此,承包地“三权”运行制度的规则及配套制度不完善。承包地“三权”运行制度具备一定的弹性是为了更好适应地方实践中复杂多样的现实需求,但是需要在法定的体系和框架之内、在法律内涵与价值目标的指引之下适度创新,而不是随意突破法律预设的制度规则。完善的规则与配套制度是制度的规范性与实践的灵活性之间均衡的重要保障,以此实现承包地“三权”运行的有序与高效,并最终达到承包地“三权分置”改革的目的。

## 第二节 承包地“三权分置”地方性规范的文本分析

### 一、“三权分置”下承包地权利制度改革的地方实践

从地方实践来看,各地基于本地经济的实际发展,在中央政策提出“三权

分置"之前,特别是市场经济较为发达的地区,已经出现了"三权分置"实践的萌芽。

以浙江省为例,早在2001年浙江省就发布了《关于积极有序地推进农村土地经营权流转的通知》(浙委办〔2001〕53号),该通知指出应在三个"坚持"的前提下,[1]"稳制活田、三权(所有权、承包权、经营权)分离",这是最早提出"三权分离"的地方性规范文件。同时,浙江省提出推进土地经营权流转需要严格按政策和法律办事,不能对农民的"土地承包权"等合法权益进行侵害和剥夺,对其长远利益予以切实保护。土地经营权流转后,经营者不得改变土地的农业生产用途,禁止土地抛荒或掠夺性经营,并建立适应本地区生产力发展需要的土地经营权流转机制及规范的流转程序。

四川省2009年7月发布的《关于进一步规范有序进行农村土地承包经营权流转的意见》中提及了"所有权、承包权和经营权相分离"的"三权分离",其中"坚持集体所有权、稳定农户承包权、放活经营使用权"与中央所提"落实集体所有权、稳定农户承包权、放活土地经营权"的"三权分置"政策高度一致,可见四川省在地方实践中早已注意到承包地适度流转的必要性,为中央政策的推广提供了重要样本,并进一步提出了判断承包地适度流转的经济效益标准,即"土地流转"需要与创新"农民持续稳定增收利益"联结机制相协调,将土地流转与农民持续稳定增收利益直接相连。

陕西省于2011年3月发布了《关于促进农村土地承包经营权流转的指导意见》(陕政发〔2011〕18号),该意见第一部分对于土地承包经营权流转的内涵进行了原则性的界定。陕西省进一步指出,由农民依法、自愿、有偿流转承包土地的现实意义,即"四个有利于"。[2] 可见,陕西省以保障、稳定"农户的土地承包权",作为承包权与经营权相分离的前提与基础,其目的在于保障农民土地基本权益的同时,为拓宽农民增收的渠道提供可行的制度路径,实现承包地资源向农业生产经营的能手集中,改变过于分散的农业发展方式,将市场

---

〔1〕"坚持农村家庭承包经营体制,坚持长期稳定农村土地二轮承包关系,坚持'条件、自愿、有偿、依法、规范、引导、管理'的基本原则"。

〔2〕"四个有利于"具体包括:有利于在保障农户土地承包权的同时将承包权与经营权分离;有利于促进土地向种植能手集中;有利于市场机制配置土地资源;有利于落实统筹城乡发展战略,引进先进技术和经营方式。

与“三农”直接相连,发展现代农业,引进先进技术与经营方式,提升农业生产效率。

湖北省在2012年7月发布了《湖北省农村土地承包经营条例》,在第一章“总则”部分第3条第2款规定了以市场机制实现农业生产要素的“合理流动和优化配置”,其目的在于“提高农业规模化经营水平”。第4条指出“农村土地承包经营应当明晰所有权、稳定承包权、放活经营权”,较早地提出了承包地权利体系的“三权分置”,有利于厘清所有权、承包权、经营权之间的关系及其不同的价值追求,推进承包地资源的有序流转,以促进工业化、城镇化和农业现代化。该条例第二章“土地承包经营权的确立”中第8条第1款明确了作为所有权行使的代表,即发包方为“农村集体经济组织、村民委员会或者村民小组”。集体土地所有权主体的虚化长期以来为学界所诟病,发包权作为集体土地所有权在土地承包经营法律关系设立之时的具体权能,其行使主体的明确无疑将在一定程度上解决集体土地所有权虚化的问题,达到落实所有权的目的。同时,该条第2款规定,[1]农户对于本集体经济组织发包土地之时,所享有的“平等承包权”,以此权利承包集体土地。从《湖北省农村土地承包经营条例》的规定来看,进一步将农户作为集体成员所享有的“农户承包权”在具体制度中加以凸显,有利于对部分特殊的集体成员,例如,出嫁女、新成员等人的承包权加以保障。第9条第1款将具有集体成员身份的6类人员以列举的方式加以说明,此6类人员的集体成员身份均与具有本集体的“户籍”直接联系。该条例第9条第2款[2]将集体成员对于其法律所赋予“成员所有”的集体土地所有权的行使具体化,对于其集体所有的土地权益,如“土地发包承包、征收征用等”方面的权利权能加以明确,具体包括:“知情权、参与权、决策权和监督权”,使集体成员基于以上各项权利,能够有效行使集体土地所有权。对于以其他方式取得承包地,第14条规定“发包方应当对承包申请人的资信情况和经营能力进行审查,确认承包资格”。需要指出的是,以其他方式取得承包地的基础,此处用的是“承包资格”,而以家庭方式取得承包地的基础则是集体成

〔1〕《湖北省农村土地承包经营条例》第8条第2款规定,“农村集体经济组织成员对本集体经济组织发包的农村土地,依法享有平等承包权,以户为单位承包集体土地”。

〔2〕《湖北省农村土地承包经营条例》第9条第2款规定,“依法保障农村集体经济组织成员对本集体经济组织土地发包承包、征收征用等的知情权、参与权、决策权和监督权”。

员之“身份”。

河北省2014年3月发布了《关于加快农村土地经营权流转促进农业适度规模经营的意见》,该意见从整体上与其他省份发布的类似文件最大的不同在于,没有使用其他省份所使用的“土地承包经营权流转”这一明确的法定权利或是“承包地流转”这一概括性用语,而是使用了中央所提出的“三权分置”政策中所使用的“土地经营权”流转这一政策性用语。从文件的全文内容来看,也有数处提及“土地承包经营权”或“承包经营权”,但是并没有提及“土地经营权”与“土地承包经营权”之间的关系。

福建省2014年12月发布了《关于引导农村土地经营权有序流转发展农业适度规模经营的实施意见》,明确指出“土地流转和适度规模经营是发展现代农业的必由之路”的根本目的,指明其有利于“优化土地资源配置和提高劳动生产率,保障粮食安全和主要农产品供给,促进农业技术推广应用和农业增效、农民增收”等三个方面的积极意义。虽然福建省发布的文件在标题处使用了“土地经营权”这一“三权分置”下的政策用语,但是在文件中却大量使用“土地承包经营权”概念,而在土地抵押、担保部分使用了“土地经营权”,对于土地经营权抵押、担保,福建省在文件中指出要结合本省实际情况推进试点,但是并没有在文件中对于土地经营权及其抵押、担保进行界定,亦未能将其与土地承包经营权之间的关系加以进一步说明,仅提出“研究制定统一规范的实施办法”,并且要探索建立土地经营权的抵押权实现、处置机制。

甘肃省2015年4月发布了《关于引导农村土地经营权有序流转发展农业适度规模经营的实施意见》,其中指出“以稳定和完善农村基本经营制度、保障农民土地承包权益为基础”,坚持农村土地集体所有,探索实现所有权、承包权、经营权“三权分置”,提出“坚持五个基本原则”。[1] 文件要求始终坚持农村基本经营制度,对适合本地区的、多种形式的承包地流转模式的创新加以鼓励,以推进承包地有序流转。承包地流转“既要鼓励引导,也要规范有序”,土地经营权流转要坚持“四不”的政策底线。[2] 土地经营权流转要因地制宜,分

---

〔1〕“坚持稳定和完善农村基本经营制度;坚持以改革为动力;坚持依法、自愿、有偿;坚持因地制宜、分类指导;坚持经营规模适度”。

〔2〕“四不”底线,即“不得违背承包农户意愿、不得损害农民权益、不得改变土地的农业用途、不得破坏农业综合生产能力和农业生态环境”。

类指导，甘肃省对此提出了两条原则性标准，即土地经营权流转应当同“城镇化进程和农村劳动力转移规模”以及“农业科技进步和生产手段改进”等两个方面相适应，根据“经济发展水平”、“土地类型”及“新型农业经营主体发展”三个方面的情况来具体安排推进土地经营权流转的模式及进度。对于承包地的适度规模经营，甘肃省提出土地经营权流转的规模要与“流转经营主体的生产经营管理能力相适应”，可见甘肃省反对土地经营权流转盲目追求规模经营，需要充分考虑各地区的自然条件、生产成本、农机化水平等因素，并提出既注重提升承包地经营的规模，又防止承包地的过度集中，达到兼顾效率与公平的目的，并对土地经营权流转实现适度规模经营指出了三个客观的、具有可操作性的效率标准，即“土地资源利用率、土地产出率和劳动生产率”的不断提高，实现三者之间的平衡才是“适度”的，否则，很难判定各地区是否达到适度规模经营的目的。

除以上所列举的浙江省、四川省、山西省、湖北省、河北省、福建省、甘肃省在其出台的相关文件的标题中使用了“土地经营权”这一“三权分置”下的政策概念外，安徽省、湖南省、山西省、辽宁省、河南省、吉林省等依然在其出台的文件标题中使用“土地承包经营权”这一法定的物权概念。

## 二、“三权分置”由政策向地方性规范转化过程中的积极试验

### (一)《农村土地承包法》及原《物权法》颁布之前

早在2001年9月浙江省发布了《关于积极有序地推进农村土地经营权流转的通知》(浙委办〔2001〕53号)，而此时《农村土地承包法》及原《物权法》等法律尚未实施，土地承包经营权尚不是一类法定权利，但是浙江省根据粮食购销市场化改革之后，“不少地方的农户自承包的土地经营权流转给农业生产经营大户和投资农业的工商企业”的现实情况，对此类现象的出现给予积极评价，肯定了其“促进了农业结构调整和效益农业的发展”的积极作用，为了“积极有序地推进农村土地经营权的流转，规范流转行为”颁布此文件。可见在承包地流转较为频繁的二、三产业发达的地区，在实践中早已出现了对于承包地权利“三权分离”的现实需求，“稳制活田、三权(所有权、承包权、经营权)分离”，不能侵害和剥夺农民的“土地承包权”等合法权益，切实保护其长远利益。

农业增效、农民增收是推进土地经营权流转的根本出发点,要让农民通过土地经营权流转,获得比自己耕作土地更多的收益。

对于土地经营权流转后的效力及权益分配,浙江省在文件中指出,土地经营流转以后,“原承包农户的土地承包权不变”,村级收益分配到户政策不变,享受乡(镇)、村的公益福利待遇不变。对于土地经营权流转的受让方,在法规政策允许范围内,受让的土地经营权的权能内容包括:开发经营的经营自主权、产品处置权、收益分配权等,其合法权益受法律保护。同时,在合同规定期限内的经营权,可以依法继承。

(二)原《物权法》颁布之时

2007 年 8 月,浙江省发布了《关于贯彻实施〈物权法〉进一步加强土地登记规范化建设的通知》(浙土资发〔2007〕38 号),该通知指出《物权法》的颁布,为土地承包经营权纳入不动产统一登记制度及相应的登记生效原则,提出了新的、更高的要求,应增强对土地承包经营权的物权观念,加强土地登记规范化,完善土地登记相关制度,规范土地登记行为。原《物权法》明确了土地登记簿在我国物权体系中的地位及法律效力,同样适用于土地承包经营权。浙江省指出,土地使用权、所有权及土地他项权利的“设定、变更或注销登记”等,都应在“土地登记卡续表”上记载登记顺序号、登记日期及登记的其他内容,规范土地登记卡的填写,按村及宗地号的顺序排列构成土地登记簿。

原《物权法》的颁布对土地承包经营权登记提出了相应的创新性要求,为此浙江省指出做好《物权法》实施前建立有关制度的准备工作,具体包括:(1)建立异议登记、地役权登记、预告登记等新型土地登记类型。(2)明确土地登记机构的职责,根据《物权法》规定,不仅要查验申请人提供的权属证明和其他必要材料,还要建立有关登记事项询问等制度,完善土地登记质量保证体系。(3)完善土地登记自我举证制度,研究制定宗地地籍调查程序、方法、成果资料技术标准和数据格式要求,提高对权属证明文件和地籍调查成果审查的能力。(4)根据《物权法》对土地登记资料公开查询的要求,健全土地登记公开查询制度,结合第二次全省土地调查——数字地籍调查工作的全面开展,清理、核查现有的土地登记资料,确保查询质量。

浙江省在通知文件中指出,各地要以《物权法》的贯彻实施和开展第二次全省土地调查为契机,结合当地实际,加快农村居民点数字地籍调查步伐,加强土地权属核查工作，摸清具体情况，并根据核查结果，制定相应措施，完善已有登记宗地信息。

（三）“三权分置”政策提出之前

2011 年，陕西省发布的《关于促进农村土地承包经营权流转的指导意见》中对土地承包经营权流转的内涵进行了界定，即其是指在土地承包经营制度的基础上，由承包方将其承包土地的“经营权”让渡给其他经营者的行为，将农户所享有的承包土地中的经营性权能分离出来，并转移给其他经营者，使其他经营者具有使用承包土地进行农业生产的权利。虽然陕西省在文件中没有明确提及“三权分置”，依然沿用了现行“土地承包经营权”之概念，但是已经注意到“承包土地的经营权”让渡给其他经营者的重要意义，并对此概念进行了较为明确的界定，亦是“三权分置”政策在地方的积极实践，有利于承包地流转的有序进行。此外，陕西省以保障、稳定农户的土地承包权作为基础和前提，将承包权与经营权相分离，其目的首先在于在保障农民对土地基本权益的同时，为拓宽农民增收的渠道提供可行的制度路径，实现承包地资源向农业生产经营的能手集中，改变过于分散的农业发展方式，将市场与“三农”直接相连，以实现农业生产的市场化、现代化、规模化。

2012 年，湖北省发布了《湖北省农村土地承包经营条例》，其第 4 条指出“农村土地承包经营应当明晰所有权、稳定承包权、放活经营权”，较早地提出了农村土地权利体系的“三权分置”，有利于厘清所有权、承包权、经营权之间的关系及其不同的价值追求。第二章“土地承包经营权的确立”中第 8 条第 1 款明确了作为所有权行使的代表，即发包方为“农村集体经济组织、村民委员会或者村民小组”。长期以来，集体土地所有权主体的虚化为学界诟病，发包权作为集体土地所有权在土地承包经营法律关系设立之时的具体权能，其行使主体的明确无疑将在一定程度上解决集体土地所有权虚化的问题，达到落实所有权的目的。同时，该条第 2 款规定“农村集体经济组织成员……享有平等承包权”，明确指出了农户对于本集体经济组织发包土地之时，所享有的“平等承包权”，以此权利承包集体土地，从湖北省条例的规定来看，进一步将农户作为集体成员所享有的“农户承包权”在具体制度中加以凸显，有利于对部分特殊的集体成员，例如，出嫁女、新成员等的承包权加以保障。

此外，该条例第 9 条第 1 款将具有集体成员身份的 6 类人员以列举的方式加以说明，此6类人员的集体成员身份均与具有本集体的“户籍”直接相联系。而第9条第2款的规定，[1]又进一步将集体成员对于其法律所赋予“成员所有”的集体土地所有权的行使具体化，对于其集体所有的土地权益，如“土地发包承包、征收征用等”方面的权利权能加以明确，具体包括：“知情权、参与权、决策权和监督权”，使集体成员基于以上各项权利，能够集体有效行使集体土地所有权。

（四）“三权分置”政策提出之后

2015年，甘肃省发布的《关于引导农村土地经营权有序流转发展农业适度规模经营的实施意见》指出，引导土地经营权有序流转，凸显了甘肃省在土地经营权流转中对于合作经营以实现承包地规模经营，以及社会化服务在承包地流转整体功能中的重视。土地经营权流转要因地制宜，分类指导，甘肃省对此提出了两条原则性标准，[2]各地区要根据当地的客观情况来具体安排推进土地经营权流转的模式及进度。此外，甘肃省提出土地经营权流转的规模要与“流转经营主体的生产经营管理能力相适应”，可见，甘肃省反对土地经营权流转盲目的追求规模经营，需要充分考虑各地区的客观经济因素，并提出既注重提升承包地经营的规模，又防止承包地的过度集中，达到兼顾效率与公平的目的，并对土地经营权流转实现适度规模经营提出了三个客观的、具有可操作性的效率标准，即“土地资源利用率、土地产出率和劳动生产率”的不断提高，实现三者之间的平衡才是“适度”的，以此判定各地区是否达到适度规模经营的目的。

## 三、地方实践中承包地“三权分置”探索的不足之处

（一）“土地经营权”与土地承包经营权之间的混用

自中央出台“三权分置”政策之后，浙江省、四川省、山西省、湖北省、河北省、福建省、甘肃省等地，在其出台的有关促进承包地流转地方性规范文件的标题及文中使用了“土地经营权”这一“三权分置”下全新的政策概念。但是这些地方性规范文件中并没有界定“土地经营权”与土地承包经营权之间的关

---

〔1〕《湖北省农村土地承包经营条例》第9条第2款规定，“依法保障农村集体经济组织成员对本集体经济组织土地发包承包、征收征用等的知情权、参与权、决策权和监督权”。

〔2〕两条原则性标准，即“与城镇化进程和农村劳动力转移规模相适应”以及“与农业科技进步和生产手段改进相适应”。

系,以及各自的内涵、边界。例如,2014 年 3 月河北省发布了《关于加快农村土地经营权流转促进农业适度规模经营的意见》,该文件从整体上没有使用“土地承包经营权流转”这一明确的法定权利或是“承包地流转”这一概括性用语,而是使用了中央所提出的“三权分置”政策中所使用的“土地经营权”流转这一政策性用语。从文件的全文内容来看,虽有数处提及“土地承包经营权”或“承包经营权”,但是并没有提及“土地承包经营权”与“土地经营权”之间的界分、区别以及两者的关系。

在 2018 年《农村土地承包法》修正之前,“土地经营权”是中央“三权分置”政策中所使用的政策性术语,中央陆续发布的政策文件也未对其加以明确说明,当前学界对于土地经营权的内涵、属性等方面尚存较大争议。但毫无疑问的是,土地经营权是一项包含了充分利用承包地的经营性权能,部分地方能够紧跟中央最新政策,制定出符合本省实际情况的实施意见等规范性文件,这一做法值得肯定,有利于中央政策在地方实践中的推广,发挥政策的指导、引领等功能,最终实现立法的完善。但若是未能将土地经营权与土地承包经营权的关系加以界定,不能区分两者的内涵及外延,在实践中恐会引起承包地流转当事人对于地方规范性文件理解的错位,难以将土地经营权这一政策性术语与现实中存在的法律权利进行准确、有效的对接,使“土地经营权”无法纳入现行的法律体系之中,其性质、流转方式、流转生效模式以及与登记制度的衔接等方面均无法实现,反而对土地承包经营法律关系的调整造成不必要的困扰。例如,2001 年浙江省发布的《关于积极有序地推进农村土地经营权流转的通知》(浙委办〔2001〕53 号)中规定,集体经济组织等有关经济组织经过核准与登记许可,可以从事“土地承包经营权”流转中介服务。虽然该通知以“土地经营权”为标题,文件中亦大量使用“土地经营权”的概念,但是通知中还是出现了“土地承包经营权”这一概念,可见在地方推进承包地流转之时,对于流转权利之名称、概念、内涵、外延等时有混淆,而将二者混用。因此,当前部分省份在地方性规范文件中未能对土地经营权进行原则性界定实为遗憾,应当随着地方实践的推进,在未来对土地经营权加以界定,厘清其与土地承包经营权之间的关系,以利于承包地流转的高效、规范。

(二)“农户承包权”政策概念在法律中的缺位

土地承包经营权将“承包”这一保障性功能与“经营”这一财产性功能统一

在一个法定物权概念之内，“农户承包权”这一政策概念并没有体现在法律之中，因此部分地方在实践中，创设出与其内涵、功能相近的概念，将之从土地承包经营权中分离出来。例如，湖北省2012年《湖北省农村土地承包经营条例》第二章“土地承包经营权的确立”中第8条第2款规定“农村集体经济组织成员对本集体经济组织发包的农村土地，依法享有平等承包权，以户为单位承包集体土地”，创设出“平等承包权”这一概念，明确指出了以家庭方式取得承包地的农户对于本集体经济组织发包土地之时，所享有的“平等承包权”，以此权利承包集体土地，并在随后的条文中指明了“平等承包权”的权能内容，即“集体经济组织成员对本集体经济组织土地发包承包、征收征用等的知情权、参与权、决策权和监督权”。对于以其他方式取得承包地，该条例第14条规定“发包方应当对承包申请人的资信情况和经营能力进行审查，确认承包资格”。需要指出的是，以其他方式取得承包地的基础，此处用的是“承包资格”，而以家庭方式取得承包地的基础是“平等承包权”，而“平等承包权”则源于集体成员之“身份”。

由于法律对“农户承包权”的缺位，虽然地方性规范创设了与之相关的概念，但缺乏上位法律的指导，地方性规范难以将之融入自身体系之中，在承包地流转方式、生效模式等方面，概念之间相互冲突。例如，《湖北省农村土地承包经营条例》第39条对家庭承包经营的“土地承包权”采用“转让”形式流转进行了限制，即仅能在同一集体组织内部进行转让。此处规定中没有使用“土地承包经营权”这一法定物权，而是使用了“土地承包权”这一概念，此权利与“总则”中第4条的“承包权”及第一章第8条第2款中的“平等承包权”在内涵上有很大差别。从条例的文本上分析，“总则”中第4条的“承包权”并没有明确的界定，第8条第2款中的“平等承包权”从其内涵定义来看，是一类取得集体土地并进行承包经营的权利，具有明显的身份属性，是取得土地承包经营权的基础性权利，而第39条中的“土地承包权”涉及权利的转让，应当是一类财产性权利。因此，条例对于“承包权”的内涵规定出现了歧义。由于具有身份性的“集体经济组织成员……以户为单位承包集体土地”之“平等承包权”源于其“身份”而不能转让，且因为双方均为集体成员亦无须限制其在本集体内部转让。此外，从该条例第39条所设置的章节来看，此“土地承包权”应是特指以家庭方式取得的“土地承包经营权”。

# 第二章 承包地“三权”运行的学理基础

## 第一节 由政策到法律：承包地“三权”运行的框架选择

回顾我国农村土地改革的历史进程，可以发现其沿着“先政策，后法律”的路径逐步实现了农村土地的法治化。自1978年开始土地承包经营制改革，在我国农地权利改革的过程中，中央提出改革的政策，并展开地方试点，在试点地区取得成功经验之后，向全国范围进行推广。由于政策用语并非法律用语，且政策的实现需要在改革推进至一定阶段，并取得相应的经验与成果后才能制定法律制度，因此，在深化改革中新的政策与现行法律可能出现难以对接的情况。在新形势下，农村土地改革进一步深化，为适应集体、承包农户、经营者等多元主体对农地资源利用的现实需求，中央提出“三权分置”政策。2018年《农村土地承包法》的修正和《民法典各分编（草案）》的公布，均涉及“三权分置”政策的内容，承包地“三权”由政策向法律转化，但有诸多不足。其中，承包地“三权”的关系以及“三权”之间运行在法律上不清晰，在诸多不足中十分突出。政策中“三权”在向法律转化的过程中若不能实现衔接，会产生较大的争议与分歧，并对农村土地改革产生消极影响，无法提供理论上的支持，在法律制度的构建中造成一定的混乱，使改革难以实现预期的目标与效果。因此，承包地“三权”运行是“三权分置”改革的核心内容，应当以此为基础理顺承包地“三权”生成路径的法律逻辑，实现承包地“三权”由政策与法律的转化与对接，进而明确法律意义上“三权”的运行框架，并由国家提供相应的法律制度作为支撑，以实现承包地“三权分置”改革所欲达到的目的。

## 一、承包地“三权”运行制度是“三权分置”改革的核心内容

随着2018年《农村土地承包法》的修正，承包地“三权分置”改革由政策转为法律，但是其中存在承包地市场化配置路径模糊，土地经营权的权利属性界定不明确，“三权”生成路径及其之间关系较为混乱，新型权利内涵不明确与流转链条增长而导致承包地权利体系的重构，承包地之上国家、农民集体、承包农户、经营者等多元主体之间的利益冲突等问题。承包地“三权”运行是“三权分置”改革的核心内容，其上接承包地“三权”由政策入法之后“三权”融入我国民事权利体系，下启承包地发包、流转、收回等制度在“三权”动态运行中的规则完善与重塑。鉴于“两权分离”下管理本位突出、权利本位不足，集体土地所有权因承包农户权利的过度张扬而“虚化”、土地承包经营权因内含身份属性而对承包农户的权利保护“僵化”、承包地流转不规范等缺陷，在承包地“三权”运行的构建中，需要将其视为我国土地公有制下承包地市场化配置的实现路径，推进“三权”之间转化与衔接的保障制度，稳固“三权”权利结构的支撑框架，成为重构承包地权利体系的基石，以及衡平多元主体利益冲突的良方。

### (一)承包地“三权”运行制度是土地公有制下承包地市场化配置的实现路径

鉴于我国实行土地公有制，集体土地所有权无法直接进入市场流转，除农民集体之外，任何主体无法享有集体土地所有权从而在承包地之上从事农业生产经营活动。在“两权分离”下集体土地所有权抽离出土地承包经营权，将其交由具有身份属性的集体成员，以“户”为单位利用承包地，在一定程度上初步形成了土地公有制下的承包地利用模式。但是，“两权分离”下的以“户”为单位的承包地利用模式呈现明显的碎片性、小农性等特性，加之土地承包经营权内嵌身份属性，为了防范农户失地的风险，法律对其流转予以十分严格的限制，因而此种模式承载了过多的社会保障功能，其并非完全市场化的配置模式。在“三权分置”改革下，为适应工业化、城镇化的背景下大量农村人口进入城市从事非农生产的现实需求，承包地的资源配置应当是市场化的模式，即市场机制在承包地配置中发挥决定性作用。在此现实需求的基础上，原本“两权

分离”的权利结构需要进一步派生出符合市场机制、不含身份属性的土地经营权,因此,以集体土地所有权或土地承包经营权为权源,抽离经营性权能而派生出土地经营权的“三权”运行制度就成为土地公有制下承包地市场化配置的实现路径。通过承包地发包、流转、收回等“三权”运行制度,无论是在公有制下无法直接配置在市场中的集体土地所有权,或是内嵌身份属性而难以自由流转的土地承包经营权,均得以抽离经营性权能而派生土地经营权,厘清并建构“三权”的权利边界及权能结构,重构由于土地经营权这一新型权利而延展的承包地权利体系,并且衡平国家、集体、农户、经营者等多元主体的利益冲突,将保障性功能与财产性功能分别由土地承包权与土地经营权承载。由于土地经营权不再承载对农户的保障性功能,并且能够在法定框架之内自由流转于不同类型主体,从而在市场机制的作用下实现承包地资源的最优配置与高效利用。

(二)承包地“三权”运行制度是“三权”之间转化与衔接的支撑框架

土地经营权作为承包地“三权分置”改革下所诞生的一类新型的财产性权利,以集体土地所有权或土地承包经营权为权源,抽离经营性权能而派生,必然改变原本“两权分离”下“集体土地所有权—土地承包经营权”的权利结构与权能内容,需要在学理上重新构架承包地“三权”之间的权利结构,厘定“三权”权能内容,使“三权”之间具有明确的权利边界,承包地“三权”运行制度成为“三权”之间转化与衔接的支撑框架。例如,首先,通过承包方案、承包合同、设立登记等承包地发包制度,集体土地所有权派生出土地承包经营权或土地经营权交由承包农户或经营者,实现两类承包地的初始配置;其次,通过流转合同、流转登记等承包地流转制度,由承包农户选择以适合自身情况的流转方式,在土地承包经营权的基础上派生土地经营权流转至第三人,土地承包经营权转化为土地承包权,即政策中的“农户承包权”,承包农户保留土地承包权作为未来再次取得承包地的权利依据,由此实现土地承包经营权与土地经营权的分离并划定二者之间的权利边界;最后,在土地经营权消灭的法定或约定事由发生之时,通过土地经营权合同终止、注销登记等承包地收回制度,土地经营权在权利消灭后其经营性权能回归土地承包经营权或集体土地所有权,此两类权利恢复初始的圆满状态,在未来能够再次派生新的土地经营权。由此,通过承包地“三权”运行制度,“三权”之间得以转化和衔接,“三权”的权利主体所享有的权能内容之间不会发生冲突与相互妨害，以此保障权利边界的明晰与权利结构的稳固。

### （三）承包地“三权”运行制度是承包地权利体系的重构基石

在承包地“三权分置”改革入法后，土地经营权、土地承包权等新兴的法律概念，就原有“两权分离”下“集体土地所有权—土地承包经营权”的承包地权利体系而言，其不仅意味着承包地流转的权利链条进一步延展与新型权利的融入，承包地“三权”的权利属性、权能内容以及相互关系也将发生重大改变，势必会引发原有“两权分离”演化为“三权分置”承包地权利体系的重构，[1]加之2018年修正的《农村土地承包法》并未明确土地经营权的权利属性，同时，土地经营权“流转”的内涵界定并不清晰，因此，需要借助承包地“三权”运行制度作为重构承包地权利体系的基石。例如，首先，通过承包地发包制度，制定承包方案掌握本集体范围之内承包地的情况与信息，以家庭方式和其他方式由集体土地所有权分别派生土地承包经营权和土地经营权，形成“集体土地所有权—土地承包经营权或土地经营权”的权利体系，承包农户可以选择是依据土地承包经营权在承包地之上进行农业生产经营活动，或是流转承包地，以其他方式取得土地经营权的经营者享有同样的选择权。其次，通过承包地流转制度，承包农户保留土地承包权，并在“物—债”并行的流转框架之内选择符合自身利益与意向的流转方式向第三人流转土地经营权，如债权性流转的出租方式或是物权性流转的入股、抵押等方式，以其他方式取得土地经营权的经营者以同样的方式流转土地经营权，由此形成“集体土地所有权—土地承包经营权—土地经营权”的承包地权利体系。最后，通过承包地收回制度，土地经营权消灭，集体土地所有权或土地承包经营权恢复初始的圆满状态，得以再次派生土地经营权。由此，以承包地“三权”运行制度为权利体系的重构基石，在《民法典》颁布之后，具有一定弹性的承包地权利体系能够以较低的改革成本融入我国民事权利体系中，并在法定的框架下较为灵活地适应我国复杂的地方实践的现实需求。

### （四）承包地“三权”运行制度是多元主体利益冲突的衡平良方

承包地不仅是承包农户与经营者的重要财产，也是农民集体的重要公有

---

〔1〕 参见宋志红：《三权分置下农地流转权利体系重构研究》，载《中国法学》2018年第4期。

财产,更是国家的宝贵资源,具有“财产—资源”的双重属性,承载着个体利益与公共利益,兼具私益性与公益性,是一类极其重要的资源性财产。作为一类承载公共利益的资源性财产,虽然需要通过市场机制实现承包地的资源配置,以激励承包农户或经营者为实现自身利益的最大化而充分开发、利用承包地,但是需要对此加以一定限制,因为承包地是具有可损耗性的资源,一定空间范围的承包地所蕴含的农业生产能力和生态环境是有限度的,过度地开发、利用承包地,就会损害其蕴含的农业生产能力以及生态的失衡,从而侵害承包地所承载的粮食安全、农产品安全等社会公共利益,因此需要承包地“三权”运行制度对冲突的多元利益加以衡平。例如,首先,通过承包方案、承包合同、设立登记等承包地发包制度,对本集体的承包地的承包方式加以区分,确定不同类型的承包地采用家庭方式或其他方式,以家庭方式在所有集体成员之间以户为单位公平分配承包地,同时在其他方式中引入市场竞争机制以确定经营者,并将承包地分配之时最初的质量等级加以记载,防止承包地利用超过合理的限度。其次,通过承包地流转制度,承包农户保留土地承包权,作为未来再次取得承包地的权利依据,防范失地的风险,而经营者取得土地经营权,得以自行支配承包地以进行农业生产经营,既实现承包地的最佳配置与效果利用,又均衡承包农户与经营者的保障性与经营性的价值目标,同时,为土地经营权人设定合理使用承包地的义务,承包农户和农民集体作为经营者过度利用承包地的损害承担者,得以行使撤销权或代位撤销权,国家以用途管制、土地规划等制度防范经营者将承包地非农化,农户、集体、国家在不同的视角下借助多种制度对经营者的农业生产经营行为加以监管,以此衡平承包地所承载的公共利益与个体利益,实现合理利用与主动保护的制度目标。最后,通过承包地收回制度对土地经营权存续期间的承包地质量等级与初始质量等级进行信息对比,对经营者改良承包地予以补偿,若是经营者损害承包地则承担损害赔偿责任。

## 二、承包地“三权”生成路径的法律逻辑

### (一)“三权分置”是对现实需求的政策回应

《宪法》从土地所有制层面规定了农村土地实行公有制,决定了物权法层

面的集体土地所有权无法直接为个体使用。在公有制的集体所有权下,土地等不动产上的单一所有权模式不能解决现实存在的问题,因为绝对所有权根本不存在,多重权利配置成为物权制度构建的初始选择。[1] 为了集体土地所有权对集体成员主体利益的实现,在物权法层面“集体土地所有权与集体成员个人的联系只以成员权体现出来,只要具备集体成员资格就可享有集体利益,在集体利益上实现个人利益”。[2]

从法律对于土地承包经营权设立的界定来看,《农村土地承包法》第 5 条设定了承包土地的前提,即主体为“集体组织成员”,进而“有权”承包土地,此“权”并非土地承包经营权,因为此“权”是在承包行为之前,且为法定权利;而土地承包经营权是发包方与承包方双方合意产生,且只有在承包合同生效时才得以设立,故该“权”是一类具有明显身份属性的、承包集体土地的权利,即“承包权”。正是借助“承包权”,承包农户才拥有了由集体土地所有权为基础分离而形成的土地承包经营权。需特别指出的是,此“承包权”在承包行为过程中,随着土地承包经营权的设立也被内化在其中,因此,以家庭方式取得土地承包经营权在流转范围、方式等方面受到严格限制,被“固化”在集体范围之内。以其他方式取得的土地承包经营权由于不涉及此“承包权”,因而法律并没有这样的限制。

虽然在一定时期内,这样的设置并没有产生消极影响,反而提升了承包农户对于承包地的投入,提升了农业生产的效率。但是随着大量农村人口进入城市从事非农生产,大量的承包地被撂荒。由于土地承包经营权“固化”,集体之外的市场主体只有以债权流转方式使用承包地,这并不符合农业生产所需要的稳定的法律关系;而承包农户也担心一旦流转土地承包经营权将会永久失去承包地,因此宁愿选择撂荒承包地也不愿意将其流转。为了实现农地资源的有效利用与流转,中央推出承包地“三权分置”政策,以破解承包地流转的困境。

### (二)承包地“三权”生成路径的法律表达选择

承包地流转障碍的本质在于土地承包经营权“固化”了集体成员的身份属

---

〔1〕 参见李国强:《相对所有权的私法逻辑》,社会科学文献出版社 2013 年版,第 195 页。

〔2〕 韩松:《农民集体土地所有权的权能》,载《法学研究》2014 年第 6 期。

性,其承载了过多的保障性功能,使其不能作为一类纯粹的用益物权,难以与市场经济相契合。我国对于土地承包经营权制度经过长时间探索和检验,已经由最初的债权,到债权与物权并存,最终由原《物权法》确定为一类特殊的用益物权,投入了巨大的改革成本,“土地承包经营权”的概念已经深入人心。从《分置办法》的总体要求来看,需要形成适合不同地区的“三权分置”的具体路径和办法,若现在对土地承包经营权进行修改,基于物权的法定性,会限制各地进行创新。同时,直接将“土地承包经营权”取消或是分拆为新的物权,对于承包地之上物权体系的影响过大,若法律制度无须重大修改,即可实现“三权分置”,则没有必要进行修改。因此,对土地承包经营权进行分拆而生成“承包权”和“经营权”并不是理想的生成路径。

土地经营权应当是由土地承包经营权的经营性权能抽离而生成的新型用益物权。首先,符合我国的现实国情。经过两轮土地发包,我国的农地资源大多数由承包农户享有土地承包经营权而利用,在此生成路径下承包农户可选择将承包地留有自用,或是设立土地经营权流转而获得经济收益。其次,降低深化土地改革的成本与阻力。如上所述,土地承包经营权的概念已经深入人心,且为一类法定物权。以土地承包经营权为基础抽离其经营性权能生成土地经营权,可最大限度保留现有改革成果,现有的土地承包关系亦不会被动摇。最后,保持农地制度改革的发展脉络。土地承包经营权自土地所有权派生,其权利性质由债权最终确定为一类特殊的用益物权是经过了长期地方实践的结果。

需要指出的是,2018 年修正的《农村土地承包法》和《民法典》“物权编”中对“三权分置”政策中的内容均有所体现,但仅作了原则性规定,例如,《农村土地承包法》界定了土地经营权,对其性质作了淡化处理;《民法典》“物权编”规定了土地经营权的内容,以及出让、可以申请登记等。对土地经营权性质并未明确,为未来土地经营权界定为物权预留了空间。现阶段立法对承包地“三权”作出一定程度的弹性规定,是为了深化土地改革进程中地方实践探索的需要。但是在学理上,应当对“三权”的权利属性进行界定,并明确“三权”的运行框架,厘清未来“三权分置”可选择的改革路径,为地方实践和未来立法的完善指明方向。在“物权法定”原则下,2018 年修正的《农村土地承包法》中的土地经营权是一类债权,可简化流转程序要件,且便于各地方实践,取得成功经验后,再考虑是否修法确定其权利属性。如此,既符合我国农地权利制度改革的发展脉络,也与2018年修正的《农村土地承包法》和《民法典》“物权编”的弹性规定相契合。

### (三)承包地“三权”的生成路径回应了“三权分置”政策的价值追求

“三权”所追求的落实、稳定、放活等目标处于同一位阶,不应当仅强调稳定农户承包权和放活土地经营权,落实集体所有权同等重要,应当将三者的价值追求视为内在统一的整体。

“落实集体所有权”不仅强调集体所有权是我国农地权利体系的基础,亦指出了集体所有权的完善方向,原《物权法》试图通过引入“成员权”概念来明确集体所有权的主体,[1]土地经营权源于土地承包经营权,土地承包经营权源于集体土地所有权。集体土地所有权经由土地承包经营权分离形成适合市场经济的土地经营权,在实现农民个体利益的同时,维持并完善宪法框架下的土地公有制,使集体所有权不再虚化。

“稳定农户承包权”,是将农户承包集体土地之身份属性由土地承包经营权中剥离出来形成承包权,农地流转的仅是土地经营权,承包权人作为集体经济组织成员的身份及承包集体土地之权利不受任何影响,农地的社会保障功能由承包权承担,在政策、法律允许的前提下,承包人将土地经营权以适当的流转方式让渡给第三人,获得相应的对价,并可在未来发包承包地时依据集体成员身份再次获得承包地,以克服土地承包经营权的固化。

“放活土地经营权”是在稳定农户承包权的基础上,将现有土地承包经营权的身份属性及其承载的社会保障功能加以剥离,抽离经营性权能,生成一类符合市场经济需求的新型权利,目的在于“通过对权能的重新分配实现对现有的承包经营权处分权能的补正”,[2]农地流转是必要的,并且需为社会承受,其流转范围、方式、规则取决于社会发展的现实需要和可能。[3] 在“放活”的同时以制度保障其流转的规范性,防止承包地流转的失范。

---

〔1〕 参见王利明、周友军:《论我国农村土地权利制度的完善》,载《中国法学》2012年第1期。

〔2〕 李国强:《论农地流转中“三权分置”的法律关系》,载《法律科学(西北政法大学学报)》2015年第6期。

〔3〕 参见孟勤国:《物权二元结构论——中国物权制度的理论重构》(第2版),人民法院出版社2004年版,第238页。

## 三、承包地“三权”动态运行的法律框架

在“两权分离”的法律框架下土地承包经营权受到诸多限制，在逻辑上需要将其分离出更加符合市场经济需求的土地经营权，以承担私权之应有功能。法律权利是规定或隐含在法律规范中，实现于法律关系的，[1]也只有被放诸法律关系之中，才可以更好地被理解。[2] 因此，承包地“三权”的边界及相互关系不是静态的，应将其置于土地经营法律关系的动态运行中进行界定。同时，承包地“三权”的运行需要经济法界定公权与私权之间的关系，以社会本位为基本理念的经济法才能更好实现对私权的限制。[3] 因此，只有在多元的部门法视野下才能更好建构承包地“三权”动态运行的法律框架。

“三权分置”并非对土地承包经营权的架空和剥夺，而是重新梳理“三权”之间的动态运行关系，纠正在农业转型和工业化、城镇化进程中土地承包经营制所存在的内在缺陷，并“赋予家庭经营新的内涵和权能”。[4] “三权”之间的动态运行应当按照土地经营法律关系的不同阶段加以分析。在土地公有制前提下，土地经营法律关系在产生和变更两个阶段实现农户承包集体土地之权利和经营集体土地之权利的分离，即“承包权”与“经营权”的分离。土地经营法律关系在“初始分配”的设立阶段实现“稳定”目标，在“自由流转”的变更阶段实现“放活”目标，在“最终收回”的消灭阶段实现“落实”目标，将相异的价值目标在同一法律关系的不同阶段分别完成，实现亦公亦私的集体土地所有权之功能。[5]

### （一）土地经营法律关系产生阶段

在土地经营法律关系的产生阶段，以土地承包经营权为基础，生成土地经营权，土地承包经营权转化为“农户承包权”并将其保留给农户，作为保障其未来集体再次发包时取得承包集体土地的权利。一旦农户在无法从事非农生产后回到农村，依然可以在下一轮土地发包时取得承包地，即“保留进城农民返

---

〔1〕 参见张文显：《法哲学范畴研究》（修订版），中国政法大学出版社2001年版，第309页。

〔2〕 参见王泽鉴：《民法总则》（增订版），中国政法大学出版社2001年版，第80页。

〔3〕 参见房建恩：《农村土地“三权分置”政策目标实现的经济法路径》，载《中国土地科学》2017年第1期。

〔4〕 刘守英：《直面中国土地问题》，中国发展出版社2014年版，第27页。

〔5〕 参见戴炜：《“三权分置”视阈下集体土地所有权的二元构造》，载《南京农业大学学报》（社会科学版）2016年第6期。

乡的权利”。[1] 在不改变土地公有制的前提下，将土地承包经营权中的农户承包集体土地之身份属性及其承载的保障功能予以剥离，其经营性权能生成一类适应市场经济的新型权利，即“土地经营权”；剥离出的农户承包集体土地之身份属性，则由“农户承包权”承载并加以保障，属于成员权在土地经营权设立阶段的具体表达，是农村集体经济组织成员才能拥有的权利。由此可见，土地经营法律关系在“初始分配”的设立阶段实现“稳定”目标。

（二）土地经营法律关系变更阶段

土地经营权主体的变更，即土地经营权的转移，[2]承包地流转即是法律上农地权利主体的变更及权利的转移，土地经营法律关系随之变更。在变更阶段，原本承包地之上的身份属性得以彻底剥离，土地承包经营权抽离经营性权能生成土地经营权，流转无须考虑主体的身份以及在此身份桎梏之下所要负担的保障功能，承包农户不能依据其拥有的农户承包权来阻碍经营者行使土地经营权，将原本土地承包经营权中与身份性相关的条款加以修改或删除。以家庭方式取得承包地的农户若将土地经营权转让，可以获得经济收益为对价，同时保留承包权。以其他方式取得承包地的经营者也可以获得经济收益为对价转让土地经营权，由于不具有集体成员身份，并无“承包权”（上文所提《农村土地承包法》第5条中的“承包权”），但是依然能够在下轮承包时通过法定程序再次取得承包土地的经营权，实现农地资源的高效利用，兼顾农村集体、经营者的利益。

需特别指出的是，应当注意承包地利用的两种类型及其权利属性，以便实现“三权”由政策到法律的对接。从现行法律规定来看，承包地流转可以分为转让、互换、抵押等物权型流转，以及转包、出租、代耕等债权型流转。对于集体土地的利用，“除设定用益物权外，尚得成立债权的利用权（尤其是土地租赁），而发生所谓土地利用的二元体系”。[3] 若将来土地经营权界定为一类用益物权，其内容受到法律固定的限制；农地租赁权等债权有较为自由的法律空间，但其支配力较弱。土地经营权人所具有的占有、使用、收益等权能除自身行使

---

[1] 贺雪峰：《小农立场》，中国政法大学出版社2013年版，第227页。
[2] 参见王泽鉴：《民法总则》（增订版），中国政法大学出版社2001年版，第239页。
[3] 王泽鉴：《民法物权·第2册——用益物权·占有》，中国政法大学出版社2001年版，第15页。

之外,亦可以通过债权约定的方式设定农地租赁权,将其对农地的经营性权能分离,以债权型流转的方式将其交付受让人,租赁权也具有“经营权”之权能,物权属性的土地经营权与债权属性的土地租赁权并存于同一承包地之上。

(三)土地经营法律关系消灭阶段

在消灭阶段,土地经营权之权能回归土地承包经营权,土地承包经营权得以恢复初始的圆满状态,土地承包经营权之权能也可在法定情况下回归土地所有权,农村集体组织能够“放心地将土地的使用权在一个较长的时期内,彻底地分离出去,并赋予其自由流转的法律效力”,[1]以此构成“三权”之间动态运行的机制。土地经营权分离自土地承包经营权,因此,其具有以下特性:(1)有限性:土地经营权的存续以集体土地所有权为前提,受到所有权的制约;(2)期限性:土地经营权的存续并非永久,而是有一定的期限。土地经营权在一定条件下消灭,其权能回归土地承包经营权,并回归集体土地所有权,之后可再次分离形成新的土地承包经营权,进而生成新的土地经营权。因此,承包地“三权”之间并非静态而是动态的关系,以此构成我国农地权利的基本存在形式。《分置办法》指出,要充分维护农民集体对承包地发包、收回等权能。若“农村集体在事实上丧失了对土地的权利,即使保留了法律上的土地所有权,也只会成为一个空壳”。[2] 土地经营权权能回归是未来再次设立土地经营权的前提,借此实现承包地的再次分配,调和承包期间因农户人口变动所形成的矛盾。土地经营法律关系消灭既是土地经营权的终点,亦是土地承包经营权乃至土地所有权恢复初始状态的起点,以此“落实”集体土地所有权。

## 第二节 承包地“三权分置”中“三权”的权利属性界定

面对社会转型的新形势,以党的十八届三中全会为标志,我国开启了深化农村土地权利改革的序幕,强化对农民享有承包地权益的保护,鼓励承包经营权在公开市场上流转。如前文所述,通过对改革开放以来农村土地权利制度的演进梳理,可以发现其中的三条主要脉络,即承包地权利的属性跨越、权能充实和流转规范。首先,土地承包经营权由最初作为带有计划经济痕迹的集

---

〔1〕 刘俊:《中国土地法理论研究》,法律出版社 2006 年版,第 178 页。

〔2〕 蔡立东:《论承包地收回的权利构造》,载《法商研究》2012 年第 3 期。

体经济管理的主要手段，逐渐向民事债权跨越，再兼有物权和债权双重属性，最终法定为物权。其次，我国农地权利的权能内容是逐渐由笼统到充实，将承包者对集体土地从事农业生产的用途逐步充实到农地流转方式，同时，对土地承包经营权的限制亦愈加明确。最后，随着《农村土地承包法》、原《物权法》等法律的颁布，我国强调农地权利流转的规范，重视合同、登记等制度在农地流转中的规范功能。但是，随着社会转型的不断推进，加之农地政策、立法对土地承包经营权制度不断调整，我国承包地权利体系面临集体土地所有权虚化、土地承包经营权固化、承包地流转失范等一系列的问题。针对新形势下“两权分离”所遗留的问题，中央适时提出了“三权分置”的政策指引。2013 年年底的农村工作会议首次明确将“三权分置”作为农村基本经营制度的政策指引，随后在 2014 年至 2016 年的若干中央文件中继续提出“三权分置”的指导意见，以“坚持农村土地集体所有，实现所有权、承包权、经营权三权分置，引导土地经营权有序流转”为改革基调，2016 年 10 月发布了《分置办法》。党的十九大提出，完善承包地“三权分置”制度。“三权分置”的提出，旨在新形势下理顺我国自“两权分置”至今所遗留的问题。2018 年《农村土地承包法》修正，承包地“三权分置”的制度改革开始由政策向法律转化。对于承包地“三权分置”中的“三权”，应当沿着我国农地权利变迁的历史脉络，将承包地之上“三权”视为统一的权利体系，对其权利属性进行界定，以落实集体土地所有权作为农地权利运行的前提与基础，稳定农户承包权作为连接集体利益与农户个体利益的中介，放活并规范土地经营权流转。但是政策中的“农户承包权”“土地经营权”在法律中并不明确，“三权”内在逻辑不清晰，特别是“三权”在法律中的权利属性界定不明确。如果承包地“三权”的权利属性不清，其设立方式、流转方式及效力等规则体系必然紊乱。因此，需要正视新形势下现行土地承包经营制度所面临的问题，推动农地权利体系的进一步深化改革，在未来农地权利由政策向法律转化设置的过程中，将承包地“三权”视为统一的权利体系，对其权利属性进行界定，以求“三权分置”政策与法律的对接。

### 一、集体土地所有权：土地公有制下的集体所有权

《宪法》确立了城市郊区和农村集体土地的所有权归属。对于“三权分置”下土地所有权的性质，学界基本没有争议。但是特别需要指出的是，我国农村

集体的土地所有权不同于西方私有制下的个体所有权，其是以土地公有制为基础，以农村集体经济组织为权利主体的集体所有权。农村土地所有权归属于农民集体，集体成员不能以个体的成员身份，直接对集体财产行使权利，且离开集体时不得请求分割土地等集体财产。农村土地集体所有权是集体成员对一定范围内的属于本集体所有的土地不可分割的共同所有，其承载的是集体范围之内所有成员的集体利益，为农村集体组织成员的生存、发展提供最基础的财产保障，本质上反映了集体成员的集体意志和利益。“农民集体”及集体土地所有权源于农民入社，农民入社后仍然是土地的主人，这一身份并无改变。〔1〕 农户作为农村集体组织的成员，其个体利益的实现同样以农村土地集体所有权为载体，在集体成员不可分割地共同所有的基础上，重新实现集体成员的个人利益。由此可见，农村土地集体所有权是实现成员的集体意志和利益与集体成员个体意志和利益的基础载体，同时也是农户承包权和土地经营权生成的权利源头。

虽然集体利益是全体集体成员个体利益的集合利益，但并非每一个集体成员的个体利益直接、简单的集合相加。基于集体成员不能在无法分割的共同所有的集体所有权下直接实现其个体利益，集体成员的个体利益无法直接通过集体所有权得以实现。“集体土地所有权与集体成员个人的联系只以成员权体现出来，只要具备集体成员资格就可享有集体利益，在集体利益上实现个人利益。”〔2〕集体所有权是本集体全体成员共同意志和利益的体现，同集体成员的个人意志和利益密切联系，若是脱离了集体成员的个人利益，则成为空洞抽象的存在。“未来立法应实现从偏重农民个体到重视农民及其集体的观念转变，在农民个体与农民集体关系上实现从失衡到均衡。”〔3〕

在国家所有权和集体所有权中，土地等不动产上的单一所有权模式不能解决现实存在的问题，因为绝对所有权根本不存在，多重权利配置成为物权制

---

〔1〕 参见孙宪忠：《推进农村土地“三权分置”需要解决的法律认识问题》，载《行政管理改革》2016年第2期。

〔2〕 韩松：《农民集体土地所有权的权能》，载《法学研究》2014年第6期。

〔3〕 耿卓：《农民土地财产权保护的观念转变及其立法回应——以农村集体经济有效实现为视角》，载《法学研究》2014年第5期。

度构建的初始选择。[1] 集体土地所有权通过集体成员所享有的承包集体土地之身份属性,实现集体成员经营本集体范围内农地的权利,以家庭承包的方式将承包地交与集体成员,使集体成员享有占有、使用、收益以及一定限制下的处分等权能,即土地承包经营权。具体而言,一方面,无论集体成员自行基于土地承包经营权使用承包地获得收益,或是将土地承包经营权分离出土地经营权并流转而获得相应的对价,均能实现集体成员的个体利益;另一方面,由农村集体组织直接行使集体所有权,通过与非集体成员签订合同,以家庭承包之外的其他方式将土地交与于非集体成员,由于非集体成员不具有成员的身份属性,在“三权分置”之下应当设立并使其取得土地经营权,集体组织则取得非集体成员给付的经济对价,以此增加集体成员的收益或福利。“集体土地所有权在宪法上表现为一种制度保障性的所有权,在民法上仍可借鉴传统所有权权能理论,来构建占有、使用、收益和特定条件下的处分权能。”[2] 由此可见,集体土地所有权这一不可分割的共同共有的所有权,通过集体成员之身份属性或与非集体成员之间的合同,使集体成员及非集体成员获得使用集体土地之权利(土地承包经营权或土地经营权),实现了从集体利益到个体利益的转化,农地资源得以充分利用。由此,在“三权分置”政策之下,集体土地所有权是我国农村土地权利构成的基础。

## 二、农户承包权:集体成员再次承包农地之时的物权取得权

当前学界对于“三权分置”下承包权性质的争议主要可归类为成员权说、物权说和综合性权利说。高飞认为,承包权是集体经济组织成员初始取得承包地的资格,有此资格则有权承包土地。[3] 丁文认为,承包权是成员权,具有身份性、专属性、保障性等特征,[4] 其为兼有身份性和财产性的成员权。[5] 潘俊认为,分离后的承包权仍是土地承包经营权,而非单纯承包土地的权利资

[1] 参见李国强:《相对所有权的私法逻辑》,社会科学文献出版社 2013 年版,第 195 页。
[2] 姜红利:《农地三权分置之下土地所有权的法律表达》,载《法学家》2017 年第 5 期。
[3] 参见高飞:《农村土地“三权分置”的法理阐释与制度意蕴》,载《法学研究》2016 年第 3 期。
[4] 参见丁文:《论土地承包权与土地承包经营权的分离》,载《中国法学》2015 年第 3 期。
[5] 参见丁文:《论“三权分置”中的土地承包权》,载《法商研究》2017 年第 3 期。

格。[1] 张守夫、张少停认为,承包权和经营权分离后,承包权为物权性质的权利。[2] 肖鹏认为,承包权既非身份权,亦非财产权,而是以成员身份为基础,以承包的同一地块为内容的综合性权利。[3]

对于承包权的内涵及权利属性,应当从我国集体土地所有制及“三权分置”所欲实现的功能进行解析。《宪法》确定了土地公有制在农村地区的实现形式为集体土地所有制,原《物权法》以此为基础构建了我国农地权利,以实现对集体所有的土地进行有效利用。从法律对于土地承包经营权设立的界定来看,《农村土地承包法》第5条规定:“农村集体经济组织成员有权依法承包由本集体经济组织发包的农村土地。”在此条规定中,设定了承包土地的前提,即为“集体组织成员”,进而“有权”承包土地,此“权”并非土地承包经营权,因为此“权”是在承包土地行为之前,并且是一种法定权利;而土地承包经营权则是发包方与承包方双方合意产生的,且只有在承包合同生效时才得以设立,故该“权”是一类具有明显身份属性的、承包集体所有土地的权利,即“承包权”。在取得集体分配的承包地之前,农户对于集体土地并不享有财产性权利,其仍然有权依法承包由本集体经济组织发包的农村土地。从承包权的功能来看,其属于物权法中的取得权,即权利人在满足一定的条件下,享有的取得物上所有权(或其他某种权利)的权利。[4] 从所有权、承包权与土地承包经营权之间的关系来看,承包权并非源于集体土地所有权,而是在所有权之外,与所有权并行的权利。土地承包经营权源于集体土地所有权,而土地经营权是“三权分置”的实现需求之下实现农地资源的有序流转与有效利用,而进一步由土地承包经营权剥离身份属性,抽离其经营性权能而生成的纯粹用益物权。土地经营权的设立即为用益物权的创设取得,即于他人的权利之上设定用益物权。[5]

具体而言,集体成员依据其成员身份而具有承包权,并依据此权利在法律

---

〔1〕 参见潘俊:《农村土地“三权分置”:权利内容与风险防范》,载《中州学刊》2014年第11期。

〔2〕 参见张守夫、张少停:《“三权分置”下农村土地承包权制度改革的战略思考》,载《农业经济问题》2017年第2期。

〔3〕 参见肖鹏:《农村土地“三权分置”下的土地承包权初探》,载《中国农业大学学报》(社会科学版)2017年第1期。

〔4〕 参见[德]鲍尔、施蒂尔纳:《德国物权法》(上册),张双根译,法律出版社2004年版,第44页。

〔5〕 参见王泽鉴:《民法物权·第1册——通则·所有权》,中国政法大学出版社2001年版,第69页。

设定的条件下,由集体土地所有权首先设立并取得土地承包经营权这一融合了身份属性的特殊用益物权,即一类私法上的财产性权利。而随着社会经济的发展变迁,在新的形势下土地承包经营权暴露出种种缺陷,面临不能满足社会经济发展实现需求的困境。为回应现实困境,“三权分置”政策应运而生,欲在土地承包经营权的基础上,进一步生成土地经营权这一纯粹的用益物权,以满足社会经济发展的现实需求。土地承包经营权在抽离经营性权能之后,原本的土地承包经营权即转化为“农户承包权”,此时作为一项法定物权的土地承包经营权虽然在名称上并没有变化,但是其法律内涵已经与生成土地经营权之前大不相同,最为主要的差别在于:土地承包经营权的经营性权能抽离,承包农户享有土地承包经营权却不能凭此权利经营承包地,亦不能以此权利对抗土地经营权。虽然“三权分置”下分离出土地经营权的土地承包经营权在名称上无须改变,但是其法律内涵上的改变,已经转变为“三权分置”政策所指的“农户承包权”,其不再承担原本的经营性权能,而承载着承包农户的身份属性及保障性权能,即在未来再次发包承包地之时,承包农户可以凭借其保留的“农户承包权”(抽离经营性权能的土地承包经营权)再次取得承包地,以保障国家所确定的“土地承包关系长久不变”的目标。届时承包农户自行选择是依据新取得土地承包经营权自行经营承包地,或是再次分离出土地经营权将承包地流转交由其他经营者利用。

2005年中央一号文件——《中共中央、国务院关于进一步加强农村工作提高农业综合生产能力若干政策的意见》要求,对外出务工农民的土地承包权和经营自主权予以充分保障,可见当时的政策制定者已然注意到对进城农民的“承包权”予以保障的必要性。随着部分农民进入城镇从事非农生产,在农民脱离土地的情况下,农地所承载的生存保障功能逐渐弱化。农村土地的市场化和资本化建设,目的在于消除农村土地的身份性,[1]同时要保障农户不会因流转农地失去未来再次承包农地的权利。2015年11月中共中央办公厅、国务院办公厅印发的《深化农村改革综合性实施方案》指出“必须以保护农民集体经济组织成员权利为核心”,“明确界定农民的集体成员权”。从“农户承包权”生成的法律逻辑来看,以家庭方式设立土地承包经营权的须以集体成员取得

〔1〕 参见胡建:《土地市场化视阈中的农村集体土地产权改造》,载《求实》2014年第6期。

集体土地的"承包权"为前提。正是借助其具有的集体成员的身份属性,农村土地集体所有权才能够为集体成员分离出土地承包经营权,进而在"三权分置"下由土地承包经营权再分离出土地经营权,土地承包经营权转化为"农户承包权"。"农户承包权"具有明显的身份属性,是农村集体范围之内的成员得以承包本集体农地的权利,尽管集体成员的身份与土地经营权有关联,但这种身份属性应主要体现在土地经营权设立之时,而非土地经营权流转之际。集体成员享有的承包权应是成员请求集体分配财产利益的权利,其并非由原承包经营权中分离出来的新型权利。[1] 农户承包权是成员权在我国农地权利体系中的具体体现,是成员权在土地承包经营法律关系设立之时的具体权能表现,其核心的内容即是承包本集体经济组织的土地。凡具有集体经济组织身份的成员,均可依据承包权在未来再次分配承包地时取得承包地,除非自愿放弃承包权的行使,任何人不得以任何理由进行侵害,保障其对集体利益的分配不被随意剥夺,[2] 以实现个体利益。"承包地上具有和体现保障功能和公平理念的并非土地承包经营权,而是承包权。"[3] 由此可见,稳定农户承包权,即是保障集体成员承包农地权利的起点公平。

当前我国农地流转的本质障碍在于,现有的土地承包经营权制度承载了过多的保障性功能,因其包含了集体成员的身份属性,需要对农户的生存、发展予以保障,使土地承包经营权不能作为一类纯粹的用益物权,难以与市场经济相契合。"三权分置"的提出,为将土地承包经营权中的身份属性的剥离提供了契机,并理顺了农户承包权作为集体成员再次承包集体土地之权利的法律逻辑。正是基于"每个集体成员都平等地享有集体所有权,公平地实现利益",[4] 集体所有权经由"农户承包权",进而为集体成员分配承包地,并设立新的土地承包经营权。土地承包经营权在抽离了经营性权能后生成了"土地经营权",是一类纯粹的用益物权,权利人依据此权利对农地占有、使用、收益、处分,获得相应的经济收益,实现了集体利益向个体利益的转化,亦是社会主义集体所有制的实现。由此,理顺了"三权"之间以所有权为基础,农户承包权

---

〔1〕 参见陈小君:《我国农民集体成员权的立法抉择》,载《清华法学》2017 年第 2 期。

〔2〕 参见戴威:《农村集体经济组织成员资格制度研究》,载《法商研究》2016 年第 6 期。

〔3〕 吴义龙:《"三权分置"论的法律逻辑、政策阐释及制度替代》,载《法学家》2016 年第 4 期。

〔4〕 韩松:《论农民集体成员对集体土地资产的股份权》,载《法商研究》2014 年第 2 期。

为保障,进而设立符合市场经济规律的土地经营权的逻辑关系。因此,农户承包权是集体成员再次初始取得承包地的权利,属于物权取得权,即权利人在将来某种条件下可以取得所有权或其他物权的权利,[1]其权利内容在形态上表现为可期待利益,[2]就集体成员的个体利益实现而言,有此权利便可取得土地经营权。承包权是经营权取得的中介,[3]其与财产性权利密切相关,具有财产价值,但本身并非一项现实的财产性权利。

## 三、土地经营权：剥离身份属性的一类纯粹用益物权

有学者认为,当前对于“三权分置”中土地经营权的生成路径,无非有两种:第一,直接在土地所有权上设立土地承包经营权与土地经营权;第二,在土地所有权上设立土地承包经营权,再在后者的基础上设立土地经营权,并得出这两种路径均不能成立的结论。[4] 另有学者认为,土地承包经营权作为一个完整的权利,无法简单地分解为承包权和经营权或使用权,进而得出集体土地产权“三权分离”(“三权分置”)论不科学的结论。[5] 还有学者认为,现行法律足以解决“三权分置”所欲解决的问题,因而并无必要创设新的物权。[6] “三权分置”基础在于坚持土地公有制,同时保证集体土地所有权的有效实现、利用,对于土地经营权的生成路径的分析,应当从落实集体土地所有制的这一整体性思维进行考量。

“三权分置”意欲分置的对象并非土地承包经营权,而是在区分“三权”的基础上,明晰农村土地制度所欲发挥的各种功能。[7] 现行土地承包经营权制度中的身份属性已经成了农地有序流转进而实现农业规模经营的障碍。因

---

〔1〕 参见刘保玉:《物权体系论——中国物权法上的物权类型设计》,人民法院出版社2004年版,第349页。

〔2〕 参见高飞:《农村土地“三权分置”的法理阐释与制度意蕴》,载《法学研究》2016年第3期。

〔3〕 参见朱广新:《土地承包权与经营权分离的政策意蕴与法制完善》,载《法学》2015年第11期。

〔4〕 参见单平基:《“三权分置”理论反思与土地承包经营权困境的解决路径》,载《法学》2016年第9期。

〔5〕 参见丁关良、阮韦波:《农村集体土地产权“三权分离”论驳析——以土地承包经营权流转中“保留(土地)承包权、转移土地经营权(土地使用权)”观点为例》,载《山东农业大学学报》(社会科学版)2009年第4期。

〔6〕 参见高圣平:《新型农业经营体系下农地产权结构的法律逻辑》,载《法学研究》2014年第4期。

〔7〕 参见姜红利:《放活土地经营权的法制选择与裁判路径》,载《法学杂志》2016年第3期。

此,将土地承包经营权中的身份属性剥离,成为此次农地权利改革的重要目标。“三权分置”下的土地经营权应该是将现行土地承包经营权中的身份属性剥离,即将集体成员承包农地之身份属性保留于“农户承包权”,而土地承包经营权则成为“农户承包权”的载体,并由其承载农民生存、发展的保障功能。在农村集体组织发包农地设立土地经营权之时,以家庭方式取得农地的集体成员凭借承包权与集体组织签订合同获得土地承包经营权,再进一步选择是否再由土地承包经营权分离出土地经营权,进而实现个体利益。在设定土地经营权之后,“农户承包权”不能影响土地经营权的行使,亦不会随着土地经营权的流转而流转。而不具有集体成员身份的市场主体,则以其他方式与集体组织签订合同,设立土地经营权。无论何种方式取得的土地经营权,在去除身份属性后生成了一类纯粹的用益物权,除原有的占有、使用、收益的权能外,由于无须考虑集体成员的社会保障功能,土地经营权能够被赋予抵押、入股等权能。由此,土地经营权的生成路径应当是集体成员凭借其承包权,由集体所有权派生出土地承包经营权,再由承包农户选择是否由土地承包经营权中分离出土地经营权并保留“农户承包权”,土地经营权是承包方对土地承包经营权进行物权性流转的结果。[1] 需要指出的是,以其他方式取得承包地之上的土地承包经营权在法律内涵上与土地经营权并无区别,其本质上超出了土地承包经营权的属性,在未来应当重构为土地经营权。在未来修改物权法之时,应当考虑将其他方式取得的土地承包经营权修改为土地经营权。

土地承包经营权的性质在我国经历了长时间的探索和检验,由最初的债权,到债权、物权并存,最终由原《物权法》确定为法定类型的用益物权。在此过程中,“土地承包经营权”的概念已经深入人心。根据《分置办法》的总体要求,需要形成适应不同地区实际需求的“三权分置”的具体路径和办法。如果简单地对土地承包经营权进行修改,基于物权的法定性,会限制各地的创新性探索。同时,直接将“土地承包经营权”取消或分拆为新的物权,可能会对农地物权体系产生较大的影响。若无须对现行法律制度进行重大修改,即可实现“三权分置”,则无须进行相应的法律修改。土地承包经营权之名称不必改变,

---

〔1〕 参见高飞:《寻找迷失的土地承包经营权制度——以农地“三权分置”政策的法律表达为线索》,载《当代法学》2018 年第 6 期。

其即政策中所指的“农户承包权”,“土地经营权”这一政策文件中的名称,在法律中所对应的是由土地承包经营权去除身份属性限制并抽离经营性权能而新生成权利之代称,应当在修改物权法时增加土地经营权这一新的物权。

对于土地经营权的权利属性,学界大致可以分为“物权说”和“债权说”两类不同的观点。蔡立东、姜楠认为,经营权是设定于土地承包经营权之上的权利用益物权,〔1〕是次级用益物权,其与承包权的法构造为“用益物权—次级用益物权”。〔2〕张力、郑志峰认为,分离自承包经营权的经营权为一项独立物权,承包权也应是一种独立的用益物权。〔3〕孙宪忠认为,实践中的“土地经营权”有租赁债权、入股形成及物权性质等类型。〔4〕高海认为,经营权的法律性质应属债权,并非在土地承包经营权上创设的权利用益物权。〔5〕

从土地经营权的生成路径可以得知,土地经营权在法律上所对应的即是在土地承包经营权的基础上,去除身份属性、抽离经营性权能而形成的一类新型权利,因其集体成员身份属性桎梏的剥离,进而成为一类纯粹的用益物权。“土地承包经营权的再分离不应在法律上表达为土地承包权和土地经营权的分置,而应体现为在土地承包经营权上设定土地经营权这一权利负担。”〔6〕无论是理论上,还是实践中,土地经营权应当是一类剥离原有身份属性的用益物权,而非债权,“应当纯化其财产权属性,着力将其推向市场”。〔7〕有学者在调研中发现,基层的干部、群众都认为,除租赁权性质的经营权之外,同时也应建立物权化的经营权。〔8〕

土地经营权的权利属性为物权的制度优势在于:(1)承袭农地权利发展的历史脉络。“中国农地制度具有黏性,这种黏性对农地制度呈现出两个面向的

---

〔1〕 参见蔡立东、姜楠:《承包权与经营权分置的法构造》,载《法学研究》2015年第3期。

〔2〕 蔡立东、姜楠:《农地三权分置的法实现》,载《中国社会科学》2017年第5期。

〔3〕 参见张力、郑志峰:《推进农村土地承包权与经营权再分离的法制构造研究》,载《农业经济问题》2015年第1期。

〔4〕 参见孙宪忠:《推进农地三权分置经营模式的立法研究》,载《中国社会科学》2016年第7期。

〔5〕 参见高海:《土地承包经营权“两权分离”的论争与立法回应》,载《武汉大学学报》(哲学社会科学版)2016年第6期。

〔6〕 高圣平:《论农村土地权利结构的重构——以〈农村土地承包法〉的修改为中心》,载《法学》2018年第2期。

〔7〕 马俊驹、丁晓强:《农村集体土地所有权的分解与保留——论农地“三权分置”的法律构造》,载《法律科学(西北政法大学学报)》2017年第3期。

〔8〕 参见蔡立东、姜楠:《农地三权分置的法实现》,载《中国社会科学》2017年第5期。

影响,即黏性生成后对农地制度存续的维持和黏性稀释后对农地制度变迁的推动。"[1]剥离土地承包经营权中的身份属性,以不具备身份属性的土地经营权取代土地承包经营权,并在制度中继续保留土地承包经营权的名称,由其承载原本的集体成员之身份属性,即"农户承包权",能够最大限度降低"三权分置"改革对于我国农村土地物权法律制度的冲击,对于近年来土地承包经营权确权登记的权属证书无须加以更换,并且符合自改革开放以来对农民之农地权利加以物权化、权能扩充化及规范化之脉络。(2)明确农地权利的权能边界。将土地经营权界定为一类特殊的用益物权,应定性为"不动产用益物权",其权利内容既有承继也有发展,包括占有权、使用权、收益权以及对本权的处分权等权能,[2]其能够强化经营者对于农地的支配,稳定权利人对于农地收益的预期,激励经营者加大经营期间对于农地的投入,便于权利人对于农地的支配,明确土地经营权的边界,"尽可能减少对经营权人的不必要的限制和干涉",[3]防止纠纷的发生。(3)提升农地流转的规范。土地经营权界定为物权之后,其流转方式可以分为物权性流转和债权性流转,以是否登记区分,[4]其中物权性流转能够通过流转登记,债权性流转可以通过合同网络预签、合同鉴证,对于农地的两类流转方式均能够在法律制度的约束下达到规范的目的。

需要指出的是,作为政策概念的"土地经营权",随着 2018 年《农村土地承包法》的修正,实现了由政策向法律的转化,但是在法律中的权利属性界定并不明确。在"物权法定"原则下,《民法典》虽然未设置专章将土地经营权明确规定为一类物权,土地经营权在地方实践中不应由物权编调整,而应该以合同法对其进行调整,取代《农村土地承包法》修正之前的"土地租赁权"。但是,由于《民法典》"物权编"预留了一定的制度空间,因此在未来时机成熟时,若有必要明确土地经营权的物权属性,便可以用较小的成本修改,减少修法对我国既有的实践成果和法律体系的冲击。若届时明确土地经营权是一类纯粹的用益物权,则土地经营权人可选择物权流转的方式,直接流转土地经营权,其由物

---

[1] 王敬尧、魏来:《当代中国农地制度的存续与变迁》,载《中国社会科学》2016 年第 2 期。
[2] 参见丁文:《论"三权分置"中的土地经营权》,载《清华法学》2018 年第 1 期。
[3] 陈敦:《土地信托与农地"三权分置"改革》,载《东方法学》2017 年第 1 期。
[4] 参见赖丽华:《基于"三权分置"的农村土地经营权二元法律制度构造》,载《西南民族大学学报》(人文社会科学版)2016 年第 11 期。

权法调整；或在较短的期限内通过合同设立“土地租赁权”，以债权的方式流转，由《民法典》“合同编”规则调整。如此的立法路径选择最适合我国农村土地制度改革，既适应了现实需求，又降低了立法成本；既预留了制度空间，又减少了改革冲突；既顾全了现有制度体系，又拓宽了立法选择空间。由此，承包地“三权”运行制度的设置既实现政策中所提到“落实、稳定、放活”的价值追求，同时制度的规范性又能够兼顾农业生产所需要的稳定性、明确性，以及各地方实践中针对不同情况所需要的“弹性”，保障承包农户和经营者可以依据自身需求进行选择。

## 第三节　“三权分置”下承包地“三权”的权能解析

自改革开放以来，“两权分离”下农村土地法律制度已经难以适应新形势下深化改革的现实需要，法律制度的供给存在明显不足，造成集体土地所有权的虚化、土地承包经营权的固化、承包地流转的失范等诸多问题。党的十八届三中全会之后，随着一系列政策的推出和法律的修订，承包地“三权分置”改革成为深化我国农村土地法律制度进程中最受瞩目的内容。然而，在我国深化农村土地法律制度改革的探索进程中，民法理论中对财产的占有、使用、收益、处分等抽象权能并不能真正厘清承包地“三权”之间的权利结构和边界，以及指引实践中“三权”的运行，因而需要在民法理论的基础上将财产权的抽象权能解析为承包地“三权”的具体权能，并形成承包地“三权”权能的均衡结构，以实现承包地发包、流转、收回等过程中“三权”运行的体系化。

### 一、农民集体：集体土地所有权的权能结构与内容

“两权分离”下集体土地所有权虚化的成因，一方面，在于发挥承包农户的生产积极性，法律对其个体权益赋予较大程度的保护，土地承包经营权的过度张扬挤占了集体土地所有权的部分权能；另一方面，集体土地所有权的权能内容不清晰，造成集体土地所有权的行使及其程序的制度表达十分模糊。同时，农村集体土地所有权与农民集体成员权之间的关系尚未厘清，并且未能建立起制度间的连接机制，从而造成农民集体的综合治理体系不健全，[1]导致农村

---

〔1〕 参见管洪彦、孔祥智：《“三权分置”下集体土地所有权的立法表达》，载《西北农林科技大学学报》（社会科学版）2019年第2期。

集体组织的日益衰落。由此,在“三权分置”改革的背景下,应当厘清集体土地所有权与成员权之间的关系,并充实和明确界定集体土地所有权的具体权能内容,以明晰承包地“三权”运行的体系以及承包地发包的制度构建与完善。

(一)集体土地所有权与成员权的关系

我国农村土地制度的改革与变迁基本上是公权力安排下的诱致性制度改革,[1]因而更多并非市场主体的理性选择,即通过政策与法律的强制性介入来完成制度的改革,因而未充分发挥集体成员作为市场机制下个体的主观能动性与理性选择。作为集体土地所有权主体的“农民集体”并不是一个私法属性下的概念,正如有学者指出的,“一定社区范围内的农民集体”同国家一样,是历史沿革变迁而产生和保留的客观存在,其本身是一个抽象的概念。[2] 抽象主体概念的“农民集体”无法直接行使私法下的土地所有权,需要由私法下的所有权行使主体即农村集体经济组织代其行使土地所有权,“农民集体”与“农村集体经济组织”二者之间的关系是公法下的法定信托关系。[3] 此外,基于部分地区集体经济组织“普遍缺位”的现实困境,《民法典》第 101 条第 2 款设计了农村集体经济组织法人的缺省主体规则,[4]由村民委员会代行其职能。

党的十八届三中全会决议明确提出“保障农民集体经济组织成员权利”和承包地“三权分置”的改革举措,并提出“落实农村土地集体所有权”是承包地“三权分置”改革的基础性工作,[5]不断强化“农村集体经济组织成员权利”的实现与保护机制,[6]在政策层面始终强调集体土地所有权与农民集体成员权之间制度连接。我国的集体土地所有制类似德国民法中的总有制,在“三权分

---

〔1〕 参见陈小君:《土地改革之“三权分置”入法及其实现障碍的解除——评〈农村土地承包法修正案〉》,载《学术月刊》2019 年第 1 期。

〔2〕 参见谭启平:《“三权分置”的中国民法典确认与表达》,载《北方法学》2018 年第 5 期。

〔3〕 参见吴昭军:《农村集体经济组织“代表集体行使所有权”的法权关系界定》,载《农业经济问题》2019 年第 7 期。

〔4〕 参见《民法典》第 101 条第 2 款规定:“未设立村集体经济组织的,村民委员会可以依法代行村集体经济组织的职能。”

〔5〕 参见《中共中央、国务院关于全面深化农村改革加快推进农业现代化的若干意见》。

〔6〕《中共中央、国务院关于稳步推进农村集体产权制度改革的意见》规定了农民集体成员对集体经营性资产股份份额的收益分配权,认定集体经济组织成员身份的基本原则、考量因素与具体规则,集体经济组织成员对集体资产股份所享有的股份权利等内容;对未承包到户的资源性资产的清产核资、农村集体资产的所有权的主体、确权和权利的代表行使等作了规定。特别需要指出的是,该意见提出“形成有效维护农村集体经济组织成员权利的治理体系”。

置”的改革进程中，土地所有权是农民集体所有制在法律上的反映，其本质上是特定社区范围内的“成员集体所有”,[1]无论代表“农民集体”行使土地所有权的主体是集体经济组织或是村民委员会，均需要集体成员行使成员权形成集体意志，进而对承包地这一集体财产进行民法意义上的支配行为。集体成员所享有的成员权源于集体成员的身份属性，虽然其不直接体现对承包地这一集体财产利益的支配性，但是集体成员得以身份为资格，请求集体组织分享或占有某种集体财产利益，因而从成员权派生出具有财产利益属性的请求权。从权益实现的途径分析，财产权的实现是个人对财产的可支配性，而成员权则通过以个人与团体的相互关系，得以间接实现其蕴含的财产性利益。换言之，身份权所承载的成员个体之财产性利益是通过农民集体内部的分配机制实现，就现阶段而言，这一分配机制主要是承包地的分配，即个人不得直接以其意志对承包地这一集体财产进行支配，而通过集体经济组织这一平台的集体意志分配承包地，进而为集体成员设立土地承包经营权，从而间接实现个体的财产性利益。[2] 因此，成员权制度是“三权分置”下集体土地所有权实现团体与个体利益转化的桥梁，是承包地“三权”运行集体意志的制度支撑，集体成员以此请求集体分配承包地。

### （二）集体土地所有权的权能内容

《分置办法》在政策层面对集体土地所有权的权能内容构成进行了阐述，[3]同时对其权能的规范散见于《民法典》（原《民法通则》《民法总则》《物权法》）、《农村土地承包法》等法律，以上政策与法律对集体土地所有权的权能解析与完善具有重要的指导意义。“三权分置”下集体土地所有权的权能具体包括以下几方面的内容。

---

[1] 管洪彦、孔祥智：《“三权分置”下集体土地所有权的立法表达》，载《西北农林科技大学学报》（社会科学版）2019 年第 2 期。

[2] 参见陈小君：《我国农民集体成员权的立法抉择》，载《清华法学》2017 年第 2 期。

[3] 中共中央办公厅、国务院办公厅印发的《分置办法》明确指出：“……在完善‘三权分置’办法过程中，要充分维护农民集体对承包地发包、调整、监督、收回等各项权能，发挥土地集体所有的优势和作用。农民集体有权依法发包集体土地，任何组织和个人不得非法干预；有权因自然灾害严重毁损等特殊情形依法调整承包地；有权对承包农户和经营主体使用承包地进行监督，并采取措施防止和纠正长期抛荒、毁损土地、非法改变土地用途等行为。……通过建立健全集体经济组织民主议事机制，切实保障集体成员的知情权、决策权、监督权，确保农民集体有效行使集体土地所有权，防止少数人私相授受、谋取私利。”

1. 发包权

集体经济组织或村民委员会作为集体土地的发包方,有权按照法定的实体性规则和程序性规则,按照成员权、市场等不同机制对集体成员和非集体成员的经营主体发包集体所有的土地。就集体成员而言,通过成员权形成集体意志就集体土地所有权抽离部分权能派生出土地承包经营权,凭借其身份而取得承包地;对于非集体的经营主体而言,通过市场的竞争、价格等机制由集体土地所有权派生土地经营权而取得承包地。“发包权能”是农民集体意志下派生财产性权利的权能内容。

2. 收回权

“三权分置”下集体土地所有权抽离部分权能派生出土地承包经营权或土地经营权,发包方在法定事由发生之时,有权按照法定程序收回之前抽离的部分权能,消灭其派生的土地承包经营权或土地经营权。需要指出的是,该“收回”的具体权能受到“土地承包关系稳定并长久不变”的政策限制,以及土地承包经营权或土地经营权作为独立财产权的制约,只有在严格的法定事由下才能行使。“收回权能”是恢复集体土地所有权初始圆满状态的保障。

3. 管理权

集体经济组织及其成员对集体所有的土地享有民主决策、民主管理、民主监督等权利,[1]“管理权能”主要通过成员权制度中的共益权加以实现,农民集体管理集体内部事务的决议行为既是集体意志的形成方式,也是集体成员共益权的行使方式。[2]“管理权能”是承包地“三权”运行中集体意志的产生与作用的核心。

4. 监督权

承包地是农民集体的重要财产,集体土地的发包方在发包之后,有权对享有土地承包经营权和土地经营权的承包农户和经营者在承包地上的生产经营行为进行监督,其目的在于预防和纠正对承包地撂荒、损毁以及非法改变土地用途等行为。“监督权能”具有在承包地“三权”运行过程中对不当行为的预防

〔1〕 参见韩松:《论农民集体土地所有权的管理权能》,载《中国法学》2016 年第 2 期。

〔2〕 参见管洪彦、孔祥智:《“三权分置”下集体土地所有权的立法表达》,载《西北农林科技大学学报》(社会科学版)2019 年第 2 期。

性功能。

5. 调整权

发包方通过发包制度将本集体范围的土地在集体成员之间公平地初始分配之后,由于法定的特殊事由发生,导致一定范围之内承包地公平分配的结果未能实现,发包方享有按照法定程序对一定范围的承包地分配结构进行调整的权利。但是,“调整权能”同样会对承包农户的权益造成一定的减损,应当以严格的法定事由和程序加以约束。“调整权能”是承包地在集体范围之内持续(过程)公平的保障。[1]

6. 获得补偿权

在承包地发包之后,集体土地作为集体财产的交换价值和使用价值实现了分离,一旦国家征收承包地,农民集体及其代表行使所有权的主体(发包方)基于承包地的交换价值,有权依法获得国家因征地所支付的经济补偿的权利。

7. 集体经营权

农村集体经济组织作为土地所有权的行使主体,在适当的条件下,有权自主就集体土地进行农业生产经营,即集体经营承包地的权利。“三权分置”下不仅可以进行家庭承包经营,也可以进行集体联产经营,其收益在集体成员之间进行分配。

## 二、承包农户:土地承包权的权能结构与内容

在“两权分离”的家庭承包经营模式下土地承包经营权出现固化,究其原因,为了实现承包关系“长久不变”的稳定,提升以家庭为单位从事农业生产经营的农户对承包地利用的经济绩效,国家通过法律的形式,赋予农户更大的权利以防止地方基层政府或村集体干预超越权力边界,造成土地承包经营权的

---

〔1〕 由于“增人不增地,减人不减地”的政策制约,除自然灾害因素外,原则上集体不得调整承包地,为了解决一定时期内因为人口变化而调整承包地的现实需求,最初的解决办法是适度年限地进行土地调整,例如,地方实践中比较普遍的“三年小调,五年大调”。然而,这并不能从根本上解决问题。毕竟以土地调整维系公平的做法不具有可持续性,而且表面上看似维护了公平,但频繁调整使承包地更加细碎化进而引致低效率的公平,资源配置的低效率甚至无效率导致集体贫困,这种公平也缺乏正当性和可接受性。“三权分置”下更加可取的路径是,以“收回权能”在承包期限届满之时收回承包地,同时以“发包权能”对集体土地进行重新配置。

权能扩张而侵蚀集体土地所有权的权能及其权利边界。同时,2002 年《农村土地承包法》第 5 条第 1 款[1]以法定形式将集体成员的身份属性与“承包权”相连接,并随着承包地发包制度内嵌于土地承包经营权,以排除他人对集体成员承包土地权利的不当妨碍,导致发包方难以对承包地的初始分配进行调整。此外,一旦承包农户主动放弃土地承包经营权退出承包地,则意味着对内含集体成员身份属性的“承包权”放弃,对是否能再次取得承包地,现行法律并未予以明确。由此,自“二轮”农村土地承包实施以来,实践中出现了土地承包经营权侵蚀集体土地所有权、针对人地矛盾的缓解路径被堵塞、失地农民承包土地的权利未定等异化现象。

(一)土地承包权与集体土地所有权的关系

在承包地“三权分置”改革的现实背景下,承包地对于农户的意义发生了一定程度的改变,[2]部分农户进入城市从事非农生产而选择流转承包地,在承包地“三权”运行视角下,由土地承包经营权抽离经营性权能而派生出土地经营权,经营者取得土地经营权从而在承包地之上从事农业生产经营,而承包农户保留土地承包经营权,即“三权分置”政策用语中的“农户承包地”,因其经营性权能的抽离,亦即 2018 年修正的《农村土地承包法》第 9 条规定中的“土地承包权”。[3] “土地承包权”这一概念在 2018 年修正的《农村土地承包法》中仅出现一次,在“总则”部分对土地承包经营权派生土地经营权的生成路径予以概括性规范。承包农户取得承包地并享有土地承包经营权可以自由选择生产经营的模式,可以自行在承包地之上从事生产经营,而不派生土地经营权;或者是流转土地经营权换取经济对价,同时保留土地承包权,作为未来再次取

[1] 2002 年《农村土地承包法》第 5 条第 1 款规定:“农村集体经济组织成员有权依法承包由本集体经济组织发包的农村土地。”

[2] 随着城镇化、工业化的逐步推进,城乡二元的分割结构被突破,城乡之间开始深度融合,农户对于土地承包经营权的收益和承包地的就业依赖程度明显降低,农户离农离地成为普遍现象。以承包关系长久不变保持和提高农民种地积极性的初始政策目标,终因市场经济化条件下农业产业的弱质性和务农收益的极端比较劣势而落空。

[3] 2018 年修正的《农村土地承包法》第 9 条规定:“承包方承包土地后,享有土地承包经营权,可以自己经营,也可以保留土地承包权,流转其承包地的土地经营权,由他人经营。”

得承包地的权利依据。[1]

土地承包权无疑是承载了“两权分离”下土地承包经营权对承包农户的保障性功能的核心内容与权利载体，与集体成员权所内含的财产性权益相接连。集体成员通过成员权中的共益权部分，得以形成行使集体土地所有权的集体意思，经由承包地发包制度，集体成员以户为单位享有土地承包经营权，以实现成员权中的自益权部分，由此形成“成员权共益权—行使集体土地所有权—承包地发包制度—土地承包经营权—成员权自益权”的权益生成之法律逻辑。正如有学者指出的，“实际上，《农村土地承包法》规定的土地承包经营权，内含着成员权要素的成分”。[2] 通过承包地发包制度，集体土地所有权派生出土地承包经营权，其内嵌了集体成员的身份属性并兼具对承包农户的经营权和保障性权能，是财产性与身份性的复合型权利，以此达成了集体经济组织对其成员的生存保障功能，其实现形式为承包农户据此权利得以在承包地之上从事生产经营并获得经济收益，该收益既是土地承包经营权的直接收益，亦是成员权的间接收益。在承包地“三权”生成路径的视角下，承包农户保留土地承包权、抽离经营性权能派生出土地经营权向他人流转。因此，土地承包权与集体土地所有权之间是集体基于身份对其成员生存保障而配置的权利，“兼具身份性、专属性、保障性、自发性以及过渡性等性质特点”，[3]其与集体成员的身份直接关联，并且是承包农户在进入城市从事非农生产之后，还能够退回农村生产生活的最后一层保障性制度。此外，农户的集体成员身份丧失，而其土地承包权并不因此而消灭，其丧失的是集体组织成员权的依据或权利来源；在现阶段，农户主动放弃土地承包权或承包的期限届满，土地承包关系终止而消灭土地承包权。同时，土地承包权对集体土地所有权形成制衡，除非在法定事由下，集体不得收回土地承包权而侵害承包农户的个体利益。

---

〔1〕 土地承包经营权的名称不会因为抽离经营性权能派生土地经营权而发生改变，2018 年修正的《农村土地承包法》第 9 条的立法本意并非创设新的法律权利，而是突出这一权利的保障性权能与制度功能，本书此处使用“土地承包权”也是突显抽离经营性权能而发生权利内涵的转变，而不是改变其权利的名称。

〔2〕 丁文：《论“三权分置”中的土地承包权》，载《法商研究》2017 年第 3 期。

〔3〕 同上。

(二)土地承包权的权能内容

1. 承包保留权

承包保留权，是抽离经营性权能派生土地经营权之后，承包农户所保留的土地承包权的核心权能，确保其享有在未来再次发包之时再次享有集体土地所有权派生的初始、完整的土地承包经营权，其源于承包农户作为本集体经济组织内部的成员的身份属性。作为土地承包经营权人，承包农户所流转的仅是其经营性权能即土地经营权，其权利内涵转化为实定法中所指的土地承包权，此权利的归属并不发生转移。承包农户作为集体经济组织成员的身份资格不受任何影响，从土地承包的整体层面来看，其与发包方之间的土地承包关系维持不变，以实现中央政策“土地承包关系要保持稳定并长久不变”的目标。[1] 承包保留权能确保了土地承包关系更为稳定，“承包土地的权利”[2] 永久属于具有集体经济组织成员资格的农户，除非在主动放弃、主体消亡等法定事由发生之时消灭。同时，承包农户将经营性权能让渡于他人且设定一定流转期限的土地经营权，当流转的期限届满之时，承包农户以此权能得以收回土地经营权所蕴含的原本属于土地承包权的经营性权能，从而恢复土地承包经营权初始的、圆满的权利状态，因而此权能是承包地“三权”运行的重要保障。

2. 适度流转选择权

承包农户有权在法定流转框架之内就承包地的流转方式进行选择，在实定法的流转框架下承包农户可以将土地承包经营权以互换、转让的方式在本集体范围之内向他人进行概括转移；也可以出租、入股或其他方式向他人流转土地经营权，在两类模式下均产生流转承包地的效力，实现市场化的承包地资源配置。承包农户流转承包地的选择是多样化的，但是其限度需要在法律的框架之内进行；同时，地方实践中对土地经营权流转方式的创新探索也应当在法定框架之内，不得随意突破法律所预设的框架，否则流转当事人之间的流转合意可能动摇承包地“三权”权利结构的法律基础。

---

〔1〕 2008 年党的十七届三中全会通过的《中共中央关于推进农村改革发展若干重大问题的决定》明确提出，“赋予农民更加充分而有保障的土地承包经营权，现有土地承包关系要保持稳定并长久不变”。

〔2〕《农村土地承包法》第 5 条。

3. 流转对价请求权

在承包地“三权分置”的权利生成路径下，承包农户作为承包地流转的权利主体，有权选择流转土地经营权的方式，经营者取得土地经营权并依据此权利得以占有、使用承包地，从事农业生产经营以农产品获得经营收益。承包农户保留土地承包权，有权请求经营者就流转土地经营权而支付相应的流转经济对价，但是由此并不得实际支配承包地。流转对价请求权是承包农户由土地承包权抽离经营性权能派生土地经营权之后，所享有的最为重要的财产性权利内容。[1] 承包农户在不同的土地经营权流转方式所获得的经济对价也不尽相同。例如，在出租方式下，承包农户在一定期限之内周期性获得土地租金性质的经济收益；在抵押方式下，承包农户由金融机构获得一定数额的贷款；在入股方式下，承包农户取得相应入股主体的股权，在实践中大多采取“保底租金＋二次分红”的利益返还形式；在信托方式下，承包农户由信托机构取得相应的基金性收益；等等。就学理而言，流转对价请求权的权利基础可以理解为承包地流转所对应权利的合理对价，是市场价格机制下流转合同约定期限内承包地的使用价值，而非承包地的交换价值。

4. 获得补偿权

土地承包权是集体对于承包农户的身份与财产的复合性权利，就承包农户而言是基于集体成员身份而享有的保障性功能，在集体土地被国家依法征收时，承包地上的土地承包经营权亦归于消灭，因此，将承包农户所保留的土地承包权也归入征收的客体具有学理上的合理性。[2] 当集体土地被征收时，承包人将丧失土地承包权，其权利所承载的可期待利益都将无法实现，因而享有就其保障性权利的丧失而获得相应补偿的权利。基于获得补偿权能，承包农户在土地征收过程中得以行使知情权、协商权和申诉权等实体性权利，并有权参与土地征收的相关程序，表达合理诉求以维护自身权益，通过程序性权利保护其实体权益。

5. 有偿退出权

承包农户主动放弃土地承包权意味着承包农户与集体经济组织之间的承

[1] 参见潘俊：《农村土地“三权分置”：权利内容与风险防范》，载《中州学刊》2014 年第 11 期。

[2] 参见陈小君：《农村土地问题立法研究》，经济科学出版社 2012 年版，第 71 页。

包关系解除,其不再享有集体对成员的保障性权利,从而退出承包地。承包农户因此有权就其主动放弃土地承包权而取得来自集体的相应经济对价。有偿退出权能是基于我国工业化、城镇化的不断推进所面临的现实问题而产生,大量农村劳动力进入城市从事非农生产,造成了土地承包权所承载的保障性功能下降以及农村传统农业的衰落,导致承包地资源的闲置与浪费。在"三权分置"下,以此权能激励部分具备进城能力和意愿的农民实现社会保障和资产的转变,脱离集体土地对成员的保障,以实现对农村土地资源的重新配置。在实践中,部分地方对承包农户主动放弃土地承包权予以经济对价的做法,[1]应当予以肯定。承包农户可以自由选择是否放弃土地承包权有偿退出承包地;如果退出,则可以获得激励性的经济补偿。

6.监督解除权

承包地是承包农户的重要财产性保障,具有可损耗性,土地经营权人对于承包地的不当使用会造成其所承载的农业生产能力的下降及农业生态环境的破坏,其不利后果会因流转期限的届满而由承包农户所承担。因此,承包农户有权对土地经营权人的生产经营行为予以监督,防止其不当行为损害承包地继而侵害自身的权益,并在法定事由发生之时行使解除权,消灭土地经营权将其经营性权能收回至土地承包权。

## 三、经营者:土地经营权的权能结构与内容

在"两权分离"的权利结构中,以家庭承包为主要方式的联产承包责任制实现了集体土地所有权与土地承包经营权的分离,是农村土地权利制度的第一次重大改革。集体土地所有权的实现与集体成员的身份紧密相连,并使身份属性内嵌于土地承包经营权,承担了对承包农户的保障性功能。虽然"两权

[1] 例如,山西省2005年《征收征用农民集体所有土地征地补偿费分配使用办法》规定,"……土地补偿费80%分配给被征地农户;其余20%平均分配给征地补偿方案确定时,集体经济组织依法享有土地承包经营权的成员"。吉林省也采取了相同的固定分配比例的做法,而河南省和甘肃省规定的土地补偿费在集体和农户之间的分配比例与此相同,并进一步规定"以不得低于80%的比例分配给被征地农户"的浮动比例。湖南省2008年《关于加强农村集体经济组织征地补偿费分配使用监督管理的通知》规定,"……必须将不少于75%的土地补偿费支付给被征地农民"的浮动比例。海南省2006年颁布的《征地补偿费分配使用管理暂行办法》规定,"土地征地补偿费应当按不少于70%的比例支付给被征地农民"的浮动比例,其余部分均留给农村集体经济组织。

分离”下国家不断强调承包地流转的规范，然而由于土地承包经营权内含身份属性的桎梏，其流转方式、范围等受到极大的限制，同时当强化经营权流转时，往往导致农民土地承包权的丧失，农户因担忧承包权会随着经营权流转而丧失，而选择在本集体“熟人社会”内部流转，[1]并且大多数流转类型为土地承包经营权的债权性流转。数据显示，2015 年以家庭方式取得承包地的流转总面积为 4.47 亿亩，以转让方式流转的占比仅为 2.8%，而以出租和转包方式流转的占比高达 81.3%，[2]甚至出现了很多制度之外的“交易”脱离监管。[3] 由此可见，“两权分离”下承包地流转面临诸多困境且呈现“失范”的状态，同时造成了承包地利用模式的小农化和分配的碎片化。随着我国经济社会的高速发展，农村人口大量进入城市从事非农生产，“人地分离”成为常态，农户对承包地的依赖程度下降。承包地“三权分置”是适应新形势下国家对农村土地权利制度的深化改革，“是再次从土地承包经营权中分离出土地经营权，从而实现土地的承包主体与经营主体的分开”，[4]其目标定位为破除原有的身份属性桎梏，满足农户发展的多层次需求以及承包地流转的多样性与规范性。相较“两权分离”，“三权分置”改革对农村土地权利制度的意义在于：一是促使承包地流转，扩大土地的使用面积和经营规模，克服“碎片化”；二是丰富承包地的经营主体类型，由“单一”的承包农户向“多元”的新型农业经营主体发展，克服身份的限制。由此可见，作为一类新型的财产性权利，土地经营权得以剥离身份属性的限制，应当厘清其与承载着身份性的土地承包权之间的关系及其权能内容并以此为基础构建承包地“三权”的运行体系，从而以市场机制的交易规则保障承包地流转的规范性。

### （一）土地经营权与土地承包权的关系

“三权分置”下，土地经营权是以土地承包经营权作为权利基础与源头，抽离其经营性权能而派生，并向他人流转；而抽离经营性权能的土地承包经营权

---

〔1〕 参见李国强：《论农地流转中“三权分置”的法律关系》，载《法律科学（西北政法大学学报）》2015 年第 6 期。

〔2〕 参见农业部农村经济体制与经营管理司、农业部农村合作经济经营管理总站编：《中国农村经营管理统计年报（2015 年）》，中国农业出版社 2016 年版，第 50 页。

〔3〕 参见李国强：《论农地流转中“三权分置”的法律关系》，载《法律科学（西北政法大学学报）》2015 年第 6 期。

〔4〕 宋志红：《三权分置下农地流转权利体系重构研究》，载《中国法学》2018 年第 4 期。

则转化为土地承包权，由承包农户保留。土地经营权的权源是其据以派生或设立的基础权利，[1]由权利的生成路径可知，土地经营权派生于土地承包经营权，土地承包权是土地经营权的权源，因而与土地承包权的关系十分紧密。作为诱致性制度改革的产物，土地经营权以“两权分离”下土地承包经营权为权源，是“三权分置”下公权力推动所产生的新型财产性权利，体现国家意志和政策目的，因此不能仅从法学理论的角度对其进行阐释，正如有学者指出的，对于土地经营权与承包权不能从概念本身，而应从农村土地权利再分离的功能目的，去解构二者之间的关系，进而划分其权能的内容与性质界定。[2]

在“两权分离”下，土地承包经营权是兼具财产性与身份性的复合型财产权利，承载着经营性与保障性的多重功能。在“三权分置”下，土地承包经营权抽离经营性权能而派生土地经营权，并随着经营性权能的抽离转化为承载身份性的土地承包权。[3] 土地经营权摆脱了身份属性的束缚，在市场机制下承载着经营性功能，效率是其首要的价值目标，以实现经营者个体收益、促进农民增收和推动农业转型发展为功能定位；土地承包权则延续着集体成员身份属性的连接，在集体范围内承载着保障性功能，公平是其首要的价值目标，以延续土地的社会保障功能和为农民带来土地收益为功能定位，[4]二者分别承载着不同的价值目标与功能。由此可见，土地经营权作为一类“三权分置”下的新型财产性权利，剥离了身份属性的限制，不再承担对集体成员的保障性功能，市场机制得以对承包地资源配置发挥决定性作用，承包地在法定的框架下自由流转实现资源的最优化配置。经营者通过流转取得土地经营权并向承包农户支付流转的对价，承包农户的财产性收入得以增加。经营者依据土地经营权在承包地之上自主开展农业生产经营获得经济收益，并且能够通过受让

[1] 参见高圣平：《土地经营权制度与民法典物权编编纂——评〈民法典物权编（草案二次审议稿）〉》，载《现代法学》2019 年第 5 期。

[2] 参见张力、郑志峰：《推进农村土地承包权与经营权再分离的法制构造研究》，载《农业经济问题》2015 年第 1 期。

[3] “三权分置”是“两权分离”模式在流转状态下的权利格局，依据“权能分离”理论，将土地承包经营权的部分权能让与第三人占有、使用、收益和处分，仅构成对其用益物权自主行使的一种限制，并不会改变用益物权的名称和性质。谭启平：《“三权分置”的中国民法典确认与表达》，载《北方法学》2018 年第 5 期。

[4] 参见陈朝兵：《农村土地“三权分置”：功能作用、权能划分与制度构建》，载《中国人口·资源与环境》2016 年第 4 期。

土地经营权实现承包地经营的规模化和农业生产的现代化,破解"两权分离"下承包地利用的碎片化、小农化等现实难题。承包农户保留抽离经营性权能的土地承包权,作为未来由城市退回农村生产生活的权利保障,当流转土地经营权的期限届满或未来承包地再次发包时,依据土地承包权得以恢复土地承包经营权的圆满状态或重新设立新的权利,以此收回或再次取得承包地。

此外,作为土地经营权的权源,土地承包实现"三权"的权能结构的均衡,虽然土地经营权作为一类独立的财产性权利,对承包地具有一定的支配性,土地承包权人不得随意消灭土地经营权。但是,土地经营权人在承包地从事的不当行为会造成土地农业使用价值的减损甚至是永久损害,而不利后果则是由土地承包权人和所有权人承担,因此在不当经营行为的法定事由发生时,土地承包权人得以行使收回权能,从而消灭土地经营权,收回承包地。

综上所述,"三区分置"下土地经营权和土地承包权的关系是制度功能上的互补与权能结构上的均衡,土地经营权和土地承包权分别承担经营性和保障性的功能,由此二者实现功能上的分担与互补。土地经营权人正当行使权利从事农业生产经营获得收益,土地承包权人不得干涉或随意收回经营性权能,同时,可以排除第三人的不当妨害,以制约承包权人;若土地经营权人有法定事由下的不当经营行为,土地承包权人得以行使收回权能消灭土地经营权,以监督经营权人,由此二者之间实现权能结构的相互制衡与均衡。

### (二)土地经营权的权能内容

#### 1. 生产经营权

作为承包地的实际经营主体,经营者享有在一定范围内自主进行农业生产经营的权利。生产经营权能是土地经营权作为财产性权利的基础性权能,经营者以此权能得以占有承包地,并种植农产品,从事农业生产经营活动。但是,基于国家的土地用途管制制度,土地经营权人在承包地之上生产经营活动的内容仅限于农业;同时,流转合同的约定对经营者的生产经营也会形成一定的限制,防止其生产经营行为不当而损害承包地。此外,此权能限定了土地经营权的主体应当具有农业经营能力,这是设定的前置性要件。

#### 2. 农产品收益权

由于土地经营权行使的用途内容限定于农业,经营者享有就承包地之上收获的农产品通过市场进行交易以获得经济收益的权利。农产品收益权能充分体现了市场化路径下经营者对农产品的所有权,以及通过市场交易农产品实现承包地生产经营的收益权能,是作为财产性权利的土地经营权实现个体利益的主要途径和权利依据。

3. 取得国家补贴权

鉴于农业生产的弱质性以及农业对我国的重要意义,国家对于从事农业生产经营的主体予以倾斜性权利配置,由此国家财政以多样化的补贴方式给予农业生产者。在"三权分置"下,土地经营权人是承包地的实际经营者,其承担着粮食安全、农产品质量安全等蕴含社会公共利益的农业生产经营活动,因而享有国家财政予以各类补贴的权利。取得国家补贴权能与国家激励经营者从事农业生产的倾斜性配置相对应,在"地租侵蚀利润"风险下,承包地的实际经营者面临着农业生产成本高、生产经营受自然影响大、农产品利润有限等现实困境,此项权能是国家保障土地经营权人切实取得财政资金支持的权利依据,亦是激励经营者长期从事农业生产的方式与手段,排除承包地之上的其他权利主体对实际经营者应得利益的侵害。

4. 约定补偿权

"三权分置"下的土地经营权是基于承包农户与经营者的合意,以土地承包经营权为基础而创设的新型财产性权利,其不同于集体土地所有权、土地承包权所承载着的集体组织对成员的保障性功能,即承包地是作为集体财产对成员生存生活的物质保障。一旦国家征收集体土地,意味着集体财产和农户保障性财产的丧失,而集体和农户所享有的获得补偿权能作为法定的权利内容,是土地公有制下国家以法律形式对集体所有财产与承包农户社会保障的确认,意味着权益受到法律的认可与保护,人们不得以约定的方式加以排除或限制。土地经营权是基于流转当事人合意而创设的权利,当集体土地被征收时,其权利本身随之消灭,由于其并不承载对权利人的物质保障功能,虽然承担了权利消灭而引发的财产权损失,但是可以享有获得国家征地所支付的财产权损失的经济对价的权利。然而,此项权能的依据是基于约定而非法定,其是否能依据此项权能以及获得补偿的数额,取决于流转土地经营权的合同约定。若流转合同约定排除了此项权能,则土地经营权人不能获得因国家征地而导致财产权利消灭的经济补偿。

5. 排除妨害请求权

土地经营权作为一类不动产之上设立、用于农业生产经营的权利,由于农业生产具有弱质性,且农产品的自然生产周期长,因而土地经营权人具有排除妨害的内在需求。虽然土地经营权是基于流转当事人之间的合意而创设的,但是其效力并不仅存在于相对的当事人之间,基于对承包地生产经营的占有,土地经营权人享有请求排除第三人妨害的权利,具体包括自力救济权(占有防御权)和占有保护请求权(占有返还请求权、占有妨害排除请求权、占有妨害防止请求权),〔1〕以保障经营者实际占有承包地从事生产经营获得收益的事实状态不受第三人的侵害。同时,此项权能也享有土地经营权登记的权利依据与法理支撑。在民法理论上,不动产权利变动的公示方式有两类:一是占有与交付,用于动产权利;二是登记,用于不动产权利。〔2〕 当事人之间达成合意从而设立土地经营权,但是合同的相对性使第三人无法知晓承包地之上的权利变动状态,仅有承包地的交付与占有,不足以排除第三人可能遭受的妨害,在权利人有保护自身权益的内在驱动与意愿的情况下,其完全有动力通过登记制度将土地经营权的权属状态向不特定的社会公众进行公示,以取得足以排除妨害的法律效力。

---

〔1〕 参见温世扬、吴昊:《集体土地“三权分置”的法律意蕴与制度供给》,载《华东政法大学学报》2017 年第 3 期。

〔2〕 参见聂佳:《中国土地承包经营权设立登记评析》,载《现代法学》2008 年第 4 期。

# 第三章 “三权分置”下承包地发包制度的完善

## 第一节 “三权分置”下承包地发包制度的内涵解析及要素构成

### 一、“三权分置”下承包地发包制度的内涵解析

承包地发包并不是单一的法律概念,而是包含了一系列法律行为和土地权利配置的过程,包括主体、权利义务配置、法定程序等多项制度,具有丰富的内涵。具体而言,承包地发包,是指在土地公有制的基础上,国家、集体、集体成员、非集体成员等多元主体在“国家干预权(力)—集体土地私权(利)”框架下,根据法定程序,由集体土地所有权派生出土地承包经营权或土地经营权,实现集体土地所有权与土地承包经营权或土地经营权的分离,集体经济组织将承包地交由集体成员或非集体成员从事农业生产经营的承包地初始配置过程。需要特别指出的是,“土地首先是一种自然资源,土地之上共存着资源与财产双重属性”,[1]因此承包地作为土地的具体类型之一,其不仅是农民集体所有,并交由承包农户使用的财产,更是国家最重要的自然、社会资源,因此,承包地兼有“资源—财产”的双重属性。正确认识承包地的属性是认知与构建承包地“三权”运行制度的前提和基础。与私法所调整的财产权不同,承包地在市场机制之下是作为一项资源性财产进行配置,承包地之上的权利是一类

---

[1] 刘俊:《土地所有权国家独占研究》,法律出版社2008年版,第3~4页。

资源性财产权，因此承包地“三权”运行除传统私法所调整的财产属性外，还具有特殊的资源属性，只有正视承包地的“资源—财产”双重属性，才能够准确把握承包地“三权”运行制度的法律内涵。相应地，承包地发包制度则是规范承包地发包过程的一系列实体性规则和程序性规则的统称，是承包地“三权”运行制度的起点，奠定了之后承包地流转、收回等制度的基础。“三权分置”政策所追求的“落实所有权”的价值目标、国家干预权与市场土地权利的配置、集体土地所有权的实现路径、两类承包地设立不同的土地权利等内容均需要在承包地发包阶段通过完善的制度设计加以实现，以奠定和夯实承包地“三权”运行逻辑起点。

鉴于承包地兼具“资源—财产”双重属性，其作为一类资源性财产，承包地是市场主体从事农业生产经营所必需的生产资料，为各类市场主体所追求；作为一类资源，承包地的数量及其生态环境承载能力是有限度的，有限的承包地和各类自然资源、生态环境越来越成为制约我国经济社会发展的“瓶颈”。根据 2002 年《中国国土资源年鉴》相关数据，1991 ~ 1996 年我国耕地被占为建设用地的面积达 440 万亩，1997 ~ 2000 年虽然有所下降，但是也达到了 276 万亩，随着我国城镇化的不断推进，大量的承包地被占用，引发了粮食危机、生态损害等问题。承包地的资源属性通过其所彰显的社会公共利益因而具有公共性，并随着时间的推移而愈加突出，进而演化为承包地之上的各类主体应当担负的“社会义务”。[1] 承包地的资源属性和财产属性对于承包地的多元主体而言，分别对应着社会公共利益和个体经济利益；资源属性决定了承包地应当承担公益性负担，财产属性则决定了承包地必然体现出私益性。

正是由于我国实行土地公有制，一方面，承包地在发包阶段需要按照市场机制的客观规律构建相应的代表财产私益性的规则与制度；另一方面，需要依据承包地承载的社会公益性负担，以国家公权力对承包地这一资源性财产予以必要的干预，体现国家利益和社会公共利益的需要及其价值追求，构建相应的代表社会公益性的规则与制度，在限制承包地权利过度张扬的同时，亦划定国家公权力的权力界限，以防止其过度干预而造成市场配置机制的扭曲。从法律的调整方式分析，由于市场经济是一种客观的资源配置形式，其以“理性

---

〔1〕 刘俊：《土地所有权国家独占研究》，法律出版社 2008 年版，第 41 页。

经济人”假设和“资源有限”假设为前提，市场主体为了实现自身经济利益的最大化而具有内在驱动力，在价值规律的作用下通过市场中的价格信息引导资源向实现最大利用效能的领域进行配置，因而相对计划经济和行政配置资源的方式，市场经济对市场主体具有明显的激励和约束机制，并具有更强的资源配置能力和更高的资源配置效率，因此，应当发挥市场对资源配置的决定性作用，这其中自然也包括了承包地的配置。然而，市场机制在作用于承包地这一类资源性财产之时，难以做到全面、有效的配置。这是由于承包地不仅反映市场个体的成本与收益，而且承载着社会公共利益和国家利益，但又不能全面、有效地解决社会公共利益、国家利益、集体利益与市场个体成本之间相互冲突的复杂困境。因此，需要国家予以适度的干预，以克服市场在配置承包地这一类资源性财产中出现的失灵问题。

承包地发包不仅是对农民集体所有的承包地这一财产的分配，也是对承载着社会公共利益的社会资源进行的有效、合理利用与保护；承包地之上的权利(力)体系不仅是市场层面私法领域的权利结构，同时其公共性需要国家干预权这一公权力与集体土地私权体系相衔接，在承包地之上形成“国家干预权(力)—集体土地私权(利)”的权利(力)体系框架，按照市场机制配置具有公共性与公益性的资源性财产——承包地。在承包地发包的过程中，一方面，根据承包地的财产属性，按照私法的规则和制度构建承包地“三权”运行的权利框架，以市场机制实现集体土地所有权与土地使用权的分离；另一方面，根据承包地的资源属性，按照经济法的规则和制度，以国家干预权保障承包地公益性的实现，例如，承包地利用需要符合规划、用途管制以及承包地征收的增值收益分配等，以克服市场在承包地发包过程中无法解决的私益性与公益性之间的冲突。

## 二、“三权分置”下承包地发包制度的要素构成

### (一)承包地发包制度的多元主体

根据1982年《宪法》、2019年《土地管理法》、2018年《农村土地承包法》相关法条的规定，[1]农民集体是农村集体范围之内承包地的所有权主体。但是，

[1] 《宪法》第10条、《土地管理法》第9条、《农村土地承包法》第2条。

鉴于承包地是土地资源的具体类型之一,其同样具有土地资源的“资源—财产”的双重属性。承包地作为同时承载社会公共利益和农户个体经济利益的一类资源性财产,其利用与保护不仅是“农民集体”的内部事务,承包地“三权”在按照市场机制进行配置的同时,需要国家基于社会公共利益,对承包地发包这一过程予以适度干预。由于我国实行土地公有制,集体土地所有权不能直接交由市场主体,因此需要从集体土地所有权中分离部分权能,以形成土地使用权交由集体成员和非集体成员,再以市场机制对承包地进行配置,使用权人或是从事农业生产经营并取得相应的经济收益,或是进行流转并取得相应的对价。因此,承包地发包涉及国家、农村集体、集体成员、非集体成员等多元主体。

（二）承包地发包制度的初始配置及其方式

由于我国实行土地公有制,承包地属于农民集体所有,不能直接将承包地的所有权交由承包农户或其他市场主体。因而通过承包地发包,在集体土地所有权之上分离出独立的土地使用权,在承包地“三权”运行的过程中,即在集体土地所有权的基础上分离土地承包经营权或土地经营权,再将土地承包经营权或土地经营权这两类土地使用权赋予集体成员,以家庭承包的方式、以户为单位取得承包地,或赋予非集体成员以其他方式取得承包地,是承包地的初始配置。承包地的初始配置首先是从集体土地所有权的基础之上分离出部分权能,形成承包地之上新的权利,交由集体成员或非集体成员,使其基于创设的权利而使用承包地并从事农业生产经营,在承包地“三权分置”的法律语境下,即是土地承包经营权与土地经营权的创设取得。因此,承包地初始配置的实质是在集体土地所有权的基础之上派生出土地承包经营权或土地经营权,其过程就是集体土地所有权实现市场化以公平、有效配置承包地的过程。也是土地承包经营权或土地经营权创设取得的过程,这一过程的实现需要农村集体组织成员大会、承包合同、设立登记等制度的支撑,以实现承包地“三权”中集体土地所有权与土地承包经营权或土地经营权的分离,是承包地“三权”运行的逻辑起点。

按照民法所有权的制度理论,所有权,是指财产所有权人依法按照自己的意志,通过对其所有的标的物进行占有、使用、收益和处分,能够独占性支配其所有的标的物，并排除他人非法干涉的永久性权利。[1] 但是承包地却有别于一般的财产，集体土地所有权具有与传统所有权制度的明确区别。第一，集体土地所有权源于农民私人土地所有权，新中国成立初期开展的大规模土地改革运动，确立了农民私人土地所有制，之后经过初级社、高级社人民公社的改造，农民将私人土地所有权交由农民集体，形成“队为基础、三级所有”的集体土地所有权制度，[2] 奠定了我国现行的集体土地公有制的基础，亦是现行的集体成员有权以家庭承包的方式使用本集体范围之内集体所有土地的权利来源。第二，承包地是一类具有公共性的资源性财产，加之我国实行土地公有制，集体土地所有权无法直接通过市场机制进行配置，因此，需要在集体土地所有权的基础之上生成新的权利，交由相应的权利主体，据此权利在承包地之上从事农业生产经营。第三，耕地作为一类社会资源并不是自然存在的，而是经过农民世代经营、培育才成为适合进行农业生产的耕地资源，其中凝聚了农民集体的大量劳动，而承包地的概念是依据集体土地承包经营制度而产生，其中既包括农民世代耕耘的耕地，也包括尚未利用的“四荒”地。因此，根据集体土地所有权的特殊性以及“三权分置”下承包地的初始配置可以得出，鉴于集体成员和非集体成员初始承包地的依据和在集体土地所有权的基础之上所创设权利的差异，可以将承包地的初始配置方式分为两类：以家庭方式取得的承包地和以其他方式取得的承包地。

1. 以家庭方式取得的承包地

根据《农村土地承包法》第 5 条的规定，集体成员“有权”依法承包由本集体经济组织发包的农村土地，此“权”即是集体成员对于本集体所有的土地进行承包的权利依据，即“承包权”，此“承包权”是基于集体成员的身份属性而享有的一类成员权。在承包地发包过程中，集体成员依据此“承包权”，在集体土地所有权的基础上，派生出具有身份属性的土地承包经营权，因此，以家庭方式取得承包地在本质上是集体土地所有权分离部分权能，从而设立土地承包经营权。在集体土地所有权派生出土地承包经营权的过程中，集体成员的身份属性也随之内嵌于土地承包经营权之中。土地承包经营权由《物权法》设置

[1] 参见江平主编：《民法学》，中国政法大学出版社 2000 年版，第 347 页。

[2] 参见丁关良：《土地承包经营权基本问题研究》，浙江大学出版社 2007 年版，第 1 ~ 2 页。

专章确定为一类用益物权，由于其内嵌了集体成员的身份属性，因而在物权法体系中是一类特殊的用益物权，同时具有经营性权能和保障性权能。一方面，集体成员以户为单位，依据其享有的土地承包经营权使用承包地从事农业生产经营权，取得相应的经济收益；另一方面，用益物权性质的土地承包经营权在流转范围、对象、方式等方面受到一定的限制，目的在于防止集体成员出现失地的风险，使集体成员的生产、生活具有稳定的保障。

2. 以其他方式取得的承包地

2018 年修正的《农村土地承包法》第 49 条规定，“以其他方式承包农村土地的……承包方取得土地经营权”，由此以其他方式取得的承包地，集体土地所有权抽离部分权能而派生的权利由原本的土地承包经营权，替换为承包地“三权”中的土地经营权。正是由于依据 2002 年《农村土地承包法》以其他方式取得的土地承包经营权在权利内涵中并不内含集体成员的身份属性，因此在权利构造方面，以其他方式取得的土地承包经营权（2002 年《农村土地承包法》）与以其他方式取得的土地经营权（2018 年《农村土地承包法》）并无差别。由此，在承包地“三权分置”政策的推动下，2018 年修正的《农村土地承包法》以土地经营权替换了土地承包经营权。以其他方式取得的承包地的依据不再是集体成员的身份属性，而是集体土地所有权中收益权能的具体体现。正是基于集体土地所有权的收益权能，集体土地所有权抽离部分权能，派生出符合市场机制的新型权利——土地经营权，即一类不含有身份属性的财产性权利，并将此权利交由符合资质的非集体成员或集体成员，并取得相应的对价，即一定的经济收益，其不再承担保障性的制度功能。虽然 2018 年修正的《农村土地承包法》对于土地经营权的权利性质予以了淡化处理，一定程度上避免了争议的产生，以保障土地经营权在地方实践中的灵活性，但是作为一类承包地之上的新型权利，土地经营权的权利属性直接关系集体土地经营权派生土地经营权的权利结构、土地经营权流转规则的选择、土地经营权人的权利保障等承包地“三权”运行的关键问题，因此在《民法典》“物权编”制定过程中，其始终是一个无法回避的重点。

综上所述，承包地的初始配置方式分为两类，决定了在承包地发包中，集体土地所有权抽离部分权能而派生出具有身份属性的用益物权——土地承包经营权或是纯粹的财产性权利——土地经营权，因此“集体土地所有权—土地承包经营权”或“集体土地所有权—土地经营权”的生成路径之权利依据及权利构造是承包地发包制度中的重点。

（三）承包地发包制度的法定程序

“法律权利是规定或隐含在法律规范中，实现于法律关系中的，主体以相对自由的作为或不作为的方式获得利益的一种手段。”[1]在承包地发包的过程中，国家、集体、承包农户、经营者等多元主体，通过一定的行为（作为或不作为），实现现有立法中的“应有权利”转化为“现实权利”，获得相应的利益。例如，在承包地发包中，集体土地所有权行使主体代为行使所有权从而派生土地承包经营权或土地经营权、承包农户行使“承包权”取得承包地等。“法定权利只有转化为现实权利，才能成为或再现生活的事实，才对主体有实际的价值，才是真实的和完整的。”[2]因此，承包地发包需要通过法定的程序作为实现承包地“三权”运行起点的程序性制度保障，在承包地“三权”之间划定明确的边界，在多元主体之间公平分配利益和负担，作为实现对土地财产的生产经营和对土地资源的公共管理的手段或工具。

从承包地发包的顺序或流程来看，根据2018年《农村土地承包法》第20条的规定，承包地发包的法定程序包括以下几个方面的内容。第一，承包工作小组的产生。作为农村集体经济组织“代表”农民集体行使集体土地所有权分配承包地的机构，承包工作小组负责承包地发包的具体事项，其成员的组成与选拔应当公开、透明，以保障承包地发包的合法性与合理性。第二，承包方案的拟订公布。确定本集体范围之内的土地应当如何分配，以家庭方式和其他方式取得承包地的范围应当明确，同时，对本集体成员的承包资格进行确认，明确集体成员的“承包权”，即以家庭方式取得承包地的成员资格。以家庭方式取得承包地的，集体成员以户为单位根据适宜家庭方式明确承包土地的位置、面积、耕地质量等要素获得承包地；以其他方式取得承包地的，应当首先明确经营者的农业生产经营资质，最终由承包工作小组拟订承包方案，并在一定的期限和范围内公布土地承包方案。第三，承包方案的讨论通过。拟订的承包方案需要召开村民会议并且获得多数成员的认同和通过，以取得农民集体成

---

〔1〕 张文显：《法哲学范畴研究》（修订版），中国政法大学出版社2001年版，第309页。
〔2〕 同上书，第315页。

员的授权,获得法律上认可的效力;承包方案的组织实施,对分配的地块进行确认,由于地块测量具有技术上的专业性,需要政府对承包地的面积、位置、边界等数据的测绘提供技术和资金支持,以形成准确、真实的原始材料,作为承包合同签订的依据和凭证。第四,承包合同的签订。农村集体经济组织确认其与承包农户或经营者之间的土地承包经营关系或土地经营关系的产生,由集体土地所有权派生(设立)土地承包经营权或土地经营权。第五,土地承包经营权或土地经营权的登记。土地承包经营权或土地经营权设立的权属状态通过登记取得法律上的对抗效力,保障土地承包经营法律关系或土地经营法律关系的稳定,以实现农业生产经营长期投入的客观需求。

## 三、承包地发包制度是“三权分置”下集体土地所有权实现的首要途径

我国实行土地公有制,集体土地所有制是生产资料公有制的重要类型,集体土地所有权则是集体所有制在现代法治社会中的基本法律实现形式,[1]集体土地所有权无法直接赋予市场主体以市场化的方式配置承包地,承包地“三权分置”下集体土地所有权的实现途径即是由集体土地所有权抽离部分权能,派生出土地使用权意义上的土地承包经营权或土地经营权,从而实现集体土地所有权在市场中的配置,这一过程即是承包地的发包,因此,承包地发包是承包地“三权分置”下集体土地所有权实现的首要途径。在承包地发包中,集体土地所有权作为运行于市场机制中的财产权,[2]其实现的首要途径需要厘清集体土地所有权的主体、行使主体、行使依据等关键问题。

### (一)集体土地所有权主体

对于集体土地所有权主体的界定,我国实务界和学界均有不同的观点。从我国集体土地所有权的立法演进历程进行分析,1986 年实施的《土地管理法》对于集体土地所有权的归属表述为“村农民集体所有、可以属于乡(镇)农

〔1〕 参见杨青贵:《集体土地所有权实现法律机制研究》,法律出版社 2016 年版,第 1 页。
〔2〕 同上书,第 16 页。

民集体所有、可以属于各该农业集体经济组织的农民集体所有”,[1]1998 年和 2004 年修正的《土地管理法》对于集体土地所有权的归属表述为“村农民集体所有、分别属于村内两个以上农村集体经济组织的农民集体所有、乡(镇)农民集体所有”,[2]2019 年修正的《土地管理法》第 11 条继续沿用这一表述方式。此外,在其他相关立法中对集体土地所有权的归属有不同的表述,例如,1986 年颁布的《民法通则》第 74 条采用了“集体财产所有权”这一立法主旨,集体财产归“劳动群众集体所有”,其中就包括了“集体所有的土地”等财产,具体到集体土地所有权主体表述为“村农民集体所有、可以属于乡(镇)农民集体所有”。[3] 又如,2007 年《物权法》第 59 条明确了农民集体所有的土地,属于“本集体成员集体”所有,[4]同时该法第 60 条“集体土地行使所有权”的规范之中对集体土地所有权的归属表述为“村农民集体所有、分别属于村内两个以上农民集体所有、乡镇农民集体所有”。[5] 《民法典》第 262 条延续了原《物权法》的相关规定。综上所述,从制度变迁的角度来看,集体土地所有权主体的不一致表述,反映出我国对于集体土地所有权主体的界定是一个逐步发展的过程;从法律效力位阶的角度来看,《民法典》作为社会主义市场经济的民事基本法,是指导集体土地所有权制度的基本规范,《民法典》应当成为承包地“三权”运

---

[1] 1986 年《土地管理法》第 8 条规定:“集体所有的土地依照法律属于村农民集体所有,由村农业生产合作社等农业集体经济组织或者村民委员会经营、管理。已经属于乡(镇)农民集体经济组织所有的,可以属于乡(镇)农民集体所有。村农民集体所有的土地已经分别属于村内两个以上农业集体经济组织所有的,可以属于各该农业集体经济组织的农民集体所有。”

[2] 2004 年《土地管理法》第 10 条规定:“农民集体所有的土地依法属于村农民集体所有的,由村集体经济组织或者村民委员会经营、管理;已经分别属于村内两个以上农村集体经济组织的农民集体所有的,由村内各该农村集体经济组织或者村民小组经营、管理;已经属于乡(镇)农民集体所有的,由乡(镇)农村集体经济组织经营、管理。”

[3] 原《民法通则》第 74 条规定:“劳动群众集体组织的财产属于劳动群众集体所有,包括:(一)法律规定为集体所有的土地和森林、山岭、草原、荒地、滩涂等;(二)集体经济组织的财产;(三)集体所有的建筑物、水库、农田水利设施和教育、科学、文化、卫生、体育等设施;(四)集体所有的其他财产。集体所有的土地依照法律属于村农民集体所有,由村农业生产合作社等农业集体经济组织或者村民委员会经营、管理。已经属于乡(镇)农民集体经济组织所有的,可以属于乡(镇)农民集体所有。”

[4] 原《物权法》第 59 条第 1 款规定:“农民集体所有的不动产和动产,属于本集体成员集体所有。”

[5] 原《物权法》第 60 条规定:“对于集体所有的土地和森林、山岭、草原、荒地、滩涂等,依照下列规定行使所有权:(一)属于村农民集体所有的,由村集体经济组织或者村民委员会代表集体行使所有权;(二)分别属于村内两个以上农民集体所有的,由村内各该集体经济组织或者村民小组代表集体行使所有权;(三)属于乡镇农民集体所有的,由乡镇集体经济组织代表集体行使所有权。”

行中的法律效力的判定依据。由此可以得出,我国现行立法对于集体土地所有权主体有着事实意义和规范意义两方面的区分。从现有的法律、行政法规、规章与中央有关政策的规定以及集体土地所有权制度的发展沿革等方面来看,集体土地所有权的主体应当是“农民集体”,又可以按照不同的层级与范围进一步具体划分为三种类型:组(原生产队)集体土地所有权主体是“组农民集体”;〔1〕村集体土地所有权主体是“村农民集体”;乡(镇)集体土地所有权主体是“乡(镇)农民集体”。〔2〕

### (二)集体土地所有权的行使主体

农民集体是我国现行立法中的集体土地所有权主体,但是随着土地承包经营制度改革的推进,人民公社的组织框架和职能亦随之消解,农民集体出现了分解甚至虚化,丧失了组织主体的结构形态和组织功能。正是作为集体土地所有权主体的农民集体呈现非组织化以及虚化的趋势,加之我国实行土地公有制,所有权主体难以切实、直接地行使其私法上的权利,因此,我国立法在确定集体土地所有权主体的同时,也充分考虑了集体土地所有权行使主体的设置。1986 年实施的《土地管理法》第 8 条规定,“村农业生产合作社等农业集体经济组织或者村民委员会”作为集体土地所有权的行使主体,“经营、管理”集体所有的土地。1998 年和 2004 年修正的《土地管理法》分别按照集体土地所有权主体的具体类别,将集体土地所有权的行使主体对应设置为“村集体经济组织或者村民委员会、村内农村集体经济组织或者村民小组、乡(镇)农村集体经济组织”,〔3〕对农民集体所有的土地进行“经营、管理”。又如,1986 年《民法通则》第 74 条的规定将集体土地所有权的行使主体设定为“村农业生产合作社等农业集体经济组织或者村民委员会”,对集体所有的土地“经营、管理”,与 1986 年《土地管理法》的规定相同。2007 年《物权法》第 60 条规定集体土地所有权的行使主体为“村集体经济组织或者村民委员会、村内各该集体经济组织或者村民小组、乡镇集体经济组织”,分别对应不同具体类型的所有权主体。

需要特别指出的是,1986 年《土地管理法》(包括 1998 年、2004 年修正的

〔1〕 组农民集体对应“分别属于村内两个以上农民集体所有”,源于人民公社时期集体土地“三级所有、队为基础”。

〔2〕 丁关良:《土地承包经营权基本问题研究》,浙江大学出版社 2007 年版,第 100 页。

〔3〕 1998 年《土地管理法》第 9 条、2004 年《土地管理法》第 10 条。

《土地管理法》)中将集体土地所有权行使主体的权限表述为"经营、管理",将其权限的内容限定在"经营"和"管理"两项;而2007年《物权法》对集体土地所有权行使主体的权限表述为"行使";《民法典》第262条延续了原《物权法》的表述,同样为"行使"集体土地所有权。相较"经营"和"管理","行使"一词在事实上扩大了集体土地所有权行使主体的权限内容。"经营"在我国土地用途管制制度的约束之下,意指与农业生产经营相关的经营性权能,"管理"则泛指集体土地所有权行使主体代行所有权主体对于集体土地的部分支配性权能。但是,在《民法典》第262条"代表集体行使所有权"的表述之下,意味着集体土地所有权的行使主体能够"代表"农民集体,在承包地的发包、流转、收回的过程中,代行所有权对于承包地进行支配的权限内容。因此,在《民法典》的适用语境之下,集体土地所有权的行使主体不仅十分明确,而且其权限内容相较《土地管理法》更为充实,有利于保障承包地"三权分置"政策中"落实所有权"这一价值目标的实现,特别是在承包地发包制度中,能够厘清集体土地所有权派生土地承包经营权或土地经营权之间的权利界限和权能结构。

如上所述,《土地管理法》《民法典》均明确了集体土地所有权主体是"农民集体",并且在原《物权法》第60条明确农村集体经济组织(村民委员会、村民小组)作为集体土地所有权行使主体代行所有权的表述为"代表集体行使所有权",将所有权主体与所有权行使主体进行明确的界分。换言之,所有权主体是农民集体,而所有权行使主体是农村经济组织的界分,是立法依据我国农村土地制度的发展历程和现实需求所进行的立法设置。鉴于"农村集体经济组织"这一主体形式的雏形可以上溯到农民合作社时期,随后发展、演化到人民公社时期的"三级所有、队为基础"的组织形式,而其作为法律上的概念进入立法,则是始于1982年《宪法》,[1]并且随着原《民法通则》《物权法》等法律的颁行而为我国民事法律所沿用,但是"农村集体经济组织"并没有被我国立法确定为集体土地的所有权主体。而"农民集体"这一概念在最初成为现行立法中

---

〔1〕 1982年《宪法》第8条规定:"农村人民公社、农业生产合作社和其他生产、供销、信用、消费等各种形式的合作经济,是社会主义劳动群众集体所有制经济。参加农村集体经济组织的劳动者,有权在法律规定的范围内经营自留地、自留山、家庭副业和饲养自留畜。城镇中的手工业、工业、建筑业、运输业、商业、服务业等行业的各种形式的合作经济,都是社会主义劳动群众集体所有制经济。国家保护城乡集体经济组织的合法的权利和利益,鼓励、指导和帮助集体经济的发展。"

的法律概念之时,便是集体土地所有权的主体。原《民法通则》第 74 条规定"集体所有的土地依照法律属于村农民集体所有"。随后 1986 年《土地管理法》第 8 条、2002 年《农村土地承包法》第 2 条、2007 年《物权法》第 59 条均一再明确了"农民集体"在民事法律中作为集体土地所有权主体的法律地位,《民法典》第 262 条延续了这一规定,"农民集体"由此成为具有我国集体土地所有制特色的法律概念。我国立法放弃入法在前的"集体经济组织"概念而创制新的表述"农民集体",目的在于将土地承包经营制改革所形成的集体土地所有权模式与人民公社时期的集体土地所有权模式进行分割,此外,在我国现实条件之下"集体经济组织"不宜再作为集体土地所有权主体,[1] 而是以"农民集体"作为集体土地所有权主体,"农村集体经济组织"作为集体土地所有权行使主体。

(三)集体土地所有权行使的理论依据

关于《民法典》第 262 条规定的农村集体经济组织"代表"农民集体行使集体土地所有权,"农民集体"与"农村集体经济组织"二者之间的关系界定,学界主要有"代表说"[2]、"代理说"[3]、"股东说"[4]等观点。但是以上各观点在解释集体土地所有权行使的理论依据存在一定的不足。"代表说"的不足之处在于,代表关系往往存在单一法人组织之内,代表人作为法人的构成部分,其意志代表法人的行为,但是"农民集体"和"农村集体经济组织"是彼此独立的主体,后者并非前者的组成部分,且在实践中农村集体经济组织往往以自己的名义从事民事活动,因此并无代表的存在基础。"代理说"虽然肯定了集体经济组织以农民集体的名义从事民事行为,其法律效果归属于农民集体,但是该观

---

〔1〕 参见吴昭军:《集体经济组织"代表集体行使所有权"的法权关系界定》,载《农业经济问题》2019 年第 7 期。

〔2〕 该观点认为,农民集体缺乏自我利益实现机制和意志产生机制,集体经济组织为农民集体的意志表达载体和利益表达主体,二者之间形成的是代表关系。许中缘、崔雪炜:《"三权分置"视域下的农村集体经济组织法人》,载《当代法学》2018 年第 1 期。

〔3〕 该观点认为,农村集体经济组织与农民集体之间是委托代理关系,农民集体所有的非经营性资产依法不得转移所有权,集体经济组织对农民集体所有的土地仅具有委托代理意义上的运行管护职责。姜红利、宋宗宇:《农民集体行使所有权的实践路径与主体定位》,载《农业经济问题》2018 年第 1 期。

〔4〕 该观点认为,农民集体作为所有权主体以土地用益物权和其他集体资产投资设立集体经济组织,二者之间形成股东与法人的关系,承包地用益物权等投资财产就此成为农村集体经济组织的法人财产。韩冬等:《农村集体经济组织法人治理的构建与完善》,载《中国土地科学》2018 年第 7 期。

点的缺陷在于,委托代理关系无法隔断农民集体失去所有权的法律风险,动摇土地公有制,并且导致农民集体的救济存在现实困难,因为农村集体经济组织缺乏充足的经济基础,其作为保障被代理人权益受损之时承担民事责任的能力往往不足,[1]最终造成农民集体的权益受损。“股东说”虽然赋予了集体经济组织对承包地用益物权等集体资产的部分处分权,便于“代表”农民集体行使所有权进行农业生产经营与承包地的管理,认为出资人以用益物权等承担有限责任,集体土地所有权无须对农村集体经济组织承担经营风险,农村集体经济组织也可以自身名义独立从事民事活动。但是“股东说”的不足之处在于,农民集体成员人数超过我国现行法律规定的上限,而股份代持难以实现集体成员股东权益的保护,并且我国集体产权改革中提倡的“股份合作制”中的“股份”不同于公司法意义上的股份,正如有学者指出中央“没有讲过要把农村集体经济组织改制为股份制经济组织”,[2]农村集体经济组织设立的财产性与农民作为集体成员的身份性之间存在冲突,而且农民集体作为集体土地所有权主体并以承包地用益物权出资设立公司仅存在学理上的可行性,实践层面并未落实。综上所述,学界各观点作为集体土地所有权行使的理论依据均存在一定不足,因此,应当寻找新的理论依据界定“农民集体”与“农村集体经济组织”二者之间的关系。

为了准确界定我国集体土地所有权行使的理论依据,并以此为基础探寻集体土地所有权的实现路径,进而厘清承包地“三权”运行的权利边界以及承包地发包的制度构建,需要把握以下目标的实现:第一,符合承包地“资源—财产”双重属性的权利构造;第二,农民集体的土地所有权不能面临市场风险,不得动摇集体土地公有制的基础;第三,符合市场经济对承包地财产权的客观需求;第四,厘清承包地“三权”之间的体系结构;第五,尽可能与现行法律制度对接,减少立法的成本以及制度冲突。

基于以上目标的设定,集体土地所有权主体与行使主体之间的关系应当是基于社会公共利益而形成的一类特殊的信托关系。需要指出的是,此处的

---

〔1〕《民法典》第164条第1款规定:“代理人不履行或者不完全履行职责,造成被代理人损害的,应当承担民事责任。”

〔2〕《陈锡文:农村集体经济组织有两大基本特征》,载《山西农经》2018年第13期。

“信托”并不是实践中湖南益阳“草尾模式”“中信信托模式”“中粮信托模式”等土地承包经营权或是土地经营权信托流转的模式,而是“农民集体”与“农村集体经济组织”之间就集体土地所有权行使的关系界定,其理论上的源头是“公共信托理论”。[1] 根据《信托法》第2条[2]的规定,集体土地所有权信托是农民集体基于对农村集体经济组织或农民委员会的信赖,将其集体土地所有权委托给农村集体经济组织或农民委员会,依据其意思以自身的名义,为了实现农民集体的公共利益和集体成员的整体利益,代为行使集体土地所有权的行为。由于集体土地所有权的特殊性,其并非单纯是民法中的财产权,兼有公法和私法的性质,同时,“农民集体”也不是单纯的一类民事主体,作为农村土地所有权人是政治运动的产物,创设之初就没有遵循法律逻辑,[3]正是由于权利本身和权利主体的特殊性,因而农民集体与农村集体经济组织二者之间是一类特殊的信托关系。

第一,从承包地的自然与社会属性分析,承包地是基于土地用途管制和农业生产经营方式而界定的一类集体土地,既是农民集体范围之内的宝贵资源,亦是承包农户和农业生产经营者的重要财产。由于集体土地具有资源属性,承包地所承载的社会公共利益需要在集体成员之间合理分享,基于公平的价值追求,农民集体所有的土地通过承包地发包在集体成员之间进行配置。由于集体土地所有权和农民集体的特殊性,在生产资料公有制的基础上,赋予财产目的性,使集体财产为特定群体所共同分享、使用、收益。[4] 由农村集体组织代为行使集体土地所有权,实现承包地所承载的社会公共利益和农民集体的整体利益,公平地利用和分享集体土地的资源利益。正是集体土地的资源

〔1〕 从法律上将土地管理的责任和权利赋予国家是从罗马法开始的。从罗马法的源头开始,英国普通法发展了公众信托的概念。此观点被美国司法实践继承并发扬。公共信托理论表明了政府(集体)是受社会大众(集体成员)的委托而对土地资源进行管理。由此,基于公共信托理论而管理土地的政府(集体)不得以任何形式将土地转让给他人。刘俊:《土地所有权国家独占研究》,法律出版社2008年版,第114~115页。

〔2〕 《信托法》第2条规定:“本法所称信托,是指委托人基于对受托人的信任,将其财产权委托给受托人,由受托人按委托人的意愿以自己的名义,为受益人的利益或者特定目的,进行管理或者处分的行为。”

〔3〕 参见陈小君等:《我国农村集体经济有效实现的法律制度研究——理论奠基与制度构建》,法律出版社2016年版,第216页。

〔4〕 参见陈晓敏:《论大陆法上的集体所有权——以欧洲近代私法学说为中心的考察》,载《法商研究》2014年第1期。

属性决定了"公共信托理论"作为承包地发包中农村集体经济组织"代表"农民集体的理论依据得以成立和适用。[1]

第二,由集体土地所有权面临经营风险进行分析,从《信托法》第2条中"委托"、第14条中"取得"、第41条中"移交"等表述来看,这些词语对所有权是否以发生转移为条件的含义十分模糊,在表意不明的情形下,现行立法对信托关系的产生并没有强制要求移转信托财产的所有权。正如有学者指出的,信托财产"独立性的实现不仅取决于信托财产权属是否转移给受托人,更取决于信托法的具体规定及交易结构的设计……信托财产权属的转移并非实现信托财产独立性的唯一途径"。[2] 因此,依据"公共信托理论",农村集体经济组织"代表"农民集体行使集体土地所有权,设立信托财产,并没有将集体土地所有权转移给受托人,而是基于信赖代为行使所有权,在信托关系中集体土地所有权无须面对承包地发包之后的经营风险而可能丧失集体土地所有权。

第三,由承包地财产权符合市场经济的客观需求分析,将农村集体经济组织行使所有权界定为基于信托关系,能够准确把握承包地发包过程中农村集体经济组织作为发包方权利、义务的依据来源,界定集体土地所有权派生出土地承包经营权或土地经营权的权利边界,以及承包地流转中发包方的权利确认、未来承包地增值收益合理分配等内容的法理依据,实现"落实所有权"的政策价值目标。

第四,为厘清承包地"三权"之间的法权关系和体系结构奠定了理论基础,基于对农村集体经济组织的信赖,农民集体委托农村集体经济组织在法定权限范围之内行使集体土地所有权,通过承包地发包,抽离经营性权能生成符合市场经济客观规律的财产性权利(即使土地承包经营权具有身份属性,但在集体范围之内无疑是一类财产性权利),赋予承包农户和经营者,形成"所有权—财产性权利"的权利体系结构,以及承包地流转过程中土地承包经营权基础上派生出具有纯粹财产性权利的土地经营权并赋予经营者,形成"用益物权—纯粹财产性权利"的权利体系结构。

---

〔1〕 参见刘俊:《土地所有权国家独占研究》,法律出版社2008年版,第119页。

〔2〕 楼建波:《信托财产的独立性与信托财产归属的关系——兼论中国〈信托法〉第2条的解释与应用》,载《广东社会科学》2012年第2期。

第五，以“公共信托理论”解释农村集体经济组织“代表”农民集体行使所有权为特殊的信托关系，能够最大限度地使集体土地所有权主体与行使主体之间关系契合现行立法，化解制度之间的冲突，并且将承包地“三权”运行的制度改革成本降到最低。

## 第二节 “三权分置”下承包地发包制度的价值目标及功能定位

### 一、“三权分置”下承包地发包制度的价值目标及其构成

法律价值是一种集体价值，是社会价值系统中的子系统，反映的是人（主体）与外界物——自然、社会（客体）的关系，揭示了人的实践活动的动机和目的，人和物之间需要与满足的对应关系就是价值关系。[1] 法律价值目标，是指引法律制度中的具体规则由“文本”转化为“现实”的基本目标，对法律规则的制定与完善具有导向作用。作为法律价值的最高层次，正义“有着一张普罗透斯似的脸，变幻无常”，[2]是判断法律“良”与“恶”的根本标准，效率、公平、自由、秩序、安全等具体法律价值，是正义这一最高法律价值的具体化，具有层级性的最高价值和具体价值构成了法律价值的体系，在现代社会多元化的社会关系中，均衡不同主体之间的利益冲突。

承包地作为一类资源性财产，具有“资源—财产”双重属性，随着现代社会经济的发展，承包地的资源属性及其所承载的社会公共利益日益凸显，国家、集体、集体成员、经营者等多元主体之间的利益冲突需要法律价值加以均衡。尤其是在承包地发包中，“从土地所有权的角度来说，土地的资源属性与财产属性是一对矛盾的共同体”，[3]资源属性凸显公益性，其代表是国家、集体；而财产属性彰显私益性，其代表是集体成员、经营者。集体土地所有权抽离部分权能派生出土地承包经营权或土地经营权，直接涉及具有社会公共利益的国家和集体与具有个体利益的集体成员和经营者的冲突，而均衡的法律价值能够指引二者之间的利益冲突并构建完善的承包地发包制度，规范多元主体在

---

〔1〕 参见张文显：《法哲学范畴研究》（修订版），中国政法大学出版社 2001 年版，第 191 页。

〔2〕 [美]E. 博登海默：《法理学——法律哲学与法律方法》（修订版），邓正来译，中国政法大学出版社 2004 年版，第 261 页。

〔3〕 刘俊：《土地所有权国家独占研究》，法律出版社 2008 年版，第 41 页。

承包地发包中的行为，调整集体土地所有权与土地承包经营权、土地经营权在运行中所形成的一系列社会关系。

(一)承包地发包制度价值目标的构成之经济效益

“效益”或“效率”一词具有多重意义，最普遍的意义是从一个给定的投入量中获得最大的产出，即经济学上以价值极大化的方式配置和使用资源。[1] 在法学的视阈下，经济效益是我国全部经济工作的重点和归宿，同时也是国家加强经济立法所要追求的重要价值目标。[2] 承包地的财产属性所彰显的私益性，决定了承包地发包需要市场机制在资源配置中起决定性作用，以个体利益最大化的经济效益为价值目标，实现承包地充分、有效的利用。在经济效益的价值目标指引下，构建与完善承包地发包制度应当包括以下几方面：

第一，确认和保护承包地财产权关系。鼓励发包方和承包方以经济效益为目的配置并占有、使用或流转承包地财产权，立法对财产性权利的承认与保护是有效利用承包地的基础与前提。只有承包方获得对承包地的占有、使用等财产权权能，明确用益物权与所有权之间的权利边界，并有权排除他人对自身财产的侵犯或掠夺，承包方才有信心和内在驱动力，对承包地持续投入生产经营，并实现相应的个体经济利益。

第二，确认、保护、创新富有经济效益的承包地发包模式，实现成员权中共益权与自益权的合力作为。作为一类重要的资源，承包地承载着社会公共利益，需要对此类资源进行高效率的利用，正是基于这一原因，家庭承包经营制在设立之初就激发了承包农户的生产效率。针对自然禀赋不同的集体土地，首先就要以经济效率为价值取向，在符合土地用途管制和规划的前提之下，确定特定集体范围之内的哪些地块适宜由家庭方式承包或是以其他方式承包，又有哪些地块适宜由集体统一经营的，这是发包方在发包过程需要首要解决的问题，以形成富有经济效益的发包方案，这也是集体成员行使共益权的具体法律形式，而不是将集体土地以“形式公平”的承包地发包模式直接分配给承包农户。

第三，以经济效益为指引完善承包地发包的各项实体性与程序性制度。

---

〔1〕 参见张文显：《法哲学范畴研究》(修订版)，中国政法大学出版社 2001 年版，第 213 页。

〔2〕 参见李昌麒主编：《经济法学》，法律出版社 2007 年版，第 82 页。

经济效益的价值追求不仅反映在承包地利用的实体效率方面，而且反映在承包地发包各项制度运行的程序效率方面。例如，在承包地发包的设立登记制度中，现阶段分别就两类承包地设置不同的登记生效模式，就考虑了不同类型承包地主体对经济效益的不同考量，处于熟人社会中的家庭承包方式中未必需要流转土地经营权，而是以土地承包经营权自行在承包地之上从事生产经营，因此，没有必要采用较为烦琐的登记生效模式，便是基于经济效益的考虑。又如，在发包方案制定过程中，首先就是以经济效益的实现考虑承包地的发包模式，并且结合本集体的实际情况，确定集体范围的地块采用何种承包方式更加有利于实现承包地资源的高效利用，并且在确定发包方案之后的一系列程序制度均要考虑经济效益，在特定的时限之内实现承包地的分配。再如，在承包合同的成立生效过程中，与一般合同签订不同的是在某种程度上“突破”了合同法律关系的相对性，发包方和承包方之间合同关系通过发包方案的制定、公示使全体集体成员知晓集体范围的承包合同的相关信息，在实体上实现了承包地发包信息的有效传递，在程序上保障了集体成员共益权的有效行使，集体成员和发包方之间得以通过发包方案、集体成员资格确认、承包合同、承包地权利登记等制度实现符合经济效益的权益均衡，保障承包地“三权”在发包阶段的高效运行。

### （二）承包地发包制度价值目标之实质公平

在传统私法的视阈下，由于不同群体之间存在一定差距，会导致法律中抽象的权义配置无法映射不同群体在现实中的经济社会领域的具体差异，从而引发法律制度的落空。实质公平是经济法对法律公平价值的进一步解释，其内涵是指，在社会基本制度保障社会大众基本权利的基础之上，在经济社会领域实行“差别的公平”，对处于不利地位的群体予以倾斜性的权义配置，使其得到更多的机会和权益，不至于因为偶然的出身和禀赋而丧失原初状态下的基本权利。[1] 在承包地发包过程中，集体、集体成员（承包农户）、土地经营者等多元主体由于各自群体之间经济实力和角色定位的差异：农村集体和集体经济组织作为集体土地所有权主体以及所有权的行使主体，对集体土地进行占有、使用、收益、处分等，作为发包方与承包方签订承包合同，行使土地所有权

---

〔1〕 参见江帆：《经济法实质正义及其实现机制》，载《环球法律评论》2007 年第 6 期。

并抽离所有权部分权能派生出土地承包经营权,并随后对其进行监督与管理;承包农户作为集体成员,依据其成员资格(成员权)取得土地承包经营权,并依据其成员共益权直接参与承包地发包方案的制定、审议投票和发包监督等,并可以自主决定从事生产经营权或是在其之上再设定土地经营权流转,但是一方面,要受到土地经营权的限制;另一方面,要受到发包方的监督和管理;土地经营权人作为承包地的实际生产经营者,依据其享有的土地经营权排除其他主体的不当妨碍,并取得经济收益。因此,多元主体在承包地发包制度中的权义配置亦不尽相同,并且相互之间制衡以实现实质公平,其以集体成员的权益平等为基础,在承包地发包中将地块公平分配;对集体中的弱势群体予以更多的权利配置和人文关怀,更多地保障弱势集体成员的基本权利;实现集体成员的整体均衡发展和代际公平发展,在承认集体成员个体自然禀赋差异的前提下,追求结果上的、实质上的公平,[1]其本位是集体利益的实现。在制度设计层面,实质公平对承包地发包的价值指引主要体现在以下几个方面:

第一,承包地“三权”的权能结构与配置需要实质公平的指引。在“两权分离”的农村土地权利体系中,由于土地承包经营权所包含的身份属性,加之长期以来我国政策强调承包农户权益保障和减轻农民负担,政策和法律过度的关注与保护造成了土地承包经营权制度的过分张扬,也造成了集体土地所有权的本质与主体仍存疑义、其行使主体缺乏科学设计与建构、民主决策机制不健全、权能体系与保障机制欠缺等方面的问题,[2]一定程度上在制度层面,土地承包经营权挤占了集体土地所有权,使所有权本身及其主体进一步虚化,造成了集体经济组织在农村地区的没落甚至是消失不见,只有“分”而没有“统”的承包地经营现状,与家庭联产承包责任制所要求“统分结合”的双层经营管理体制相去甚远,未来也不利于土地经营权流转关系的稳定。因此,需要将实质公平作为指引承包地发包制度完善的价值目标,实现承包地“三权”权能结构均衡以及符合各自功能定位的有效配置。例如,集体土地所有权的发包权能与集体成员的“承包权”之间的有效衔接,2018 年修正的《农村土地承包法》

---

〔1〕 参见李昌麒主编:《经济法学》(修订版),法律出版社 2008 年版,第 82 页。

〔2〕 参见管洪彦、孔祥智:《“三权分置”下集体土地所有权的立法表达》,载《西北农林科技大学学报》(社会科学版)2019 年第 2 期。

第5条和第13条、第14条分别规定了集体成员的“承包权”与集体经济组织(村民委员会或者村民小组)等发包方的“发包权”“监督权”“制止权”等权利,其中“承包权”是集体成员权的具体内容之一,属于民法中社员权中的自益权,集体成员通过“承包权”取得承包地,以实现自身的经济利益;然而,集体土地所有权的行使同样需要集体成员的参与,行使其成员权(社员权)中的共益权,对集体所有的土地进行管理,集体成员得以直接参与发包方案的制定、审议以及后续发包、承包地经营的监督,进而维护其作为集体成员的集体利益。因此,承包农户的“承包权”与发包方的“发包权”之间通过制度的维系,实现权利之间的有效均衡,在发包方案制定制度中充分发动集体成员积极行使其成员权,以成员自益权所带来的个体利益激励成员共益权的行使。同时,发包方案制定和承包合同制度应当明确发包方的具体权利边界,并且确定集体特定范围之内地块适宜的承包方式,如果集体统一经营更加有利于集体成员个体利益的实现,完全可以通过发包方案制度由集体成员行使成员共益权决定将特定地块由集体经营,成员享有相应的收益权,而适宜家庭方式或是其他方式承包的地块则可以进一步由集体成员行使“承包权”与发包方签订承包合同或是按照市场机制签订经营合同,以此防止发包方权利的落空和成员共益权行使的途径不顺畅。

第二,在集体成员之间进行符合实质公平的承包地发包。在发包方案确定对集体范围内具体地块采用的发包模式之后,应当按照实质公平的价值目标,将适宜采用家庭方式承包的地块在集体成员之间按户进行发包,在拟订的发包方案中加以明确并公布,以便之后在村民会议中讨论,以判断拟订的发包方案是否符合实质公平。在集体成员之间实现承包地发包的实质公平,难免会将集体范围之内的地块按照耕地质量、位置、面积大小等要素打散,以便实现承包地发包的实质公平,但是也会造成承包地的碎片化经营,这与“三权分置”所要达成的承包地流转以实现规模化经营的最终目标相背离。为此,在制定发包方案中应当在确定集体成员资格的基础之上,进一步区分集体成员取得承包地之后的经营方式,是自行经营或是将土地经营权流转,抑或是交由集体统一经营,即对未来的经营方式作出类型化的发包方案设计,在确定具体的经营方式之后,再按照实质公平的价值目标划分地块交由承包农户,如此在实现集体成员取得承包地实质公平的同时,在一定程度上能够避免承包地经营的碎片化问题。

第三,监督土地经营权人合理利用承包地,防止承包地资源的过度使用而造成地力的损害,在承包地利用和保护之间实现实质公平。承包地作为一类资源,其本身就是特定集体经过长久培育、适宜农业生产经营的生态环境载体,具有一定限度的生态环境承载能力,是属于整个集体的资源与财产,承载着个体利益与集体利益,对其利用应当有一定的限度,否则在实现个体利益的同时会损害集体利益。承包地"三权分置"的背景之一即随着工业化、城镇化的推进,大量农民进入城市从事非农生产,一定程度上造成了承包地资源利用的不充分,客观上需要承包地流转,"三权分置"应运而生并体现在 2018 年修正的《农村土地承包法》。可以预见的是,在承包地"三权分置"推动下,在城市从事非农生产的农业人口会将其承包地设定土地经营权并流转,但是受让方的范围不仅局限于本集体内部,还会有相当一部分会由非集体成员受让从事农业生产经营,但是承包地地力的有限性与土地经营权人追求个体利益的最大化之间存在矛盾。为了实现个体利益的最大化,土地经营权人可能会对承包地进行掠夺式的利用而减少对承包地的持续投入,对承包地造成损害,这样便会侵害承包农户的个人利益和集体利益。为了实现土地经营权人与承包农户、集体以及集体代与代之间的实质公平,在发包方案和承包合同制度中,应当首先按照 2016 年 12 月实施的《耕地质量等级》(GB/T 33469—2016)[1] 国家标准的要求,在制定发包方案之前对集体范围之内全部地块的质量等级进行评定,以确定具体地块适宜的发包模式,并且在承包合同中明确发包之时的耕地质量等级,在承包地权利设立登记的内容之中增加质量等级,以登记的公信力加以明确,为未来土地经营权流转及收回作为判定耕地质量等级是否变化的重要参照,以便出现承包地地力受损进行损害赔偿的追责。

## 二、"三权分置"下承包地发包制度的价值位序及功能定位

### (一)经济效益与实质公平的均衡是承包地发包价值目标所追求的最佳结果

鉴于承包地的资源与财产的双重属性,从土地资源财产的利用角度来看,

---

〔1〕 该标准从农业生产角度出发,对耕地地力、土壤健康状况和田间基础设施构成的满足农产品持续产出和质量安全的能力进行评价,将耕地质量划分为 10 个耕地质量等级。

其不仅是承包农户重要的家庭财产，是以户为单位从事农业生产的重要生产要素，也是集体所有的重要资源，为全体成员共同所有的集体资产；从土地资源财产所代表的利益来看，其不仅承载着个体利益，也承载着集体利益、社会公共利益和国家利益，因而兼具私益性和公益性。正是基于此，经济效益与实质公平的均衡是承包地发包内在价值所追求的最佳结果。

1. 从承包地“三权分置”改革的缘起分析

在我国土地公有制的基础上，为了充分利用承包地资源，需要经济效益作为价值目标，改革原有“两权分离”的农村土地权利体系，妥善处理土地承包经营权所内含的身份属性，实行承包地“三权分置”并在“两权”的基础之上派生出符合市场运行机制、纯粹的财产性权利——土地经营权，以市场机制实现承包地的有序流转和有效配置，这意味着经济效益的价值目标是本轮农村土地权利改革的外在驱动力和直接目标，是承包地发包制度的价值追求，发包制度首先要遵循承包地资源能被最有效利用这一目标。

同时，本轮农村土地改革不能摒弃原有的改革路线和成果，需要正视上一轮农村土地改革存在的制度缺陷与问题，在原有制度的基础上对其进行优化与完善，减少改革对现有制度的冲击，降低改革的制度成本，实现原有制度与“三权分置”改革的衔接。集体土地所有制和家庭联产承包经营制奠定了我国土地所有权实现的基本路径，需要遵循实质公平的价值目标首先将集体范围之内适宜家庭方式承包的地块在集体成员之间配置，在承包地发包的多元主体之间实行倾斜性配置，例如，给予集体成员相对以其他方式取得承包地的优先权，并保障弱势集体成员的基本权利，再如，对失地农民的经济补偿和社会保障，再按照“三权分置”改革目标依据承包农户的意愿自行设定土地经营权由市场进行配置，兼顾承包地所承载的私益性和公益性。

2. 从承包地“三权”的权利结构与实现路径分析

由于土地公有制，集体成员和其他市场主体无法享有土地所有权，“集体所有”的土地所有权不是基于个人可拥有所有权制度下而产生的合并财产或共有关系，而是在个人不可能拥有土地所有权的前提下，产生的个人只享有用益物权的一种土地权利安排。[1] 在承包地“三权分置”的权利结构和实现路径下,集体成员的权利主要是通过集体成员权来体现,其又分为自益权和共益权,分别承载个体利益和集体公共利益,集体成员依据其享有的“承包权”由土地所有权分离部分权能生成土地承包经营权,“承包权”即成员自益权的具体形式之一,其功能即集体成员能够依据此权利能够取得承包地,并且依据成员共益权参与承包地发包的集体活动,例如,发包方案的讨论与通过,通过成员共益权共同形成行使集体土地所有权的集体决议;[2] 土地承包经营权是依据成员自益权而设定的用益物权,其功能是集体成员依据此权利对承包地行使占有、使用、收益等权能,从事农业生产经营最终实现个体经济利益。由此,在承包地发包的权利结构和实现路径上,一方面,从物权的维度,在经济效益的价值目标指引下土地所有权分离出土地承包经营权,随后还可以自行设定土地经营权加以流转换取相应的对价,实现承包地的物权配置和利用;另一方面,从成员权的维度,在实质公平的价值目标指引下,集体成员依据其成员身份而享有的成员自益权由集体所有的土地获得承包地,并以成员共益权基于集体决策的形式间接行使土地所有权,以实现个体利益和集体公共利益。

### (二)承包地发包中经济效益与实质公平的功能定位

从承包地“三权分置”改革的动因分析,经济效益与实质公平对改革的推动与功能定位存在明显的区别,经济效益无疑是本轮农村土地权利改革的外在驱动力,而实质公平则是内在驱动力。

由于在承包地之上从事农业生产所带来的经济收益较少,因此在工业化、城镇化快速发展背景下大量农业人口进入城市从事非农生产,同时,“两权分离”下的土地承包经营权在发包设立之时需要将承包地碎片化分配给承包农户,并以户为单位从事农业生产,在流转之时亦受到诸多限制,因而小农化、碎片化的承包地经营模式导致承包地资源无法得到充分、有效的利用。正如有学者指出的,20 世纪 80 年代中期自发形成并一直持续的土地流转和规模经营,实际上是自下而上地开启了农村土地产权的再一次分割,且在 2000 年后

---

[1] 参见温世扬、吴昊:《集体土地“三权分置”的法律意蕴与制度供给》,载《华东政法大学学报》2017 年第 3 期。

[2] 参见最高人民法院物权法研究小组编著:《〈中华人民共和国物权法〉条文理解与适用》,人民法院出版社 2007 年版,第 197 页。

加速。[1] 在外部环境的变迁之下,“两权分离”下的农村土地权利体系已然无法满足现实需求,经济效益的价值目标成为“三权分置”改革的外在驱动力,需要在“集体土地所有权—土地承包经营权”的权利框架之外,生成一类新型的、符合市场规律的、纯粹的财产性权利——土地经营权,目的是保障承载社会公共利益和国家利益的承包地资源能够通过市场机制实现有效配置,以土地经营权的转让、入股、信托等流转方式推动承包地资源流向家庭农场、农业生产企业等新型主体,放开土地经营权抵押的限制,允许土地经营权人向银行抵押融资,扩大生产规模和投入。从而引导小农化、碎片化的承包地利用模式向集约化、规模化的生产经营模式转变。因此,经济效益定位即“三权分置”改革的外在驱动力。

由于“两权分离”下的农村土地权利体系中,土地承包经营权内含的身份属性使其在流转方式、流转范围、受让对象等方面受到较严格限制,虽然《民法典》将其确定为一类用益物权,但其承载着社会保障和生产经营的双重功能,兼具身份性和财产性,加之土地承包经营权流转存在导致承包农户失去承包地的风险,因而土地承包经营权并不是一类完全符合市场机制配置的用益物权。“三权分置”改革需要在农村土地权利结构的内部派生出一类符合市场机制的、剥离身份属性限制的、纯粹的财产性权利,即土地经营权,以实现“放活经营权”的政策目标,同时承包地“三权分置”政策亦要求“落实集体所有权、稳定农户承包权”,这就需要在实质公平的价值目标指引下,构建承包地“三权”的权利框架:一方面,补充集体土地所有权的权能内容,在占有、使用、收益、处分等所有权基本(抽象)权能之外,充实发包、调整、管理、监督、收回等集体土地所有权的具体权能内容和保障机制,同时,丰富集体成员权的权利体系,区分集体成员的财产性权利和非财产性权利的内容,并且对其行使的基本原则、主体规则、程序规则、限制规则以及程序救济规则等方面进行科学建构;[2] 另一方面,稳定土地承包经营权,在土地承包经营权的基础上,抽离经营性权能派生出土地经营权,形成“用益物权—财产性权利”的权利结构,同时,原本的

---

〔1〕 参见刘守英、熊雪锋、龙婷玉:《集体所有制下的农地权利分割与演变》,载《中国人民大学学报》2019 年第 1 期。

〔2〕 参见管洪彦、孔祥智:《“三权分置”下集体土地所有权的立法表达》,载《西北农林科技大学学报》(社会科学版)2019 年第 2 期。

保障性权能依然由土地承包经营权承载,虽然其物权名称无须变更,但是权利内容已然发生变更,即"三权分置"政策所指的"农户承包权",由承包农户保留,承包农户流传的仅是土地经营权,以此权利结构保障承包农户无须承担失地的风险。由此可见,在实质公平的价值目标指引下,承包地"三权"的权利结构得以实现承包地发包多元主体的均衡,是"三权分置"改革的内在驱动力。

(三)承包地发包不同阶段中经济效益与实质公平的优先顺位

经济效益与实质公平作为承包地发包制度的价值目标,其位序并非并列或是随意无章的,而是存在一个较严密的价值位序的。根据承包地发包的不同阶段,两者的优先顺位有所不同。

首先,选举承包工作小组和集体成员承包资格确认阶段,应当以实质公平为优先。承包工作小组作为组织实施承包地发包具体工作的实施者,其组成人员的推选必须以实质公平为导向,推选全体成员所信赖的人员,才能保障之后的各项发包工作顺利进行。同时,集体成员承包资格的确认直接关系集体成员是否具有"承包权"取得承包地,并且以户为单位的承包家庭实际情况各有不同,需要确保承包农户的成员具体信息准确、真实、有效,才能依据成员的具体情况确定是否予以倾斜性配置,关注集体成员中的弱势群体,为之后选择适合本集体的承包模式提供有价值的参考,只有如此才能保障最终的发包方案达成实质公平的结果。

其次,确定承包方式阶段,应当以经济效益为优先。每个现实的农民集体所有的土地情况不同,需要以经济效益为指引,确定本集体范围之内地块最为有效的承包方式。具体承包地块的质量等级、面积、位置等要素均不相同,需要确定哪些地块适宜集体统一经营,或是适宜家庭方式,或是适宜其他方式,并且结合本集体成员从事农业生产的实际情况,是否在取得承包地之后进城从事非农生产从而流转土地经营权,或是同意将承包地交由集体统一经营。在结合本集体土地客观情况和集体成员主观意愿的基础上,才能够制定符合经济效益的发包方案,实现承包地资源的高效利用,降低未来由土地经营权流转而发生的集约化、规模化经营成本。

再次,拟订并公布承包方案和讨论通过承包方案阶段,应当以实质公平为优先,兼顾经济效益。对集体范围之内地块的分别选择适宜的承包方式,具体包括:(1)家庭方式。依据实质公平的要求,将适宜家庭方式承包的地块根据承包农户中家庭成员的具体构成情况分配承包地块,发包到以家庭为单位的承包农户。(2)其他方式。以经济效益为指引按照市场机制,将确定不适宜以家庭方式承包的地块,以其他方式向集体成员之外的社会主体发包,同时以实质公平为导向,在同等条件下集体成员具有优先权。(3)集体统一经营。在发包方案的拟订阶段,应当根据本集体成员进城从事非农生产的实际情况,确定集体统一经营的承包地块,由所有权主体直接经营承包地从事农业生产。这样既保障了土地承包经营权依旧由承包农户享有,又避免了具体分割承包地块造成碎片化;既保障了集体成员公平分享集体所有土地,又在一定程度上实现了初始的规模化经营。在拟订承包方案之后,需要集体成员对方案进行讨论。合理、有效的承包方案能够减少讨论的成本,降低集体成员之间的分歧和冲突,讨论和通过承包方案均需要以实质公平为优先,保障方案的合法性,同时降低时间成本、抚平成员之间的利益冲突,保障讨论和通过承包方案的效率,兼顾经济效益。因此,该阶段以实质公平为优先、兼顾经济效益。

最后,组织实施承包方案和签订承包合同阶段,应当以经济效益为优先,兼顾实质公平。“现代社会的法律,从实体法到程序法……都有或应有内在的经济逻辑和宗旨:以有利于提高效率的方式分配资源,并以权利和义务的规定保障资源的优化配置和使用。”[1]在确定并讨论通过承包方案之后,承包地资源配置的权义主体、内容、客体等已然确定,组织实施承包方案和签订承包合同是明确承包地的位置、边界并通过合同形式将承包方案所确定的承包地发包法律关系加以确定的外在方式,加之农业生产内含天然规律,因此,承包地发包关系的确定应在合理的期限之内,否则可能会对农业生产经营造成一定的损失,同时,鉴于上一轮承包地发包过程中存在的承包地界址不清、未签订承包合同、发包原始资料未能有效保存、地块位置与边界测绘不清等问题,这一阶段应当注意对原始发包资料的保存、承包地块的科学测绘、界址设置的稳固,为之后承包地的有序流转奠定基础。在签订承包合同阶段,除发包方与承包方在合理期限内完成合同签订之外,需要保障合同签订符合实质公平,合同条款内容对弱势和特殊群体的集体成员予以一定的倾斜和关怀,保障其基本权利。因此,该阶段以经济效益为优先,兼顾实质公平。

---

〔1〕 张文显:《法哲学范畴研究》(修订版),中国政法大学出版社2001年版,第219页。

## 三、经济民主是承包地发包制度的程序性价值

《民法典》第261条明确了集体土地为“本集体成员集体所有”,但是这样的表述对于集体组织所有权的性质而言依旧是抽象的,同时现行法律对集体土地所有权主体的已经表述为“农民集体”,其行使主体为“农村集体经济组织”,无疑相较私人所有权而言,其具有明显的群体性。对于集体土地所有权的性质,有学者指出,日耳曼法中旨在调和村落与村民间主体关系的“总有”制度对我国具有借鉴意义,〔1〕契合公有制的形式,是与我国集体土地所有权的性质最接近的制度。〔2〕“农民集体”是由一定社区范围内全体农民组成的客观存在的集体,〔3〕集体成员通过享有的成员共益权形成权能行使集体意志,“集体成员的意志和利益体现于集体所有权的权能行使中”,〔4〕进而通过一定的组织方式行使集体土地所有权,实现集体成员的利益。承包地发包作为确定承包地资源在集体成员之间配置的公共事务,关系所有集体成员的个体利益和集体利益,而所有权主体形成权能行使意志则是通过集体成员遵循一定程序达成集体意志。《农村土地承包法》对于承包地发包的程序有明确的规范,其中均需要集体成员形成集体意志和集体决策,因此,经济民主是指引承包地发包的程序性价值目标。在经济法的视阈下,经济民主主要强调的是经济决策的公众参与。〔5〕在承包地发包的程序之中,经济民主这一价值目标主要有以下两方面的内涵和作用。

从宏观角度来看,首先,在国家干预市场的纵向层面,承包地资源是一类重要的资源,其配置是否合理、有效直接关系国家公共利益的实现,符合经济民主的程序性制度能够有效降低甚至化解在承包地发包过程中的个体利益冲突与矛盾,实现承包地资源的有效配置;同时,在一定程序上,通过承包合同、设立登记等制度,国家可以获得有效的承包地信息,知晓承包地的主体、权属、质量等信息,以保障国家关于承包地市场干预的决策符合广大承包农户和承

---

〔1〕 参见李戈:《“三权分置”下集体土地所有权的运行困境与完善》,载《经济问题》2018年第8期。

〔2〕 参见温世扬、吴昊:《集体土地“三权分置”的法律意蕴与制度供给》,载《华东政法大学学报》2017年第3期。

〔3〕 参见谭启平:《“三权分置”的中国民法典确认与表达》,载《北方法学》2018年第5期。

〔4〕 韩松:《论农民集体土地所有权的管理权能》,载《中国法学》2016年第2期。

〔5〕 参见李昌麒主编:《经济法学》,法律出版社2007年版,第80页。

包地经营主体的利益与意愿。其次,在承包地流转市场的横向层面,承包地发包法律关系的稳定直接关系承包地流转市场能否有序、高效的运行,符合经济民主的发包程序能够最大限度地实现“集体土地所有权—土地承包经营权”与“集体土地所有权—土地经营权”这两类承包方式下农村土地权利结构的稳定,厘清集体、集体经济组织与集体成员等主体之间的关系,使所有权行使主体按照程序恰当派生出符合市场运行规律的权利,明确承包地“三权”的边界,并且奠定承包农户由土地承包经营权派生土地经营权的法权基础。

从微观角度来看,经济民主主要体现在国家在尊重农民集体、农村集体经济组织在承包地发包自治的基础上,以供给制度的方式为发包方框定了承包地发包的原则性框架,“集体土地所有权权能的行使与实现均需要借助于集体成员参与民主决策等方式加以实现”,[1]这就要求发包方在此基础上对本集体成员行使成员共益权进行反映,从而行使集体土地所有权设立土地承包经营权的民主集体意志和决策的机制。经济民主保障集体成员能够通过行使成员共益权,真实、有效地反映对承包地发包的利益诉求和意思表示,理顺“集体成员权—集体土地所有权”的实现路径和程序机制,促进农民集体和农村集体经济组织作为所有权主体和行使主体的民主管理,例如,“集体成员对土地承包方案的通过是集体成员的民主管理”,[2]保障发包方的权利在设定的承包地发包制度框架之内,防止其在发包过程中侵害承包方的权益。

## 第三节 “三权分置”下承包地发包制度的规则缺陷及其完善

### 一、集体成员[3]资格认定制度

《民法典》第 261 条所规定的“本集体成员集体所有”,意在通过引入“成员

---

〔1〕 管洪彦、孔祥智:《“三权分置”下集体土地所有权的立法表达》,载《西北农林科技大学学报》(社会科学版)2019 年第 2 期。

〔2〕 韩松:《论农民集体土地所有权的管理权能》,载《中国法学》2016 年第 2 期。

〔3〕 需要指出的是,“农民集体”与“农村集体经济组织”是不能等同的,是两个不同属性和层次的概念。前者同国家一样是一个抽象的概念,是历史沿革变迁而产生和保留的,是客观存在的,是由一定社区范围内全体农民组成的集体;而后者则是历史性概念,是由政策法律建构而产生并延续至今。谭启平:《“三权分置”的中国民法典确认与表达》,载《北方法学》2018 年第 5 期。虽然二者不具有同质性,但是在承包地“三权分置”的背景下,在特定范围之内二者“集体成员”的构成具有高度重合性,本部分主要是从集体经济组织成员的角度展开论述。

权”的概念对集体土地所有权主体加以明确,《民法典》条文对集体成员的撤销权、管理决策权等权利的规范,标志着农民集体成员权制度在我国民事基本法中得以正式确立,[1]使原本模糊不明的集体土地所有权主体及行使规范等得以进一步明确。集体成员资格认定制度是确定自然人是否享有集体成员权进而取得承包地的前提与基础,对于承包地“三权”运行的制度规范具有前提性的重要意义。然而,我国现行立法对于集体成员资格认定制度尚存空白,除《宪法》第17条集体经济组织的经济自主权,内部实行民主管理的基本原则,对集体成员认定作出原则性指导规范之外,《民法典》《土地管理法》《农村土地承包法》仅在其调整的特定社会关系中涉及集体成员权利的功能规范,[2]不可能涉及对权利主体资格认定的规范,也无法深入主体组织法律关系的规范。

### (一)集体成员资格认定的地方实践与司法经验

#### 1. 农村实践调研

有关农村调研数据显示,对于集体成员资格认定的要素标准,认为“具备集体所在地的户籍”是认定集体成员资格的受访农户达到97%;认为“集体决议确认”集体成员具有合理性的受访农户有61.1%;而认为“成员配偶”作为认定标准具有合理性的受访农户在不同地区具有明显的差异性,在湖北省认可的农户达到91.4%,而在广东省这一数据仅为38.9%。[3] 可见,户籍作为认定集体成员资格的标准在农村地区是最被认可的。

#### 2. 地方立法现状

各地方关于集体成员资格的认定大多集中于农村集体经济组织的规范之中,如《广东省农村集体经济组织管理规定》,另外,散见于各地方对《农村土地承包法》的实施办法,其中涉及成员资格作为该权利的基础加以规定,如安徽省、浙江省、湖北省等。通过对各地方性规范进行文本分析可以发现,仅以“集体经济组织所在地户籍”作为认定集体成员资格的标准属于极少数,除安徽省

---

〔1〕 参见管洪彦:《农民集体成员权:中国特色的民事权利制度创新》,载《法学论坛》2016年第2期。

〔2〕 例如,《民法典》第261条、第262条、第264条、第265条规范了集体所有权的行使,仅规定了集体成员资格是物权法律关系的前提,以及集体成员在集体土地所有权行使的参与管理权、知情权、撤销权等;再如,《农村土地承包法》第5条规定了集体成员取得承包地的“承包权”。

〔3〕 参考数据源于“农村集体经济有效实现法律制度研究”课题组2011年至2013年在全国众多省份的农村调研数据。

外,大多数地方将“户籍”要素与其他要素标准相结合,采用了复合性的认定标准,这些要素标准有“与既有成员之间存在亲缘关系”“与集体组织形成权利义务关系”“具备民事行为能力或劳动能力”等要素。[1] 可见,在地方性规范中大多采用以家庭亲缘成员作为认定集体成员资格的关键要素,“户籍”和“家庭成员”两大要素共同成为地方规范性文件所认定集体成员资格的复合性标准,其身份属性十分明显,与农村调研数据所反映的农民意愿十分吻合。

此外,少数地方对外来人员进入集体经济组织提供了制度途径,如陕西省、辽宁省等,对“家庭成员”这一要素予以细分规定,同时也赋予集体经济组织对于外来人员加入的自主权,即地方认可集体经济组织通过一定的合理程序,以自治方式吸收原非集体成员成为其成员。[2]

3. 司法经验总结

2007 年 3 月和 2009 年 5 月,天津市、重庆市两地高级人民法院分别印发了《关于农村集体经济组织成员资格确认问题的意见》《关于农村集体经济组织成员资格认定问题的会议纪要》,对集体成员资格认定作出了较为明确的规范,一般标准上同样采取了复合性标准,除“户籍”要素外,天津市高级人民法院进一步细化要求集体成员“在本集体经济组织内生产、生活”;而重庆市高级人民法院则在“生产、生活”“户籍”等事实要素之外,又增加了“以土地为保障”作为判断的要素标准。此外,陕西省高级人民法院在上述两要素外还增加了“权利义务关系”。由于承包地对在农村地区从事农业生产的人而言是最重要的家庭财产和生产、生活资料,对其具有保障基本生存生活的功能。因此,在司法的视角下,某一自然人是否以“本集体经济组织土地为基本生活保障”应是界定集体成员资格的核心标准。虽然司法经验提出“土地保障”作为认定成员资格的实质标准,但其并未摒弃地方规范中所要求的“户籍”要素,而是将其与“土地保障”标准相关联,即具有“户籍”便等同于以农村土地为生存保障

---

〔1〕《广东省农村集体经济组织管理规定》《湖北省农村集体经济组织管理办法》以及多地《农村土地承包法》实施办法的文本之中均有类似的表述。

〔2〕《浙江省农村经济合作社组织条例》系统性地将集体成员资格的认定标准类型化为“一般认定方式”“成员资格保留方式”“成员大会表决方式”三种类型,用逐项列举的方式列举了 6 种认定标准,四川省成都市《温江区农村集体经济组织成员身份界定试行办法》列举了 11 种认定标准,这些地方性规范进一步细化了集体成员资格认定的标准,为国家立法提供可以借鉴的经验。

的常态形式，当实际情形与常态形式不符时，再辅以“土地保障”要素进行实质性判断。[1]

综上可见，农村实践调研、地方立法、司法经验对集体成员资格认定具有重要的规范性意义，采用列举的方式归纳了判定要素，对判定要素的适用进行了规范，并认同集体组织对于成员进入的自主权。但是，仅采用列举方式难以穷尽现实中集体成员资格认定的标准要素，在“三权分置”背景下农业人口大量进入城市，具有极强的流动性，经常居住地和户籍地并不一致，将户籍要素作为确定自然人的居住地管理人口的行政手段并不宜作为判定的实质标准。“家庭成员”要素具有明显的身份性，在司法实践中呈现诸多变数，需要与“生产、生活”和“土地保障”等要素相结合适用。集体成员资格认定直接关系成员权益的实现以及承包地“三权”运行中“落实所有权”与“稳定承包权”政策目标和权利结构，事关广大农民的“基本民事权利”，按照《立法法》第8条的规定属于只能制定法律的事项，因此亟待国家制定专门性法律以填补这部分空白。

### （二）集体成员资格认定的法治化

由于承包地发包不仅事关承包方的个体利益，也关系粮食安全、耕地资源有效利用等国家利益和社会公共利益，因此需要国家制定法律予以规范。但是从农村实践和制度沿革分析，农村地区自治的乡规民约对集体成员资格认定发挥了一定积极作用，对认定标准和进入程序有一定规定，且农村集体经济组织在诞生之初便承接了农村地区的社团自治功能。因此，集体成员资格认定法治化，是指通过法律规范明确成员资格获得、变更、丧失的标准，在一定程度上排除社团自治对成员身份的自主调控。[2] 我国的农村集体经济组织并非市场经济条件下的私法社团，而是在特定历史背景下基于国家政治、社会经济职能的现实需求而产生的团体组织，并非纯粹的以成员自治为内核的私权组织，兼具私益性和公益性。从承包地发包的视角来看，一方面，集体经济组织承担农业生产经营的职能；另一方面，其承担将集体土地分配给集体成员保障其基本权利的职能，因此具有经营性与保障性的双重职能。因此，我国的农村

---

〔1〕 参见戴威：《农村集体经济组织成员资格制度研究》，载《法商研究》2016年第6期。

〔2〕 同上。

集体经济组织及其成员资格认定具有明显的公私兼具的特性,并烙上了特定时代下的印迹,具有明显的阶段性。在法治化的道路上有一点需要予以特别的关注,即社团自治与国家干预的均衡。

在新一轮农村土地改革的推动下,社会主义市场经济体制改革已经深入农村地区各个方面,集体经济组织作为一类特殊的社会法人应当具备市场经济下的自治性,随着国家发展集体经济、壮大农村集体经济组织政策不断地推进与实施,集体经济组织的自治具有更为重要的意义。集体成员资格认定法治化并不是完全排除其团体意思的自治,而是在国家法律规范的框架之内,自主对其成员的资格进行认定。作为时代的产物,集体经济组织在产生之初带有明显的计划经济的时代痕迹并保留至今,国家公权力干预应当在界限内。因此,完善集体成员资格认定应当充分尊重集体自治的意志,通过法律引导其规范、合理认定成员资格,真实、准确地反映成员集体的意愿。由于集体成员的观念长期受到地方习俗、利益偏好等因素的影响,多数意愿以及村规民约等集体意志的反映仍保留着朴素的价值观、正义观,不能一味加以否定,因此,需要用具有普遍性的法律规范去其糟粕,在法律框架之下确定成员资格认定的法定标准、新成员加入途径等制度设计,同时赋予集体组织自治的空间,允许其通过自治规范的形式确定新加入成员的认定标准、申请加入程序等,以此实现国家干预与社团自治的均衡。

(三)集体成员资格认定制度的规范完善

1. 集体成员资格认定标准的类型化分析

通过上述对农村实践调研、地方立法、司法经验等对于集体成员资格认定标准的总结,可对认定标准进行类型化分析,主要有以下几类:(1)以历史原因或是政策原则为认定标准。主要有在土地承包经营制改革之前因历史原因进入集体组织的自然人,主要有“插队知青”、“社统销人员”、“自理口粮户人员”以及政策原因加入集体组织的自然人,主要有“土地征占转居转工人员”、“三峡移民”及强泥石流易发区、生存条件恶劣和其他因素导致的“政策性移民”等。(2)以家庭成员身份关系为认定标准。主要有“外嫁女及其子女”“入赘男及其子女”“初婚配偶及其子女”“再婚配偶及其子女”等,主要为集体成员的家庭亲缘关系的自然人。(3)以集体组织所在地户籍为认定标准。主要有“户籍临时迁入学校管理的全日制与非全日制在校大中专生、毕业生”“退休后户口迁入”等,主要涉及集体组织所在地户籍因为种种原因迁出后又迁回原户籍所在地。(4)以生产、生活关系为认定标准。主要有“被国家机关、事业、国有企业、群团组织、民主团体正式招、录、聘用”“现役义务兵、服义务期满留在部队改士官复员回原籍入户、异地安置的复员士官”等。(5)以土地保障为认定标准。主要有“承包地未收回”“保留土地承包经营权”等,这一类型成员依然需要土地收益作为生活来源,即土地依然对他们发挥着生活保障作用。[1]

综上可见,现有的列举式的认定标准纷繁复杂且无法列举穷尽,若不能形成界定成员资格的法定、统一的认定规则,就难以均衡集体组织中个体利益与集体利益,也无法实现承包地“三权”的有效、有序运行。

2. 集体成员资格认定的标准与方式

从制度变迁的角度来看,农村集体及其所有权经由20世纪50年代的初级合作社、高级合作社和人民公社三个阶段而形成,其源于最初农民所有的土地及其他生产资料,而后随着人民公社解体,集体经济组织承接了集体经济的职能,农民与农民财产权分别是农村集体经济形成的“成员要素”和“财产要素”,[2]对集体具有劳动性和财产性的贡献,因而成为集体成员,故“家庭成员”“生产、生活”“土地保障”等才能够作为认定成员资格的事实要素。相较之下,新加入的成员并无上述的制度承接或是贡献。因此,对于原本生活在集体中的成员与新加入的集体成员,其集体成员资格认定的来源本质上就存在不同。正如有学者指出的,基于历史成因和集体组织功能的过渡性之事实,选择适宜的改革时间节点,区分原有成员和新加入成员,采取成员资格认定的“双轨制”。[3] 对于原有成员,在确定改革节点之前已经依据“家庭成员”“生产、生活”“土地保障”等事实要素,通过程序取得成员资格的,集体组织不得拒绝,其认定方式应当是由集体组织直接认定,属于成员资格的原始取得方式。而对于改革节点之后新加入的成员,应当由法律框架之下集体经济组织的自治规范加以认定,其认定方式应当是新成员依据自治规范自主申请加入,属于基

---

〔1〕 参见杨攀:《农村集体经济组织成员资格标准的法律分析与实践》,载《西南政法大学学报》2011年第3期。

〔2〕 刘竞元:《农村集体经济组织成员资格界定的私法规范路径》,载《华东政法大学学报》2019年第6期。

〔3〕 戴威:《农村集体经济组织成员资格制度研究》,载《法商研究》2016年第6期。

于申请人意思自治的继受取得方式，与原有成员的原始取得区别在于其申请制。[1] 至于区分新旧成员的时间节点，可以以国务院《关于进一步推进户籍制度改革的意见》对成员资格标准的试点为契机，选择适当的时间节点。[2]

3. 集体成员资格登记颁证制度

当“户籍”要素不再成为集体成员资格认定的实质标准之后，需要建立外在的集体成员识别方式，使之具有一定的身份外在标识，以利于集体组织职能的发挥和集体成员权益的主张与保护。因此，需要建立集体成员资格登记颁证制度，以成员登记作为取得成员资格的形式要件，以此增强集体成员身份的公信力和识别力。在制度的性质方面，由于成员资格的登记行为是集体成员身份的确认方式，属于集体经济组织的自治行为，不属于政府确认行为，无须政府部门的参与，由集体经济组织自行组织即可，同时登记造册，并颁发成员证书。早在20世纪90年代，广东省就曾经对试点的集体经济组织成员统一发放成员证，具有积极意义。[3]

## 二、承包方案制度

### （一）承包方案制度的功能延展

1. 信息规制功能

首先，收集本集体土地信息。承包地发包应当建立在知晓本集体范围内所有土地实际情况的基础之上，集体土地的面积、位置、质量等级等要素直接决定了承包地作为农业生产资料所产出的农产品数量与质量，关系承包方的个体利益。同时承包方案拟订的前提是建立在收集集体土地信息的基础之上，特别是应当按照《耕地质量等级》（GB/T 33469—2016）国家标准将本集体土地的质量等级信息加以查明，为拟订承包方案提供有效、真实的信息基础。

其次，传递承包地发包信息。当承包方案拟订公布之后，本集体范围的全体成员能够知晓集体土地的信息，以及拟订的承包地分配信息，即承包模式、

[1] 参见刘竞元：《农村集体经济组织成员资格界定的私法规范路径》，载《华东政法大学学报》2019年第6期。

[2] 参见戴威：《农村集体经济组织成员资格制度研究》，载《法商研究》2016年第6期。

[3] 参见杨攀：《农村集体经济组织成员资格标准的法律分析与实践》，载《西南政法大学学报》2011年第3期。

承包地块的分配等信息,实现了集体范围之内的信息传递。需要指出的是,承包方案的公布在一定程度上“突破”了承包合同的相对性,使承包方与发包方之间拟订的合同关系为全体集体成员知晓,在实质上承包方案在集体成员所组织的“熟人社会”中实现了本集体范围的公示公信的制度功能,承包方知晓每个承包方与发包方所形成的承包合同关系的内容以及承包地的未来权属信息,加之这些信息是由集体组织收集、查明并作为承包地发包的基础,具有一定的集体公信力。

最后,保存承包地发包信息。通过承包方案制度,在承包方案的拟订、讨论、通过、组织实施等程序之中,形成一系列的发包原始凭证。承包方案所形成的所有原始凭证均具有保存承包地发包信息的功能,对未来的承包合同签订、登记颁证等制度提供信息。若是承包合同、权属证书等记载的信息与实际情况不相吻合的,或者合同、证书丢失的,或者未签订合同、未办理登记颁证的,往往需要在承包方案所保存的原始凭证中寻找真实的信息,因此,承包地发包所保存的信息具有极其重要的制度价值。

2. 公众参与功能

在《民法典》第 261 条“本集体成员集体所有”的表述中,“成员集体”和“集体成员”两个概念清晰地勾勒出集体土地所有权的内部构造,成员集体作为集体所有权的主体,对外统一享有所有权;集体成员作为成员集体的组成成员,享有成员权,其具体可以分为财产权利(自益权)和非财产性权利(共益权)。[1] 承包方案制度即集体成员通过行使各项非财产性权利(共益权),实现财产权利(自益权)的载体,集体成员通过这一制度实现公众参与。例如,集体成员通过承包方案制度选举承包工作小组、参与承包方案的讨论与通过,保障了集体成员的管理权(集体经济组织及其成员对集体所有的土地进行民主决策、民主管理、民主监督等权利);[2] 承包方案的公布保障了集体成员对于集体公共事物的知情权(《民法典》第 264 条);承包方案的组织实施贯彻了集体成员作为发包方成员的监督权(《农村土地承包法》第 20 条);若是承包方案侵

---

〔1〕 参见管洪彦:《农民集体成员权:中国特色的民事权利制度创新》,载《法学论坛》2016 年第 3 期。

〔2〕 参见韩松:《论农民集体土地所有权的管理权能》,载《中国法学》2016 年第 2 期。

害集体成员权益的,集体成员还可以行使撤销权(《民法典》第265条第2款)等。因此,承包方案具有公众参与的制度功能,一方面,从成员权的角度,保障了集体成员的各项非财产性权利(共益权),为集体成员表达各自对于承包地发包的利益诉求并最终实现个体自益权构建了制度桥梁;另一方面,从集体土地所有权的角度,保障了成员集体意志的产生,正是通过承包方案制度,集体成员的个体意思表示经过汇总、冲突、调和,最终形成了成员集体的整体意思表示,从而行使集体土地所有权,经过承包合同的签订,分离所有权部分权能派生出土地承包经营权或土地经营权。

(二)承包工作小组的选举与产生

1.本集体成员的统计与确认

在认定本集体成员资格之后,应当首先形成本集体成员的统计信息,确定有资格取得承包地的成员总人数以及按照每个农户为单位的家庭构成人数。由于集体成员的数量会直接决定每位集体成员取得承包地的数量,因此集体成员的人数统计关系每个集体成员和承包农户的个体利益。若是部分成员的资格存在争议,应当首先在这个阶段加以解决,根据上文所述,此时应当由集体组织依据认定成员资格的自制规范自主认定,若是再有争议的,可以按照《农村土地承包法》第55条规定调解或是向人民法院起诉。需要明确的是,对成员资格的争议不应影响承包方案的后续程序,但是应当留有部分承包地,以避免损害资格有争议的成员在认定资格之后取得承包地,若是所有承包地均完成发包,将在实际上侵害这部分成员的权益。

2.承包工作小组的人员构成

虽然《农村土地承包法》第20条规定本集体经济组织成员的村民会议选举产生承包工作小组,但是对其人员构成并没有规定。应当对承包工作小组的人员构成及人员数量设置一定标准,保障工作小组在承包方案拟订、讨论等过程中的公平与效率。

(三)承包方案的拟订与公布

1.本集体土地的调查及政府职责的明确

由于本轮土地承包经营权确权登记中所出现的承包地边界不清、原始承包凭证缺失等问题,其根源就是二轮发包之时对于集体土地调查的欠缺,以至于出现了“以指画地”“以脚量地”。为此，应当重视集体土地的调查，确定本集体土地的边界、面积等信息，特别是确定不同地块的质量等级。此外还应当对划分的承包地块进行统一的命名或是编号，以便在承包合同签订之后，按照《农村土地承包法》第 22 条的规定，与合同条款中的“承包土地的名称”相对应。

同时，由于承包地所承载的公共利益和土地测绘技术在农村地区的短缺，应当明确地方政府主管部门对集体土地测绘和耕地质量鉴定提供技术支持的职责，不能将这部分供给“公共物品”的义务完全交由集体组织，主管部门应当提供补贴或是技术支持。由此，在承包方案的拟订与公布阶段，应当明确集体土地的调查及政府部门的职责设置。

2. “集体统一经营”承包方式的制度创新

虽然 2018 年修正的《农村土地承包法》第 1 条明确规定“以家庭承包经营为基础、统分结合的双层经营体制”，但由于长期以来对土地承包经营权的过度张扬和保护，只有“分”而没有“统”，“集体统一经营”的承包方式在实践中几乎绝迹。然而在承包地“三权分置”背景下，大量农民进入城市从事非农生产，为“集体统一经营”的承包方式提供了现实基础。《农村土地承包法》第 50 条规定了以其他方式承包集体土地可以“将土地经营权折股”之后再实行“股份合作经营”，虽然此类承包方式从文本内容和制度体系来看属于“其他方式”中的一类，但无疑为“集体统一经营”的承包方式保留、开拓一定的制度空间。在现行两类承包方式的框架之内，无论承包方是享有土地承包经营权，还是土地经营权，都可以借鉴本次土地承包经营权确权登记的地方实践经验，以“确权确股不确地”的方式，对常年在城市从事非农生产的集体成员进行发包并签订承包合同，确认其土地承包经营权，但不确定具体的承包地块，而是“将土地经营权折股”为集体统一经营的“份额”，其承包地统一由集体经营，集体成员在权利存续期间享有相应的“收益权”或是“分红权”。特别需要指出的是，此“确权确股不确地”并非土地承包经营权入股流转，而是一类在承包地发包阶段就确定由集体统一经营的承包方式。

当然，在承包地发包之后，承包农户也可以将土地经营权入股流转交由集体或是其他主体进行统一经营，但是此类流转方式属于土地经营权入股流转，在之后的章节详细展开。

### （四）承包方案的讨论与通过

《农村土地承包法》第20条规定了承包方案的讨论与通过，但是难以保证拟订方案能够一次性获得全体成员的通过，势必会涉及拟订方案的修改，调整对部分成员的承包地分配。同时，承包方案涉及全体成员的权益，成员个体的利益诉求需要通过对拟订方案的讨论加以表达，若是发现拟订方案中对集体土地分配的不公平、不合理或是前提集体土地的调查所收集的信息不准确，就会涉及拟订方案的修改，但是修改拟订承包方案在现行法律中没有明确。因此，对修改拟订承包方案的事由、时限等方面应当加以明确与完善。

1. 修改拟订承包方案的事由

基于拟订承包方案的事实存在错误，例如，集体土地调查所形成的信息、集体成员资格认定或统计等存在错误，由于承包方案的拟订直接基于一定的客观事实，若是这部分存在错误，则基于此事实拟订方案的合理性必然受到质疑。在此情况下，应当就拟订方案进行修改。

2. 修改拟订承包方案的时限

由于农业生产的周期性和自然条件的限制，修改拟订承包方案应当在一定的合理时限之内，加之修改方案之后还需要再次进行讨论、通过以及组织实施，均需要预留一定的时间，因此，修改拟订承包方案的时限应当在较短的时间段之内。

## 三、承包合同制度

承包合同是发包方与承包方之间订立的以土地承包经营权或土地经营权为内容的合同，是发包方与承包方就设立土地承包经营权或土地经营权的意思表示的依据。即便土地承包经营权和土地经营权的权利内容和存续期限已经法定化，其依然需要发包方与承包方通过合同条款来确定具体的权利义务关系，使抽象的法定权利得以具象化、具体化。[1] 随着承包地“三权分置”由政策成为法律，承包合同制度也需要加以修改与完善。

---

〔1〕 参见王利明：《物权法》，中国人民大学出版社2015年版，第235～236页。

（一）“三权分置”下承包合同的法律性质探析及其规范明确

1. 承包合同目的应当明确与均衡

由于承包地具有“资源—财产”双重属性，其承载着公益性与私益性，因此承包合同的目的主要可以分为两个层次：首先，以合同的方式在资源属性的层面实现稳定和完善家庭承包责任制的国家政策，这一目的往往在土地承包合同书开头部分明文规定。[1] 然而，在生态文明体制改革的背景下，对于承包地这类资源除原有国家政策内涵的实现外，应该在承包合同的目的中强调对于承包地的合理利用与有效保护，防止耕地质量的下降，实现人与自然共同体的发展。其次，通过承包合同在财产层面实现发包方与承包方的权益保护，特别是土地承包经营权人和土地经营权人的权益，同时在“三权分置”政策推动下“落实集体所有权”，明确、充实集体土地所有权人的发包、监督、管理等具体权能。这个层面的目的应当在承包合同的条款中首先予以明确，并指引着其他合同条款的制定。

2. 承包合同应当列为合同法中的典型合同

作为平等主体之间的民事合同，承包合同除适用《农村土地承包法》的特别规则之外，自然适用合同法的一般规则，但是承包合同不在合同法规定的典型合同之列，由此立法设置使承包合同除适用上述规范外，还可以按照《民法典》第467条的规定，参照租赁合同适用。但是，承包合同的规范涉及广大承包农户和土地经营者的权益，并且租赁合同与承包合同存在极大差异：前者虽然生成具有“物权化”的承租权，与承包合同设立土地承包经营权或土地经营权具有相似性，但其本质仍然是债权合同，而后者则是设立物权。此外，承包合同是发包方与承包方物权的具体化，且能够对当事人的标的物边界、权利义务内容等内容予以规范。因此，承包合同有必要列为合同法中的典型合同。

3. 承包合同的格式条款应当予以规范

由于承包合同所涉及的对象极为广泛，因此，承包合同的条款是由各地农业主管部门监制完成，承包方仅需要填写合同的空白之处（如承包方的信息、

〔1〕 参见张平华：《论土地承包合同》，载《中国农村经济》2002年第2期。

合同期限、合同标的物、违约金等条款内容)即可成立承包合同,[1]因此,承包合同属于格式合同。除合同法对于格式条款的一般规制外,《农村土地承包法》第22条对于合同条款的内容也有简要规范,但是并不具体、全面,应当对承包合同的格式条款予以规范、明确。

(1)明确“坐落”的表现形式

《农村土地承包法》第22条第2项中承包土地的名称、面积、质量等级等要素可以直接文字表述或是援引国家标准予以说明,但是“坐落”却缺少客观的表现形式。若是以变动的参照物作为表现形式,则可能随着时间的推移出现错误或是变化,引发承包地边界的不清晰,导致争议的产生,并且承包合同中“坐落”的表现形式也会影响设立登记和权属证书中承包地位置的标识是否准确。因此,应当明确“坐落”的表现形式,选定客观、不易变化的方式或是在有条件的前提下绘制位置图作为承包合同的附件。

(2)明确“质量等级”援引《耕地质量等级》国家标准

虽然2002年《农村土地承包法》已经明确规定“质量等级”作为承包合同的条款内容,但是由于当时缺少相应的标准,在实践中无法准确、统一的在合同中写明承包土地的质量等级。2016年12月颁布出台的《耕地质量等级》国家标准成为“质量等级”援引的最佳选择。援引国家标准能够统一明确各地方实践中对于承包合同条款“质量等级”的表述。同时,对于随后承包地质量等级的变化,承包方领受补偿(《农村土地承包法》第43条)或是承担损害赔偿责任(《农村土地承包法》第63条)也有了稳定的依据。

(3)明确“合理利用”的内涵

《农村土地承包法》第22条第5项的规定将“发包方和承包方的权利和义务”指引向该法的其他相关条款,其中该法第18条规定了承包方的“保护和合理利用土地”义务,但是“合理”是抽象的并不具体,对“合理利用”内涵的界定不清晰可能会造成承包地质量的损害,特别是在承包地“三权分置”的背景下土地经营权人可能会为实现个体利益的最大化而掠夺式利用承包地,因此应当以《耕地质量等级》国家标准中的10个等级为参照,在承包合同中明确“合理利用”的内涵及损害赔偿责任,即在承包期间维持同一的质量等级为“合理

[1] 参见张平华:《论土地承包合同》,载《中国农村经济》2002年第2期。

利用”,而下降不同的质量等级则承担不同程度的损害赔偿责任。

### (二)“三权分置”下两类承包合同的比较及其规范完善

#### 1. 合同成立依据的差异

以家庭方式签订承包合同的依据是承包农户基于其集体成员身份享有的“承包权”(成员权),对集体土地进行实物分配,特别是在农业税、“三提五统”取消之后,集体成员在承包合同法律关系中无须承担经济上的负担(对价),彻底演化为集体经济组织为了实现集体成员基本生存权益的成员权实现机制,属于保障性制度;而以其他方式签订承包合同的依据是市场化的财产权交易机制,其中虽然有集体成员签订承包合同的优先权,但是承包地分配的价格是市场竞争机制所形成、承包期限由当事人双方协商,是集体经济组织按照市场机制配置承包地资源并取得相应对价,属于财产性制度。

#### 2. 合同设定权利的差异

以家庭方式签订的承包合同设定的权利是土地承包经营权,在承包地“三权”的权利框架下是一类具有身份属性的用益物权;而以其他方式签订的承包合同设定的权利是土地经营权,在承包地“三权”的权利框架下是一类纯粹的财产性权利,其权利属性应为用益物权。此两类权利的本质区别在于:是否内含集体成员的身份属性,土地经营权是彻底剥离成员身份属性的权利,符合市场机制的需求;而土地承包经营权是内含成员身份属性的权利,在市场机制中受到一定的限制。

### (三)“其他方式”承包合同效力的明确

依据《农村土地承包法》第 23 条、《民法典》第 333 条的规定,以家庭方式签订的承包合同在成立生效之时设立土地承包经营权,采用意思主义的生效模式,即承包合同成立生效则设立土地承包经营权。然而,以其他方式形成的承包合同设立土地经营权的合同效力,2018 年修正的《农村土地承包法》对此并未予以明确。从《农村土地承包法》第三章“其他方式的承包”中,该法第 49 条的表述为“应当签订承包合同,承包方取得土地经营权”。从文本分析的角度,该法第 49 条仅对以其他方式签订承包合同进行了要式合同的规范,签订书面合同;以其他方式承包土地的承包方所取得权利为土地经营权。至于以其他方式签订承包合同,合同生效是否设立土地经营权,并未予以规范,承包合同成立生效与设立土地经营权之间并没有直接的联系。对此,应当明确以其他方式签订承包合同的效力,以明确土地经营权设立的生效模式,以及未来土地经营权流转规则的构建与完善。

首先,《民法典》第333条明确了土地承包经营权采用合同生效的设立要件,只要承包合同成立生效即设立土地承包经营权,其中并没有对“家庭方式”和“其他方式”加以区分,作为对于土地承包经营权设立的一般性规范,对两类承包地的承包合同同样适用。虽然2018年修正的《农村土地承包法》将“其他方式”的承包合同设立土地承包经营权修改为设立土地经营权,但是通过分析能够得出,以“其他方式”设立的土地承包经营权和土地经营权均不内含集体成员身份属性,其流转规则亦是相同的,后者承接了前者在现行法律体系中的定位,以“其他方式”设立的土地经营权应当类推适用以“其他方式”设立的土地承包经营权的具体规定,应当采“合同生效主义”的构成要件,而非不动产物权变动的一般规定。[1] 其次,从司法实践来看,对于以“其他方式”的承包合同生效即设立土地承包经营权,登记与否不影响其生效的立场也得到了部分司法部门的裁判文书确认。[2] 最后,在承包地发包的过程中,以“其他方式”签订承包合同的承包方能够通过承包方案知晓承包地块的信息,集体成员也能够通过承包方案的讨论、通过、公布等流程以及《农村土地承包法》第52条规定的集体成员“同意”知晓承包方的“资信情况和经营能力”等信息,在实质上起到了设立登记公示公信的制度功能,承包方和发包方、集体成员能够平等、公平的成立承包合同并在合同生效后即设立土地经营权,没有经由设立登记进行公示公信的必要。因此,对于以其他方式签订的承包合同效力应当明确,以其他方式签订的承包合同设立土地经营权,承包合同生效即发生设定土地经营权的效力,即采用合同生效主义。

### (四)“三权分置”下承包合同的管理及其规范完善

承包合同虽然在本质上属于一类民事合同,但是由于承包地所承载的国

---

〔1〕 参见石冠彬:《土地承包经营权设立要件的理论与实证研究》,载《社会科学》2016年第11期。

〔2〕 “遂昌县石练镇石练村第七村民小组等诉朱石某某、吴某某林业承包合同纠纷案”,浙江省遂昌县人民法院(2014)丽遂民初字第592号民事判决书;“秦某某与方城县宏兴矿业公司土地承包经营权纠纷案”,河南省南阳市中级人民法院(2012)南民二终字第1041号民事判决书。石冠彬:《土地承包经营权设立要件的理论与实证研究》,载《社会科学》2016年第11期。

家利益和社会公共利益，具有公益性，呈现兼有私法和公法的属性，因此需要国家对承包合同予以适度的干预，具体法律形式就是承包合同的管理及其规范。

1. 集体成员优先权的设置完善

《农村土地承包法》第 51 条规定了以其他方式承包土地，在同等条件下，集体成员有权优先承包，但是对于何为“同等条件”“有权优先承包”等表述较模糊，对此应当进一步明确与完善。

首先，“同等条件”的内涵应当不仅局限为取得承包地的对价同等，而且还包括“资信情况和经营能力”同等。由于以其他方式承包土地遵循市场竞争机制，集体成员是否有充足的经济能力和农业生产、技术能力，都是在市场机制下需要考量的因素，同时为了避免集体成员之间在本身不具备一定经营能力而相互恶意抬价，对非集体成员承包土地的权益造成损害，应当对集体成员作同样的资质审查，此外，考虑到以其他方式取得承包地应当遵守民法、合同法的平等原则，参照《农村土地承包法》第 52 条第 2 款的规定，对集体成员和非集体成员均应当适用，对参与招标、拍卖、公开协商的承包方应就“资信情况和经营能力”作出相同的审查。

其次，“有权优先承包”应当指向的是优先与发包方成立承包合同而非在其他方面优先。承包合同的成立需要发包方与承包方达成一致的意思表示，其要约和承诺的特别之处在于：承包合同的要约与承诺是通过承包地发包制度达成的，为了保障承包合同的平等原则，集体成员的优先权必然不能设置在承包地发包制度中，若是集体成员的优先权在承包地发包中就有体现，等于提前排除了非集体成员以其他方式承包土地，因此，“有权优先承包”仅是优先成立承包合同，而不是在承包地发包。

最后，承包合同的成立对优先权的限制。如上所述，承包地发包的过程即承包合同的要约与承诺达成意思表示一致的过程，为了防止成员优先权的滥用，集体成员应当在承包地发包过程中，对以其他方式取得承包地作出明确的意思表示，具体而言，应当最晚在拟订的承包方案公布日期结束之前，提出明确参与的意思表示，否则对于非集体成员而言是不公平的竞争，而且过迟的意思表示还会对承包地发包的效率造成影响。

2. 承包合同存档的完善

从《农村土地承包法》的体系结构来看,该法第20条将“签订承包合同”列入土地承包的程序之中,但是对承包合同的存档管理没有明确的规范。在承包地发生流转之时,按照《农村土地承包法》第33条、第46条、第47条的规定,无论流转土地承包经营权还是土地经营权,均需要向发包方(集体经济组织)备案,这就在实践中要求发包方在签订承包合同之后,基于对承包合同加以管理的现实需求,对承包合同进行存档,这样既为承包地流转的备案制度奠定了基础,亦为承包地登记提供最为直接的原始凭证和承包地权属的信息保障,降低了承包地流转的制度成本。首先,明确发包方的承包合同存档职责,在承包地发包完成之后,将承包合同作为发包原始资料加以保管。其次,明确存档职责主体为发包方,即村委会或是农村集体经济组织。最后,根据承包期限,应当明确不同类型承包地的承包合同存档时限,例如,耕地的承包合同存档年限不得低于30年。

## 四、设立登记制度

### (一)土地经营权设立登记生效模式的明确

原《物权法》第9条、第14条确立了我国物权变动以债权形式主义(又称登记生效主义)为原则,以其他变动生效模式为例外的登记生效模式。我国现行土地承包制度以是否具有农村集体成员身份划分为“家庭方式”和“其他方式”,设置了不同的设立生效模式,以家庭承包取得的承包地,其土地承包经营权的设立采用债权意思主义,即合同生效便可取得;而以其他承包方式取得的承包地,其土地经营权设立生效并没有在《农村土地承包法》第三章“其他方式的承包”中明确,仅在该法第53条中规定了登记并取得权属证书是其流转的前提条件。由于以家庭方式设立土地承包经营权的登记生效模式十分明确,即采用债权意思主义的生效模式,其设立登记产生对抗第三人的效力,因此无须过多讨论,关键是要明确以其他方式设立土地经营权的登记生效模式。

对于以其他方式设立土地经营权,由于设立土地经营权的双方是相对特定的,并在设立过程中均有相应的程序制度,避免在同一地块上重复设立权利。承包人对于承包地信息的需求仅限于拟承包的特定地块,因而风险较小,对于承包地信息的需求也较小,并且鉴于以其他方式承包土地的主体同样需要参与承包方案,能够获得充分、准确的信息。因此,土地经营权设立登记应当采用意思主义模式,即承包经营合同双方达成合意,经由合同成立、生效而取得土地经营权。若采用物权形式主义模式,需要在登记之后才设立物权,意味着在合同生效之后,登记之前的一段时间内,承包地的实际占有人没有取得土地经营权,形成了一段“权利真空”期间。在此期间,承包地信息处于“静止”状态,不涉及第三人和交易风险,因此,设立阶段采用债权形式主义模式没有必要。此外,2018 年修正的《农村土地承包法》第 53 条规定,“经依法登记取得权属证书的”可以流转其土地经营权,说明“依法登记”是以其他方式设定土地经营权的流转条件之一,其属于不动产物权变动的“登记处分主义”[1]的管理性规范,[2]而并非设定生效的条件。同时,法律应规定土地经营权设立但未经登记也不能对抗善意第三人,即赋予设立登记对抗的效力,并以经由设立登记取得权证作为承包地流转的前提条件,同时,权利人出于对自身权益保护的考虑,会在考量充分的情况下自由、自觉选择申请登记,以此足以激励权利人积极、主动申请设立登记。因此,土地经营权设立登记应当明确采用债权意思主义的生效模式,即经过登记取得对抗第三人的效力。

由此可见,在“三权分置”下以其他方式设立土地经营权采用债权意思主义的生效模式,土地经营权设立登记制度依然可以实现对权利的登记、公示。2016 年《分置办法》指出,要充分维护农村集体组织的发包权能,并形成承包合同的网签管理系统。由此可见,集体组织在设立登记中应当发挥其作为土地所有权人的组织、引导功能。以贵州省丘陵山区为例,在确权登记中以村民小组为单位,其成员依据上一轮土地承包的基本格局和所掌握的各种“地方性知识”进行协商后进行确权登记。[3] 集体组织在发包过程中应推动农户进行登记,承包合同的网签作为取得权利的前置性程序,也有助于推动土地经营权人在签订承包合同之后主动申请设立登记以确权。同时,发挥国家的适度干预

〔1〕《民法典》第 209 条第 1 款规定:“不动产物权的设立、变更、转让和消灭,经依法登记,发生效力;未经登记,不发生效力,但是法律另有规定的除外。”

〔2〕参见石冠彬:《土地承包经营权设立要件的理论与实证研究》,载《社会科学》2016 年第 11 期。

〔3〕参见陈明、武小龙、刘祖云:《权属意识、地方性知识与土地确权实践——贵州省丘陵山区农村土地承包经营权的实证研究》,载《农业经济问题》2014 年第 2 期。

功能,为设立登记提供必要的支持,保障登记标示内容的准确,建立承包合同网签管理系统。若是土地经营权人怠于登记,可以采用类推的方式,依据《民法典》第333条第2款的规定进行登记备案,发放权利证书。同时,法律也应规定土地经营权设立但未经登记也不能对抗善意第三人,即赋予设立登记对抗的效力,并以经由设立登记取得权证作为承包地流转的前提条件,经过设立登记之后才能够充分行使土地经营权的权能内容以实现自身利益的最大化,以此激励土地经营权人积极、主动地申请设立登记。

(二)设立登记的内容完善

无论是承包地的财产属性,还是资源属性,质量等级均是最重要的价值标准。就财产属性而言,承包地的使用价值在于农业生产的地力;就资源属性而言,承包地的资源价值在于蕴含其中的生态环境,两者均能表现为质量等级。同时,我国于2016年年底颁布了《耕地质量登记》国家标准,为承包地质量等级提供了援引的标准。因此,承包地的质量等级是承包地资源最重要的属性,是衡量其使用价值的重要依据,应当将质量等级纳入设立登记的内容。在承包经营期间,承包方占有、使用承包地,承包地质量等级的信息仅由承包方知晓。由于我国农地承包经营期间较长,承包地质量等级可能出现较大的改变。在设立登记之时将质量等级纳入登记内容,借由承包地的设立登记、转移登记、注销登记,在承包地权利变动的重要节点,记载其质量等级的变化并形成承包地信息。例如,当承包经营期间届满之时,注销登记能够将经过长期使用的承包地质量予以记载并进行公示,通过与设立登记中的质量登记进行对比,便可以判定承包方对于承包地是否尽到“合理使用”的义务。

(三)设立登记的编成方式完善

由于设立登记是“第一次登记,其权利对以后的不动产物权变动具有原始根据的意义,故法律对该登记一般均规定有特别的申请程序和申请条件”。[1]《不动产登记暂行条例》第6条确定了我国土地登记实行属地管辖原则,基于登记簿记载效率以及成本的考量,不可能也没有必要将与土地相关的权利事项全部记载于登记簿,登记簿也只是对某一特定地域辖区内的土地及其上设立的他物权的权属情况加以记载。因此,登记部门必须按照一定的方法对不

---

〔1〕 孙宪忠:《不动产物权登记研究》,载《中国法学》1996年第5期。

同类型及归属的土地权利来编制土地登记簿,此即登记簿的编成或编制方法。登记簿的编制方法主要有两种:物的编制和人的编制。[1] 我国土地登记簿原则上是以土地为核心进行登记,即采取的是物的编制主义。[2]

1. 土地承包经营权设立登记的编成方式

在多数不动产登记簿采取物的编成主义的同时,也有少数不动产登记簿的编制采取的是人的编成主义,其中,土地承包经营权便在此列,“根据现行的土地承包登记规范,土地承包经营权登记簿是以户为单位,多个承包地块一并登记,系采人的编成主义”。[3] 土地承包经营权的登记由农业部门负责,其设计制作的农村土地承包经营权登记簿首页登记了发包人、承包人和承包合同、承包经营权共有人等信息,然后列举了在同一承包人名下的各个承包地块的自然情况。土地承包经营权登记簿采取人的编成主义,与土地承包经营权所承载的对农户的社会保障功能以及承包地碎片化所导致的一户承包多个地块的情形密切相关,因此,采用了以“户”为中心的编成主义,同时,采取物的编成主义可能会导致每个承包户持有多份土地承包经营证书,从而增加登记成本。

2. 土地经营权设立登记的编成方式

土地经营权登记簿若采取人的编成主义编制,将与其他使用物的编成主义而设计的不动产登记簿迥然不同,甚至难以融合,影响不动产登记应有的功能,并且土地经营权流转的交易成本及两类编成主义共存所增加的隐性成本,显然高于采取物的编成主义所增加的登记成本。

---

〔1〕 物的编制主义,也称“物的编成主义”或“物的登记方法”。在这种编制方法中,“不动产”作为标的之“物”在登记簿中处于核心地位。登记簿是以不动产所在的行政区域、地段和地号为序相应设置的。一宗不动产设置一份不动产登记簿页,在该簿页中相应地列明该不动产上应记载的各种物权和法律关系。因此,对不动产登记簿的查询也是按照地段、地号或房屋门牌号进行的。大陆法系的绝大多数国家或地区采取的都是物的编成主义。人的编制主义,也称“人的编成主义”,是指在不动产登记中处于核心地位的不是“物”而是“人”,即不动产权利人。依这种方法,登记簿的簿页第一栏,要列明在不动产登记局的辖区内,属于所有权人的所有的不动产,其他不动产上的物权如抵押权等均记载其权利受到限制的所有人的名下。采取人的编成主义的多是实行契据登记主义和托伦斯登记主义的国家。

〔2〕 原国土资源部印发的《土地登记表格使用和填写说明》指出:“土地登记簿以物的编成为基础,以街道(乡、镇)为单位,按街坊(村)及宗地号顺序排列组装。”2016 年实施的《不动产登记暂行条例实施细则》第 6 条规定,“不动产登记簿以宗地或者宗海为单位编成,一宗地或者一宗海范围内的全部不动产单元编入一个不动产登记簿”。

〔3〕 高圣平:《承包土地的经营权抵押规则之构建——兼评重庆城乡统筹综合配套改革试点模式》,载《法商研究》2016 年第 1 期。

土地经营权设立登记应当采用物的编制主义，即每一独立的承包地块之上设置相应的土地经营权登记簿簿页，并按照地理位置、宗地号或登记基本单元编号排列组装成册，这样做具有以下几方面的制度优势：首先，“三权分置”即形成具有纯粹用益物权属性的土地经营权，其过程即将原本的身份属性抽离，与物的编成主义相契合，其意味着让土地经营权成为剥离身份属性的一类纯粹用益物权，不再受身份属性的限制，在其未来承包地流转之时的流转范围、对象、方式等方面，均能够顺利地以传统的物权流转方式进行，符合市场机制配置承包地资源的现实需求。其次，在《不动产登记暂行条例》的规制下，不动产统一登记是未来的趋势，我国大多数不动产长期实行的就是物的编制主义，经过实践是行之有效的，土地经营权设立登记中登记簿的编成主义应当与之相符。最后，物的编制主义以特定的不动产为核心建立登记簿，能清晰地公示特定不动产之上的权利归属及其变动，有利于维护交易安全，提高交易效率。在我国承包地市场逐步建立、完善的背景下，土地经营权登记簿采用物的编制主义有利于公示土地经营权流转中的权属状态及物权变动，推动承包地的有序流转。在我国承包地碎片化的现实背景下，土地经营权设立登记的成本主要是登记簿数量较多而增加的成本，即每块承包地块之上有一个土地经营权登记簿页，如此，每个承包农户有多个土地经营权并具有相对应的权属证书。

# 第四章 “三权分置”下承包地流转制度的完善

## 第一节 “三权分置”下承包地流转制度的内涵更新和框架建构

### 一、“三权分置”下承包地流转制度的立法现状梳理

随着承包地“三权分置”改革的不断推进，2018 年 12 月 29 日第十三届全国人大常委会第七次会议通过了修改《农村土地承包法》的决议，承包地“三权分置”由政策转化为法律，土地经营权亦成了法律用语。此外，《民法典》对承包地“三权分置”亦有法律表达，对改革的相关内容进行了规范。随着“三权分置”改革由政策向法律的转化，原有的由《农村土地承包法》和原《物权法》确立的“两权分离”下的承包地流转体系发生了重大变化，重构为“三权分置”下的承包地流转体系。但是 2018 年修正的《农村土地承包法》存在诸多不足之处，加之《民法典》对土地经营权进行了原则性规定，“三权分置”下承包地流转的法律表达尚需完善。

#### （一）2018 年《农村土地承包法》对承包地流转的规范梳理

1. 修改以家庭方式设立土地承包经营权的流转方式

2009 年修正的《农村土地承包法》第 32 条规定了以家庭方式设立土地承包经营权的流转方式，其中包括“转包、出租、互换、转让或者其他方式”，2018 年修正的《农村土地承包法》第 33 条、第 34 条分别规定了土地承包经营权的互换和转让，并在第 35 条规定土地承包经营权互换和转让的登记及其效力。

可见，以家庭方式设立土地承包经营权的流转方式在2018年修正的《农村土地承包法》的规定下，仅有互换和转让两类，并且从该法第33条、第34条的规定来看，此两类方式均为物权性流转，发生物权变动的效力，流转范围限于本集体之内，并且此两类流转方式不产生设立土地经营权的法律效力。

2. 规范了以家庭方式取得承包地的承包方流转土地经营权

2018年修正的《农村土地承包法》对于以家庭方式取得承包地的承包方流转土地经营权进行了规范，例如，该法第36条规定了承包农户流转土地经营权的方式为“出租（转包）、入股或者其他方式”，同时需要向发包方备案；第37条规定了土地经营权的权利内容；[1]第38条规定了土地经营权流转的原则；第39条规定了土地经营权的流转收益由当事人“协商确定”，体现了土地经营权流转对价的市场机制确定依据，并且确定了法律对流转收益的保护；第40条规定了土地经营权的流转合同，确定了采用要式合同的一般性规定，明确了土地经营权流转合同的条款，并且规定采用“代耕”方式流转的，不超过一年期限，“可以不签订书面合同”方式的特殊性规定；第41条规定了流转登记的前置性条件，即“流转期限为五年以上”，以及流转登记的对抗效力；第47条规定了土地经营权的“融资担保”，并且限定了仅能向“金融机构”、“融资担保”以及就土地经营权设立担保物权的生效要件，即采用合同生效主义，担保登记的效力为对抗第三人，即采用债权形式主义的登记模式，担保物权实现的权利对象限定为土地经营权；等等。

3. 规范了以其他方式取得承包地的承包方流转土地经营权

2018年修正的《农村土地承包法》对于以其他方式取得承包地的承包方流转土地经营权在第三章“其他方式的承包”下进行了规范，例如，第53条规定了以其他方式设立土地经营权的承包方，可以采用“出租、入股、抵押或者其他方式”流转土地经营权，并且同时规定了前置性条件，即“依法登记”并“取得权属证书”。

### （二）《民法典》对承包地流转的规范梳理

2018年9月5日《民法典各分编（草案）》征求意见稿（以下简称首征意见

---

〔1〕 2018年修正的《农村土地承包法》第37条规定：“土地经营权人有权在合同约定的期限内占有农村土地，自主开展农业生产经营并取得收益。”

稿)向社会公开,其中的“物权编”体现了承包地“三权分置”改革的内容,“物权编”在第十一章“土地承包经营权”下第 129 条规定以家庭方式取得承包地的“土地承包经营权人”有权“出让土地经营权”,第 130 条规定“出让土地经营权”可以申请登记,登记产生对抗效力,并在第 131 条规定了土地经营权的权利内容。[1] 首征意见稿在此 3 处条文中涉及了“土地经营权”的规范。

2019 年 12 月 28 日,在第十三届全国人大常委会第十五次会议对《民法典(草案)》(以下简称二征意见稿)进行了审议之后,再次向社会公开征求意见。在二征意见稿中,“物权编”第十一章“土地承包经营权”对承包地“三权分置”改革和 2018 年修正的《农村土地承包法》均予以了回应。2021 年施行的《民法典》延续了二征意见稿关于承包地“三权分置”的规定。就土地承包经营权的流转,《民法典》第 334 条规定了土地承包经营权仅限于“互换、转让”两类流转方式,同时,第 335 条规定了“互换、转让”的登记及登记的对抗效力。对于土地经营权的流转,第 339 条规定了“土地承包经营权人”可以选择以“出租、入股或者其他方式”流转土地经营权;第 340 条规定了土地经营权的权利内容,[2]对首征意见稿的相关内容进行了修改。与 2018 年修正的《农村土地承包法》相一致;第 341 条规定了流转期限 5 年以上土地经营权的设立生效要件,即合同生效时设立,并规定权利人可以申请流转登记以及登记的对抗效力;第 342 条规定了以其他方式设立土地经营权的权利人,在“依法登记”并“取得权属证书”的前提下,可以采用“出租、入股、抵押或者其他方式”流转土地经营权。《民法典》在此 4 处条文中涉及了“土地经营权”的规范。

此外,在《民法典》第十七章“抵押权”下第 399 条规定了不得抵押的财产,其中第 2 项涉及集体所有土地的使用权,并设置了但书条款,即“法律规定可以抵押的除外”,修改了原《担保法》第 37 条关于不得抵押的财产之规定,使以家庭方式取得承包地的承包农户流转土地经营权,能够通过援引 2018 年修正的《农村土地承包法》第 47 条关于土地经营权“融资担保”规定,进而适用“抵押权”的规则。

---

[1] 2018 年 9 月 5 日首征意见稿第 131 条规定:“土地经营权人有权根据合同约定在一定期限内占有农村土地,自主开展农业生产经营并取得收益。”

[2] 《民法典》第 340 条规定:“土地经营权人有权在合同约定的期限内占有农村土地,自主开展农业生产经营并取得收益。”

### （三）“三权分置”下承包地流转的立法现状分析

#### 1. 承包地“三权”权利结构的正式确立

自承包地“三权分置”政策提出以来，学界对于承包地“三权”的权利结构、权利属性等问题进行了探讨并产生诸多不同的观点，2018 年修正的《农村土地承包法》实现了承包地“三权分置”由政策向法律的转化，“土地经营权”由政策用语成了法律概念。2017 年 11 月初，全国人民代表大会发布了《农村土地承包法修正案草案解读》，初步确认了承包地“三权”的权利结构，一是承包地未流转状态的“两权分离”；二是承包地流转状态的“三权分置”。[1] 从 2018 年修正的《农村土地承包法》的相关内容分析，可以清晰得出土地经营权的派生路径：一是以其他方式承包土地，集体土地所有权直接派生出土地经营权，交由适格的承包方，其依据土地经营权从事农业生产经营，由于以其他方式取得承包地的依据从来不是集体成员的身份，而是根据市场机制取得土地经营权，以替代原本的以其他方式设立的土地承包经营权；二是以家庭方式承包土地，集体土地所有权首先派生出土地承包经营权，交由承包农户，其可以选择依据土地承包经营权自行在承包地之上从事农业生产经营，亦可以选择以土地承包经营权为基础，抽离其经营性权利派生土地经营权，向他人流转土地经营权，而土地经营权受让方则依据其享有的土地经营权在承包地之上从事生产经营，承包农户则保留抽离经营性权能之后的土地承包经营权，即政策中的“农户承包权”。可见，2018 年修正的《农村土地承包法》充分吸收了《农村土地承包法修正案（草案）》的精神，以承包地是否流转作为划分“三权分置”的节点。同时，《民法典》第 339 条、第 342 条也从物权法体系角度肯定了此两类路径，并在其第 341 条进一步明确“流转合同生效时设立”土地经营权。此两类路径无疑均是集体土地所有制的集体实现方式，在土地公有制下无法由市场交易的集体土地所有权的基础上，直接或是逐步派生出纯粹财产性的土地经营权，2018 年修正的《农村土地承包法》以法律的形式正式确立承包地“三权分

---

〔1〕 2017 年 10 月 31 日上午，全国人大农业与农村委员会副主任委员刘振伟在第十二届全国人大常委会第三十次会议的全体会议上，作了关于《农村土地承包法修正案（草案）》的说明，其中明确指出“草案保留了土地承包经营权概念。土地集体所有权与承包经营权是承包地处于未流转状态的一组权利，是两权分离。土地集体所有权与土地承包权、土地经营权是承包地处于流转状态的一组权利，是三权分置。”

置"改革中"三权"的权利结构,为承包地的流转奠定了权利渊源的基础。

2. 土地经营权流转基本规则的雏形达成

"政策是法律的依据和内容,法律是政策的规范化(法律化)",[1]承包地"三权分置"的改革依然延续这样的改革进路。作为调整我国土地承包关系的法律规范,2018 年修正的《农村土地承包法》在我国法律体系中无疑属于特殊的民事法律规范,将"三权分置"改革的内容吸收,并以法律的形式加以规范化。土地经营权作为"三权分置"改革的重点之一,"放活"是政策对土地经营权寄予的目标。此外,承包地"三权分置"改革的初衷之一,即打破"两权分离"下的身份属性束缚,推动承包地的流转,但是"放活"不等于无序,而是在"理性秩序"下以法律的形式规范土地经营权的流转,这就意味着土地经营权的流转规则必然成为法律关注的重点。从 2018 年修正的《农村土地承包法》第二章第五节"土地经营权"的规范内容可知,土地经营权的权利内容、流转方式、流转合同条款、流转登记及效力、融资担保等均涉及其流转规则的制定,从《农村土地承包法修正案(草案)》及对其新闻发布会的解读可以看出,在其第 16 条和第 27 条中对自耕农户的土地承包经营权有强调,但其他具体规则则尽可能与土地经营权靠近或辅助性配合,[2]也印证了此次修法对于土地经营权流转规则的重视。《民法典》第 339 条、第 342 条对不同承包方式下的土地经营权的流转方式进行了规范,同时,该法第 399 条的修改也为未来土地经营权的抵押排除了限制。因此,可以说,土地经营权流转的基本规则在法律中得到确定,其雏形已然达成,这就为土地经营权流转框架的选择奠定了基础。

3. 土地经营权流转法律空间的预留与拓展

2018 年《农村土地承包法》修正时恰逢我国民法典各分编的编撰,通过上述论述可知二者对承包地"三权分置"改革的内容均加以吸收,对土地经营权的权利内容、流转方式、流转登记效力等均进行了规定,正确处理二者之间的关系有利于厘清《农村土地承包法》在我国法律体系中的定位,实现"三权分置"改革由政策向法律的转化。《农村土地承包法》作为调整农村土地承包关

[1] 梁慧星:《梁慧星谈民法》,人民法院出版社 2017 年版,第 372 页。

[2] 参见陈小君:《土地改革之"三权分置"入法及其实现障碍的解除——评〈农村土地承包法修正案〉》,载《学术月刊》2019 年第 1 期。

系的法律部门,从立法的时间顺序上是承包地“三权分置”改革在法律上的首次确认,其直接体现了本轮农村土地改革的内容,是调整土地承包关系这一特定部门的民事法律规范,属于“民法典外调整某一特定部门或特定功能领域的民事单行法或散见于其他法域中的民事法律规范”[1]。在我国法律体系中,《农村土地承包法》的定位无疑可以“归入‘补充型特别民法’(物权法)”,[2]同时,该法的部分条文规范了对于农村妇女这一弱势群体的倾斜性保护,也能够归入“政策型特别民法”。此外,该法的部分条文规范了对具有公共性的承包地之生态利益的保护,以及国家对承包地权利进行确权登记的行政管制,亦能够归入“行政型特别民法”,[3]因而《农村土地承包法》在民事法律中具有多重的定位和功能,因其公共性及承载的社会公共利益,具有一定的经济法“色彩”。体系最重要的意义是将各部分组织成相互关联的意思整体,在体系的结构之中,任何一个规范都与处于其上下左右的规范相互产生意义关联。[4] 法律体系是理性构建的法律规则整体,在这个体系之中,《民法典》确认了以市场为核心的社会基本运行逻辑和规则,具有最为广泛的普适性,其在整个的法律体系中处于基础性的地位。《农村土地承包法》作为一类具有多重定位与功能的、调整特定部门的民事法律规范,是能够承担国家治理功能与国家适度干预所需要的特别民法,规定土地承包关系的特殊性规则,其以《民法典》为基础,成为国家与市场之间的制度“桥梁”。《民法典》“物权编”部分条文规范了土地经营权以及集体土地所有权和土地承包经营权,为土地经营权流转预留与拓展了充分的法律空间,由此承包地“三权”运行的规则得以适用《民法典》的一般性规则。

### (四)“三权分置”下承包地流转制度所面临的困境

#### 1. 土地经营权的权利属性尚未立法确认

虽然 2018 年修正的《农村土地承包法》和《民法典》“物权编”对于土地经

---

〔1〕 谢鸿飞:《民法典与特别民法关系的建构》,载《中国社会科学》2013 年第 2 期。

〔2〕 陈小君:《土地改革之“三权分置”入法及其实现障碍的解除——评〈农村土地承包法修正案〉》,载《学术月刊》2019 年第 1 期。

〔3〕 关于“补充型特别民法”“政策型特别民法”“行政型特别民法”的功能类型,参见谢鸿飞:《民法典与特别民法关系的建构》,载《中国社会科学》2013 年第 2 期。

〔4〕 参见谢鸿飞:《民法典与特别民法关系的建构》,载《中国社会科学》2013 年第 2 期。

营权的实现路径和承包地“三权”的权利结构进行了原则性的规范，构建起承包地“三权”的权利体系。但是《农村土地承包法》对于土地经营权的权利属性并没有加以明确，反而是刻意予以模糊化的立法处理。正如主持《农村土地承包法》修改工作的十三届全国人大常委会委员、农业与农村委员会副主任委员刘振伟所表示的，鉴于对土地经营权性质见仁见智，此次《农村土地承包法》的修改，以解决实践需要为出发点，只原则上界定了土地经营权权利，淡化了土地经营权性质。[1] 此外，虽然《民法典》“物权编”第十一章“土地承包经营权”下规定了土地经营权的权利内容及其流转方式、登记效力等内容，但是不能当然认为《民法典》对土地经营权的物权属性进行了立法上的确定。从“物权编”的编撰体例来看，凡是物权的法定类型会以设置专章的方式加以规范，例如，土地承包经营权、建设用地使用权等。若不能确认土地经营权的权利属性，其流转的构成要件、效力、登记模式等流转规则必将混乱，无论是涉及“三农”的《农村土地承包法》还是作为民事基本法的《民法典》，今后必然会出现司法裁判解释力不足和基层利益主体相生矛盾的困境。[2]

同时，我们也应当了解《农村土地承包法》对于土地经营权的权利属性予以淡化处理的原因，在“三权分置”改革进程中，各地方的客观条件并不一致，在实践中需要流转土地经营权的方式多元化，其符合“放活土地经营权”的政策目标，现阶段明确土地经营权的债权或是物权属性并不利于实践中的探索，因此，《农村土地承包法》对其权利属性予以淡化。《民法典》“物权编”虽然未设置专章对土地经营权进行规范，但是其第339条规定了土地承包经营权人设立土地经营权的方式，第340条规定了土地经营权的内容，第341条规定了土地经营权设立的生效要件以及登记效力，因此，在“物权法定”的基本原则下，土地经营权流转得以使用物权法的一般性规则，而《民法典》无疑为未来土地经营权的物权属性留有空间。由此，在现有的立法规范下，一方面，应当通过解释论构建起土地经营权的流转框架；另一方面，在“三权分置”改革进程的适当时机下，通过法律的修订而以立法的方式确认土地经营权的权利属性，从而

---

〔1〕 参见刘振伟：《巩固和完善农村基本经营制度》，载《农村工作通讯》2019年第1期。

〔2〕 参见陈小君：《〈农村土地承包法修正案（草案）〉要义评析》，载《中国土地科学》2018年第5期。

规范其流转。

2. 土地经营权流转的具体规则尚存不足

虽然2018年修正的《农村土地承包法》和《民法典》“物权编”对土地经营权流转的基本规则进行了规范,其流转的雏形已然达成,但是由于2018年《农村土地承包法》对于土地经营权的权利属性的淡化处理,其流转的诸多规则中出现了模糊,且部分条文的规定并不严谨,于法理无据,例如,该法第36条规定了流转土地经营权的方式,从而设立土地经营权,但是其设立的构成要件并未明确,第47条采用“融资担保”及“融资担保合同”的表述且提及“担保物权”,而其指称的是抵押权还是质权抑或是两者兼具并不明确;[1]又如,该法第41条规定“流转期限为五年以上”土地经营权可以申请登记,那么“五年以下”的土地经营权又当如何,并且确定“五年”这一标准的法理依据又为何?再如,《民法典》第341条规定了“流转期限为五年以上”土地经营权设立的构成要件采用合同生效主义,但是合同生效设立土地经营权仅为权利设立的构成要件,并不意味着权利交付受让人。诸如此类具体规则的缺失或是表述上的模糊,造成了土地经营权流转的具体规则要么处于空白,要么产生歧义,其尚存在一定的不足。

3. 土地经营权流转的法律体系未能健全

2018年修正的《农村土地承包法》和《民法典》“物权编”明确了土地经营权的流动性,对其流转进行了规范,但是相关法律在承包地“三权”运行的体系化和规则内容仍存在一定的缺陷,以致在“三权分置”政策的法律转化方面存在诸多不足,特别是土地经营权的权利属性在法律上并未正式确认,相关表述的明确性不足、内在逻辑不清,其规则体系必然混乱,例如,混淆债权与物权的生成方式、忽略抵押与质押的规则差异,学界对于土地承包经营权之上而继受取得的土地经营权是物权还是债权存在巨大的争议;又如,土地经营权是作为用益物权设定抵押,还是作为基于土地经营权而产生的收益(债权)设定权利质押,存在很大的分歧。[2] 同时,在《民法典》“物权编”中,其第342条与2018

---

〔1〕 参见陈小君:《土地改革之“三权分置”入法及其实现障碍的解除——评〈农村土地承包法修正案〉》,载《学术月刊》2019年第1期。

〔2〕 参见房绍坤、林广会:《土地经营权的权利属性探析——兼评新修订〈农村土地承包法〉的相关规定》,载《中州学刊》2019年第3期。

年修正的《农村土地承包法》第53条之规定内容完全相同,[1]在没有规定其他承包方式之下土地经营权的取得规则的情形之下,贸然植入第342条,容易产生解释上的分歧,且以其他方式所设立的权利已经不再是土地承包经营权,而是土地经营权,也就脱离了“物权编”第十一章的调整范畴。[2] 因此,在现行立法存在一定模糊和空白之处的前提下,土地经营权流转的法律体系并未健全。

## 二、“三权分置”下承包地流转制度的内涵更新

2018年修正的《农村土地承包法》实现了承包地“三权分置”由政策向法律的转化,土地经营权作为法律概念首次为该法确认,原有的“两权分离”的承包地流转体系被改变,2009年修正的《农村土地承包法》第二章“家庭承包”下第五节“土地承包经营权的流转”被新法修改为“土地经营权”;原第四节“土地承包经营权的保护”被新法修改为“土地承包经营权的保护和互换、转让”。《农村土地承包法》立法体系的修改以及承包地“三权”权利结构的演进,必然引起承包地流转的法律内涵由“两权分离”向“三权分置”演进,需要在新的时代背景和承包地“三权”的权利结构体系下更新承包地流转的法律内涵,以保障土地经营权的流转框架建构。

### (一)“三权分置”下土地承包经营权互换、转让的保留与重构

2018年修正的《农村土地承包法》第二章“家庭承包”下第四节修改为“土地承包经营权的保护和互换、转让”,原《农村土地承包法》第五节“土地承包经营权的流转”被删除,替换为“土地经营权”,承包地“三权”的权利结构被立法正式确认,2018年修正的《农村土地承包法》无疑改变了原法中“流转”的法律内涵。[3] “流转”这个概念是在特定的历史条件下出现的,其本来目的是替代“出租”。[4] 在“两权分离”的时代,只有“出租”才会产生承包地“流转”至本集体范围之外的法律效果,“流转”本身也不是一个规范意义上的法律概念。

---

[1] 2018年修正的《农村土地承包法》第53条规定:“通过招标、拍卖、公开协商等方式承包农村土地,经依法登记取得权属证书的,可以依法采取出租、入股、抵押或者其他方式流转土地经营权。”2018年《农村土地承包法》第53条的内容与《民法典》第342条的规定内容完全相同。

[2] 参见高圣平:《土地经营权制度与民法典物权编编纂——评〈民法典物权编(草案二次审议稿)〉》,载《现代法学》2019年第5期。

[3] 同上。

[4] 陈锡文、罗丹、张征:《中国农村改革40年》,人民出版社2018年版,第59~60页。

从2017年《农村土地承包法修正案(草案)》的解读来看,承包地是否“流转”,是划定“两权分离”与“三权分置”的节点,由此可见,承包地的“流转”是意指向集体之外的“他人”流转土地经营权。

从立法体例来分析,虽然2018年修正的《农村土地承包法》保留了土地承包经营权,并将“两权分离”下的“集体土地所有权—土地承包地经营权”作为承包地处于未流转状态的一组权利,[1]但是流转的权利对象仅限于土地经营权,随着原法第二章第五节“土地承包经营权的流转”的删除,立法上的流转不再包括土地承包经营权,“三权分置”下承包地的流转方式限于“出租(转包)、入股或者其他方式”,流转权利对象为土地经营权,而不再包括互换、转让。[2]互换、转让的权利对象为土地承包经营权,2018年修正的《农村土地承包法》将其归入第二章第四节“土地承包经营权的保护和互换、转让”加以规定,并且互换的法律后果是集体内部的转让方和受让方的相应土地承包经营权互为继受取得;转让的法律后果是转让人的土地承包经营权消灭,受让人(集体成员)取得相应的土地承包经营权,二者均限定于集体内部,并不产生设立土地经营权的法律效力,不会引发承包地“三权分置”。由此,“三权分置”下“流转”的意义已经被2018年修正的《农村土地承包法》重构,将土地承包经营权互换、转让排除于“流转”之外,[3]保留其作为本集体成员内部之间就土地承包关系产生变更的方式。

(二)“三权分置”下土地经营权流转替代土地承包经营权流转

由承包地“三权”权利结构的实现路径可以得知,无论土地经营权的权利属性是物权还是债权,其作为一类适合市场运行机制的、剥离集体成员身份属性限制的、纯粹的财产性权利是毋庸置疑的。“目前,农村已有30%以上的承

[1] 2017年10月31日上午,全国人大农业与农村委员会副主任委员刘振伟在第十二届全国人大常委会第三十次会议的全体会议上,作了关于《农村土地承包法修正案(草案)》的说明,其中明确指出“草案保留了土地承包经营权概念。土地集体所有权与承包经营权是承包地处于未流转状态的一组权利,是两权分离。土地集体所有权与土地承包权、土地经营权是承包地处于流转状态的一组权利,是三权分置”。

[2] 参见黄薇主编:《中华人民共和国农村土地承包法释义》,法律出版社2019年版,第141~147页。

[3] 参见高圣平:《土地经营权制度与民法典物权编编纂——评〈民法典物权编(草案二次审议稿)〉》,载《现代法学》2019年第5期。

包农户在流转承包地,流转面积4.79亿亩”,[1]在现实的承包地流转需求下,原有的“两权分离”权利结构已经难以适用,因此,承包地“三权分置”改革在“两权分离”的基础上演化为“三权分置”,在土地承包经营权之上派生出土地经营权,以土地经营权为流转的权利对象,以实现“三权分置”下承包地的流动性,发挥市场配置资源的决定性作用。因此,土地经营权自政策层面的诞生之初,就担负着替代土地承包经营权流转的历史使命。

2018年修正的《农村土地承包法》第二章“家庭承包”下第五节“土地经营权”取代了原法第五节“土地承包经营权的流转”。虽然该节名为“土地经营权”,除第37条规定了土地经营权的权利内容外,其他条文均涉及土地经营权流转,集体成员在“同等条件”下取得土地经营权的优先权也需要按照市场机制才能够行使。此外,在该法第三章“其他方式的承包”中,规范的权利对象也不再是土地承包经营权而是土地经营权。可见从2018年修正的《农村土地承包法》的立法体例来看,在集体之外“向他人”流转承包地,均需要通过土地经营权的流转,因此,“三权分置”下土地经营权流转替代“两权分离”下土地承包经营权流转,承包地流转在一定意义上等同土地经营权流转。

在承包地发包之后,按照承包方式的不同,承包地之上的权利结构分别为:家庭方式下的“集体土地所有权—土地承包经营权”和其他方式下的“集体土地所有权—土地经营权”。这是由两类承包方式配置承包地资源的依据差异形成的,前者属于成员权机制,后者属于市场竞争机制。[2] 通过“三权分置”下承包地的发包,在不同承包方式下设立了土地利用权,承包农户或土地经营者得以依据其土地利用权,在承包地上从事农业生产经营,获得相应的经济收益,由此承包地发包形成了承包地“三权分置”下的“三权”静态运行。通过“三权分置”下承包地的流转,家庭方式下土地承包经营权派生出土地经营权并通过多种流转方式“向他人”流转,其他方式下原土地经营权人可以直接将其土地经营权流转,原权利人获得相应的经济对价,以此实现承包地“向他人”的流转,由此承包地流转形成了承包地“三权分置”下的“三权”动态运行。

---

〔1〕 2017年11月2日全国人民代表大会发布《农村土地承包法修正案草案解读》。

〔2〕 参见祝之舟:《〈农村土地承包法〉修改的制度要点与实施问题研究》,载《南京农业大学学报》(社会科学版)2019年第4期。

### (三)“三权分置”下“家庭承包”的土地经营权设立与首次流转

需要特别指出的是,“三权分置”下“家庭承包”的土地经营权的设立与土地经营权的首次流转虽然联系极密切,但二者是完全不同的法律行为。土地经营权的权源是土地经营权据以派生或设立的基础权利,从土地经营权的生成路径来看,土地经营权的权源有两类:集体土地所有权和土地承包经营权,[1]分别是“家庭承包”和“其他方式的承包”两类承包方式下的权源。其中,以其他方式承包,土地经营权的设立与流转区分十分明确,2018 年修正的《农村土地承包法》第三章“其他方式的承包”下第 49 条规定了以其他方式承包的,签订承包合同而“取得土地经营权”,虽然对土地经营权设立的构成要件并不明确,[2]但是从第 53 条规定的“其他方式的承包”下流转土地经营权的方式及前置性条件可知,立法将“其他方式的承包”下土地经营权的设立与流转分别由不同的条文规范。

土地经营权的设立,是土地经营关系发生的法律后果;土地经营权的流转,是土地经营关系的变更,权利在不同的市场主体之间发生变动,在“三权分置”下土地经营权流转意味着这一权利能够向集体范围之外流转。但是,在“家庭承包”下土地经营权的设立与首次流转的立法规范模糊了二者的区分,2018 年修正的《农村土地承包法》第 36 条规定了流转土地经营权的方式,该条文同时规范了土地经营权的产生方式(设立方式),其关注土地经营权自其基础权利派生或设立的具体方式,[3]设立方式和流转方式规范的同一,造成了设立行为与流转行为混为一体的错觉,将设立行为的构成要件、效力与流转行为的构成要件、效力混淆而等同。需要强调的是,该法第 36 条中的“流转”是承包地、土地经营权的首次流转,是土地经营权设立之后,首次“向他人”流转。此外,在 2017 年发布的《农村土地承包法修正案草案解读》中,同样将处于首次“流转”状态直接与土地经营权、“三权分置”相衔接,而这也直接体现在随后

---

〔1〕 参见高圣平:《土地经营权制度与民法典物权编编纂——评〈民法典物权编(草案二次审议稿)〉》,载《现代法学》2019 年第 5 期。

〔2〕 以其他方式承包农村土地而设立土地经营权的构成要件及生效模式在前文已有论述,此处不再赘述。

〔3〕 参见高圣平:《土地经营权制度与民法典物权编编纂——评〈民法典物权编(草案二次审议稿)〉》,载《现代法学》2019 年第 5 期。

修正的《农村土地承包法》之中。《民法典》第339条沿用了《农村土地承包法》第36条的规范,对二者也未加区分。造成这一问题的原因在于立法对二者不加区分的模糊表述,如此会使土地经营权的设立与流转的规则不明确。

因此,在法理上应当明确“三权分置”下土地经营权设立与首次流转两类法律行为,尤其是以“家庭承包”的方式,只有明确二者的联系与区分,才能清晰地构建土地经营权流转的构成要件、法律效力、登记模式、登记效力等流转规则,进而明确地界分土地经营权首次流转与再流转的关系以及完善再流转的规则,从而实现承包地在市场中的有序流转。

### (四)两类承包方式下土地经营权流转的内涵合一

2018年《农村土地承包法》将承包方式分为“家庭方式”和“其他方式”两类,由于二者在是否具有身份属性以及资源配置方式的区别,承包地“三权”的权利结构亦呈现差异。同时,该法第36条、第47条和第53条所规定的流转土地经营权的方式在两类承包方式下同样存在差异,第36条、第47条规定了“家庭方式”下流转土地经营权的方式为“出租(转包)、入股或者其他方式”以及“向金融机构融资担保”;“其他方式”下流转土地经营权的方式为“出租、入股、抵押或者其他方式”。就流转土地经营权的前置性条件而言,《农村土地承包法》对“家庭方式”下流转土地经营权并未规定,但是对“其他方式”下流转土地经营权,却规定了“经依法登记”并取得“权属证书”的前置性条件。可见,两类承包方式下土地经营权流转的方式和前置性条件存在一定的差异。

作为一类符合市场运行需求的财产性权利,土地经营权的流转内涵应当清晰且确定,如此才能保障土地经营权在市场中的流转不会产生分歧与混乱。两类承包方式虽然存在土地经营权的产生方式(设立方式)上的差异,但是土地经营权的流转应当是内涵合一的,如此才不会使市场中的潜在交易主体对土地经营权的认知存在偏差与混乱,徒增土地经营权流转的成本,并造成土地经营权流转关系的不稳定。通过解释论的方法,可以厘清两类承包方式下土地经营权流转的方式和前置性条件存在差异的问题,从而使两类承包方式下土地经营权的流转内涵合一。

首先,转包是原本“两权分离”下土地承包经营权的流转方式,是集体成员之间的承包地债权性流转,新法章节设置的改变,使转包原本的流转意义不复存在,新法将之归入债权性流转的出租方式,同时,鉴于转包方式的长期存在已经为广大承包农户熟知,新法在修改土地承包经营权的流转方式后,需要对既有的采用转包方式的合同效力进行规范,因此,不能将之“遗忘”而不予规定。

其次,土地经营权“融资担保”在我国法律体系下等同于土地经营权“抵押融资”,从学理上来看,由于我国不承认不动产的质权,在这一前提下不动产利用权的土地经营权权利属性无论是不动产之上的用益物权还是债权,均为不适宜作为出质对象的财产性权利。因为一旦承包地之上的财产性权利出质,就意味着不动产利用权的权利人对于承包地占有的丧失,而土地经营权作为一类财产性权利,无疑是不动产利用权,土地经营权本以利用不动产为设立目的,以其担保融资的前提是利用权人不丧失对于利用权标的物的占有,土地经营权人一旦丧失对承包地的占有,也就无法再从事农业生产经营,如此偏离了“三权分置”的初衷。由此,土地经营权应属抵押权的标的,[1]而不能成为质押权的标的。从地方的实践来看,温州市、重庆市等地采用司法解释的方式,在法律上承认应用效应,对土地经营权的抵押贷款予以明确支持。[2] 因此,在我国法律体系下,土地经营权“融资担保”等同于土地经营权“抵押融资”,两类承包方式下均可以抵押流转土地经营权。2018 年修正的《农村土地承包法》之所以使用“融资担保”这一较为模糊的上位概念,是缘于实践中承包地抵押担保融资的情况较为复杂,操作方式多样,加之对土地经营权的性质认知上存在差异,“融资担保”包括抵押和质押等多种情形,[3]是立法者面对现实需要和认知差异的无奈之举。

最后,“三权分置”下“家庭方式”和“其他方式”的设立登记均是流转土地经营权的前置性条件,在两类承包方式下设立土地承包经营权和土地经营权均采用合同生效主义,承包合同生效即设立土地承包经营权或是土地经营权,二者均不需要进行设立登记。2018 年修正的《农村土地承包法》第 24 条规定了土地承包经营权的登记,其中,国家对耕地实行“统一登记”,登记机构“应

---

〔1〕 参见高圣平:《土地经营权制度与民法典物权编编纂——评〈民法典物权编(草案二次审议稿)〉》,载《现代法学》2019 年第 5 期。

〔2〕 参见李炎媛:《土地经营权抵押贷款融资的法律困境》,载《开放导报》2017 年第 6 期。

〔3〕 参见黄薇主编:《中华人民共和国农村土地承包法释义》,法律出版社 2019 年版,第 179 ~ 181 页。

当”登记,土地承包经营权的设立登记以及颁发权属证书是国家的义务,《民法典》第333条第2款和原《物权法》第127条第2款采用同样的规定,可见“家庭方式”下土地承包经营权的设立登记并不仅是民事上的设立登记,而且是政府的单方义务,不取决于当事人自己的选择,土地承包经营权的设立登记无法被归入任何一种现有物权登记模式,其本质上属于一种行政管理登记。[1] 由此可见,虽然“家庭方式”下土地承包经营权的设立不以登记为生效要件,但基于国家对耕地登记的义务,登记机构必须进行设立登记并向承包农户颁布权属证书。因此,在法律规定的应然状态下,“家庭方式”下承包农户流转土地经营权之时,同样应当经登记并取得权属证书,与“其他方式”下流转土地经营权的前置性条件相同。因此,设立登记是两类承包方式下流转土地经营权的前置性条件。

同时,应当注意到,土地承包经营权的设立登记首先是一种民事登记,其次才是一种行政管理登记,其兼有私法与公法的属性,这也是由承包地“财产—资源”的双重属性而决定的。现行法律虽然规定土地承包经营权的设立登记是政府的义务,并未禁止在登记机构未主动登记之时承包农户向登记机构申请土地承包经营权的设立登记。基于承包农户实现自身利益最大化的内在激励,在国家未对其土地承包经营权予以确权登记之时,应当主动申请设立登记而不是被动地等待政府基于义务的确权登记。同时,在立法上应当明确设立登记作为两类承包方式下流转土地经营权的前置性条件,如此在个体层面利于引导权利人积极申请登记以保护自身的权益,在整体层面也利于保障土地经营权流转行为的规范性和土地经营关系的稳定性。

### (五)“三权分置”下土地经营权再流转的归同

2018年修正的《农村土地承包法》第46条规定了“家庭方式”下土地经营权的再流转及其条件,该法第53条规定了“其他方式”下土地经营权流转,而对其再流转则并未加以规范,“再流转”仅由该法第46条这一条文予以规范。土地经营权作为一类财产性权利,无论其承包方式是家庭方式还是其他方式,也无论其是首次流转还是再流转,“三权分置”下土地经营权的流转均应当符合市场机制。在法律体系下,土地经营权的流转方式、构成要件、流转效力等

---

[1] 参见聂佳:《中国土地承包经营权设立登记评析》,载《现代法学》2008年第4期。

流转规则以及受让主体适格审查、流转合同、流转登记等流转制度应当同等适用。因此，土地经营权的流转规范应当是一致的，虽然2018年修正的《农村土地承包法》对于土地经营权的再流转规范并不全面，对其流转方式、构成要件、流转效力等流转规则均未予以规定，但是再流转作为土地经营权流转的具体类型，其规则和制度应当明确与土地经营权流转同等适用。因此，“三权分置”下土地经营权的再流转应当被归入土地经营权流转，如此土地经营权流转的规则和制度得以同等适用，保障市场中的有序流转。

## 三、“三权分置”下土地经营权流转“债—物”并行的框架建构

### （一）土地经营权“债—物”并行的流转框架符合“三权分置”改革的需求

在理论上，对承包地进行物权性利用或是债权性利用均无不可，权利人可根据具体情况自主选择承包地的利用方式。[1] 虽然“流转”不是一个严谨、规范的法律概念，但是2002年《农村土地承包法》颁布实施近20年来一直沿用“流转”一词，并需要明确哪些性质不同的、主要的、常见的土地经营权的交易方式（产生方式）能被纳入“流转”的范畴，同时，对其予以类型化的规范。按照一般法理和法规范逻辑，承包地上的权利流转不外两种类型，即债权性流转和物权性流转，[2] 土地经营权的流转自然也不例外。

2018年修正的《农村土地承包法》淡化了对于土地经营权的权利属性的界定，强调以解决实践中承包地流转的需要为修法出发点，虽然从学理上能够将土地经营权的权利属性界定为一类用益物权，同时，《民法典》“物权编”规定了土地经营权的权利内容，为其成为法定物权保留了充分的法律空间，但是毕竟这是理论上的界定。大陆法系国家在土地权利体系的设置上，均在规定允许设立若干土地用益物权的同时，也保留债权性的土地租赁。[3] 即使现阶段土地经营权作为一类性质模糊的财产性权利，也能够通过对《农村土地承包法》第36条所规定土地经营权的流转方式进行“债—物”类型化的厘清。将两类承包方式下土地经营权的“出租（转包）、入股或者其他方式”“融资担保”“抵

---

〔1〕 参见谭启平：《“三权分置”的中国民法典确认与表达》，载《北方法学》2018年第5期。

〔2〕 参见陈小君：《土地改革之“三权分置”入法及其实现障碍的解除——评〈农村土地承包法修正案〉》，载《学术月刊》2019年第1期。

〔3〕 参见宋志红：《三权分置下农地流转权利体系重构研究》，载《中国法学》2018年第4期。

押”等流转方式归入债权性流转或物权性流转，经由合同法和物权法的一般性规则和《农村土地承包法》的特殊性规则，构建土地经营权“债—物”并行的流转框架，对于承包地“三权分置”改革具有重要的意义，具体包括以下几个方面。

1. 符合“放活土地经营权”的政策目标

作为一类剥离身份属性限制的财产性权利，土地经营权能够在市场中按照债权性或物权性的流转实现承包地的优化配置，政策中“放活土地经营权”意味着其无须受到原本“两权分离”下对于承包地流转的束缚，土地经营权的财产性得以凸显，具有平等性、独立性、排他性和自由处分性。[1] 土地经营权流转替代土地承包经营权流转，权利人在承包地的流转范围、流转方式等方面呈现多元性的拓展与选择，实现了土地经营权的“放活”，赋权承包农户将土地经营权依法自愿配置给有经营意愿和经营能力的主体，发展多种形式的适度规模经营。[2] 同时，以债权性或物权性流转的框架对土地经营权的流转予以规范，保障其“放活”的流转规范性以及法律关系的稳定性，因而符合承包地“三权分置”改革对其政策目标的设定。

2. 适合地方探索土地经营权流转的需要

在中央提出承包地“三权分置”改革之前，基于承包地流转的实现需求，各地方已然开启了对于“土地经营权”流转的实践探索，截至 2013 年上半年，全国农户承包土地的流转面积达 3.1 亿亩，约占家庭承包耕地的 23.9%，其中 80% 是以转包和出租等方式流转，[3] 地方实践中早已具有“三权分置”的萌芽，但是碍于“两权分离”下土地承包经营权流转的局限性，地方大多采用了债权性的流转。随着 2018 年《农村土地承包法》的修正，土地经营权作为一类新型的财产性权利，由政策用语转为法律概念。但是土地经营权的权利属性、流转体系、具体规则等均不成熟，原因在于我国地域辽阔，各地的农业规模经营的客观条件并不一致，因而现行法律对土地经营权的性质予以淡化，仅原则性规定其流转的基本规则，使其具有一定的弹性，同时也具有相应的不确定性，地

---

〔1〕 参见温世扬、吴昊：《集体土地“三权分置”的法律意蕴与制度供给》，载《华东政法大学学报》2017 年第 3 期。

〔2〕 2015 年中共中央办公厅、国务院办公厅印发《深化农村改革综合性实施方案》。

〔3〕 参见廉颖婷：《以法治方式推进农村土地制度改革》，载《法制日报》2014 年 1 月 23 日，第 4 版。

方实践中对其的探索还在继续。

相较“两权分离”下承包农户大多采用债权性的流转方式，“三权分置”下承包农户既可以选择物权性流转，也可以选择债权性流转，同时，地方实践中能够依据本地的情况对土地经营权的流转方式进行创新，例如，土地经营权的信托流转，并将之归入“债—物”两类流转框架之内予以规范。在这一现实背景之下，土地经营权“债—物”两类流转框架的确定，当事人既可以依照法律规定设定类型和内容均为法定的土地用益物权，又可以通过租赁等债权行为灵活约定土地权利义务关系，因而“债—物”并行的流转框架适合地方实践中土地经营权流转丰富且复杂的需要。〔1〕

3. 契合承包地“三权分置”的改革路径与进程

回顾我国上一轮农村土地改革的路径与进程，可以发现其是一条经由地方发起、中央政策肯定、地方实践推广，最后被立法予以确认的改革路径，土地承包经营权的权利属性并不是在最初确定的，而是经过了由债权到债权性保护和物权性保护并存，最终由《物权法》确定为一类特殊的用益物权。承包地“三权分置”改革事关我国广大承包农户的切身利益，以及承包地资源的优化配置及有效利用，是在原有“两权分离”的基础上对农村土地权利体系的又一次重大改革，立法中对土地经营权性质的淡化处理，是为了承包地流转具有一定的弹性，以适应地方实践的需求。

在“三权分置”改革的现阶段，土地经营权“债—物”并行的流转框架，一方面，使其流转能够经由《民法典》合同编和物权编的一般性规则，保障流转关系的稳定性；另一方面，以 2018 年修正的《农村土地承包法》规定其流转的特殊性规则。同时，在《民法典》中为土地经营权流转保留一定的法律空间，以较为弹性的方式流转承包地。在改革的适当时机，地方实践中对土地经营权流转取得成熟经验和样本之后，再将之上升为法律，国家对现有立法的模糊和空白进行修改完善，届时正式确认土地经营权的权利属性并完善其流转体系及规则。因此，现阶段我国立法对承包地流转的弹性设置，以大陆法系国家固有的“债—物”并行的流转框架规范土地经营权流转的做法，既可降低立法

〔1〕 参见宋志红：《三权分置关键是土地经营权定性》，载《中国经济时报》2016 年 7 月 14 日，第 4 版。

的成本又尊重现有法律的权威性，契合承包地“三权分置”的改革路径与进程。

### (二)土地经营权的拟制设立

1. 土地经营权的拟制设立对“流转”的内涵补全

由于“流转”本身不是一个规范的法律概念，“流转”的含义在法律中并不清晰，通过2018年修正的《农村土地承包法》中“流转土地经营权”与“土地经营权流转”的表述可以得知，“流转”所指向的是土地经营权的权利本身，而不是创设权利，即说明“流转”内含了土地经营权应当是一项既存权利的前提。[1] 2018年修正的《农村土地承包法》第49条对于“其他方式”下土地经营权的设立进行了规范，即“应当签订承包合同，承包方取得土地经营权”，“取得”即土地经营权的设立。然而，关于“家庭方式”下土地经营权的设立，采用“出租(转包)、入股或者其他方式”的，该法第36条使用了“流转土地经营权”的表述，没有创设权利的表述，仿佛只要“流转”，土地经营权就自然地存在；而采用“融资担保”的，该法第47条并没有明确规定其是如何设立的。可见，现行法律中对于“家庭方式”下土地经营权的设立未能进行明确的规范，而是采用了“流转”这一内涵模糊的概念。土地经营权并不能仅由现行法律中“流转”这一并不规范的概念创设，《农村土地承包法》第36条中的“流转”更多意义上是表述了土地经营权的权利变动方式，而不是土地经营权的设立或是取得，其关注的重点并非权利的创设而是权利的变动，因而需要在“流转”中“拟制”土地经营权的设立，以补全现行法律中“流转”的内涵，即《农村土地承包法》第36条中的“流转”具有权利的创设和变动的内涵。需要指出的是，此处的“拟制”仅是在学理上的设立，而不是在实践中客观存在的行为，否则第36条中的“流转”就能够被分解为土地经营权的设立和变更两个相互独立的行为。

2. 土地经营权的拟制设立对出租、抵押的法律逻辑厘清

在理论上，土地经营权的出租无疑属于债权性的流转和利用方式，而其抵押则无疑属于物权性的流转和利用方式，但是这两类流转方式要以土地经营权的存在为前提。若没有土地经营权的拟制设立，2018年修正的《农村土地承包法》第36条中的出租，所指向的权利对象即土地承包经营权，而非“以出租

---

[1] 参见房绍坤：《〈农村土地承包法修正案〉的缺陷及其改进》，载《法学论坛》2019年第5期。

方式向他人流转土地经营权”,因为此时并没有土地经营权。土地经营权的抵押更为明显,土地承包经营权不能设定抵押权,只能为土地经营权设定抵押,若没有土地经营权的拟制设定,土地经营权就根本不存在,更何谈土地经营权设定抵押权。土地经营权并不包含在土地承包经营权之中,而是抽离其由经营性权利派生的权利,土地承包经营权人并不天然具有土地经营权,因此,需要在理论上首先拟制土地经营权的设立,才能使出租、抵押所指向的权利对象为土地经营权,然后才能将土地经营权出租、抵押。

3. 土地经营权的拟制设立对流转体系的健全

在“家庭方式”下,土地经营权是在土地承包经营权的基础上派生出来的,在民法理论中属于权利的继受取得,根据2018年《农村土地承包法》第37条中“合同约定”的表述可知,土地经营权是基于当事人之间达成的合意和行为而创设的,属于权利的意定创设。因此,从现行法律的规定可以得知,土地经营权并不是基于法定方式而产生的,而是基于当事人之间的意愿并依据已然存在的权利而取得的。土地承包经营权人与第三人之间就“流转土地经营权”达成合意并签订流转合同,合同生效即设立土地经营权,再以入股、抵押、出租等方式由第三人取得,土地经营权由此“流转”至第三人,“先通过设定行为在土地承包经营权上为自己设定土地经营权,然后再就土地经营权实施相应的物权变动行为的规则设计,具有理论上的合理性”,[1]以土地经营权的拟制设立对“流转”行为的内涵补全,即“土地经营权的拟制设立 + 具体权利变动方式”,例如,以出租的方式流转土地经营权就可以分解为土地经营权的拟制设立,之后向第三人出租土地经营权。

综上所述,土地经营权的拟制设立仅是一种学理上的拟制,其目的在于理顺由于“流转”内涵不清而引发的逻辑混乱,而这一问题的根源在于土地经营权的权利属性在现行法律中的缺失。由此,在土地经营权的权属不明和“流转”内涵模糊的前提下,通过土地经营权的拟制设立,能够补全流转的内涵并厘清流转权利体系的逻辑,经由“债—物”并行的流转框架,以构建土地经营权的流转体系和完善的具体规则。

---

〔1〕 房绍坤:《〈农村土地承包法修正案〉的缺陷及其改进》,载《法学论坛》2019年第5期。

### (三)土地经营权的债权性流转

土地的债权性流转具有稳定农业经营主体预期和促进土地流转的作用,在现代民法发源地之一的德国,2010 年以租赁方式利用的耕地面积达到其耕地总面积的 59.8%,[1]可见域外有相当一部分土地资源的所有与利用是通过债权性流转来实现的,在“三权分置”改革中土地经营权的债权性流转同样具有十分重要的意义。

1. 出租方式

从 2018 年修正的《农村土地承包法》第 36 条的规定内容来看,承包方采用出租方式向第三人流转土地经营权,出租作为一类流转土地经营权的方式,其所指向的权利对象为土地经营权而不是土地承包经营权。“三权分置”是在原本“两权分离”基础上的一次重大农村土地改革,“两权分离”下的承包地流转规则依然有一定的参考价值。2005 年农业部颁布的《农村土地承包经营权流转管理办法》中对于出租方式作出规定:“出租是指承包方将部分或全部土地承包经营权以一定期限租赁给他人从事农业生产经营”。可见,“两权分离”下出租的标的物是承包地,但是其权利对象是土地承包经营权。因此,“三权分置”下土地经营权出租的权利对象应当是“部分或全部”的土地经营权,而不再是土地承包经营权,否则“三权分置”下的出租与“两权分离”下并无区别,也背离了《农村土地承包法》将出租界定为第四节“土地经营权”的立法本意。

2. 转包方式

根据《农村土地承包经营权流转管理办法》中对于转包方式的规定,其“指承包方将部分或全部土地承包经营权以一定期限转给同一集体经济组织的其他农户从事农业生产经营”,从其定义可见,在“两权分离”下转包与出租的差别在于受让方是否具有同一集体经济组织的身份,转包的受让方只能是本集体经济组织内部的其他农户,而出租则对受让方身份没有限制。在“三权分置”下,出租、转包所指向的权利对象不再是土地承包经营权而是土地经营权,其作为一类剥离“两权分离”下身份属性的财产性权利,本身不再受集体成员身份的束缚。因此,再按照受让对象是否是本集体经济组织成员而将债权性

---

〔1〕 参见[德]乌尔里希·特维斯:《农民与农地在法律上的关系——以农地用益租赁合同的塑造可能性和计划风险为例》,覃亦佳译,载《中德法学论坛》2017 年第 1 期。

的流转方式在“三权分置”下对转包和出租进行区分不再具有实际意义，故2018年修正的《农村土地承包法》将原本作为土地承包经营权流转方式的出租、转包两种流转方式合并成一种方式出租（转包），[1]而从法律关系的实质来看，二者均可以等同于“土地租赁”。[2] 虽然在立法技术上，将“出租”和“转包”用等同或替代意义的符号进行连接有不妥之处，[3]但是基于立法对既有转包方式流转在“三权分置”下的指引，新法应当对此加以规范。同时，土地“租赁”不仅在世界各地成为土地流转的主流，而且自改革开放初期至今在农村地区的实践中从未缺席，成为原有“两权分离”下流转承包地的主要途径。[4]

综上所述，鉴于“转包”和“出租”在实质上等同于承包地的“租赁”，“三权分置”下土地经营权的债权性流转框架应当对二者加以统一，并简化概念为“租赁”，如此可使此类法律关系直接适用《民法典》中“租赁合同”的规定。[5]

3. 代耕方式的性质定位

此外，需要特别指出的是，2018年修正的《农村土地承包法》中“代耕”这一方式的性质与定位，其规定在第二章“家庭承包”第四节“土地经营权”下的第40条，“代耕”仅出现在该条文中一次。作为一类实践中时常存在而在法律中并无专门规定的方式，“代耕”是一种较为不正式的临时性法律关系，指将承包地交由他人代为耕种，特别是该法第40条规范是流转合同的条款，此处提及“代耕”仅是规范一年期限以下的代耕无须签订书面合同，可见此处的立法本意并无由“代耕”方式产生流转土地经营权的效力，多是承包地的实际经营者出现了临时性的变化，承包地之上的权利并未发生变动。由于现实中“代耕”形式多种多样，其可以是有偿的也可以是无偿的，对其定性可以视情况为委托代理关系或是无因管理关系，[6]也可以是劳务合同关系，[7]虽然可以将其归

---

〔1〕 参见黄薇主编：《中华人民共和国农村土地承包法释义》，法律出版社2019年版，第210页。

〔2〕 宋志红：《三权分置下农地流转权利体系重构研究》，载《中国法学》2018年第4期。

〔3〕 参见姜红利、宋宗宇：《“三权分置”政策下土地承包权的再确认——基于〈民法典物权编（草案二次审议稿）〉的展开》，载《重庆大学学报》（社会科学版）2019年第4期。

〔4〕 参见陈小君：《土地改革之“三权分置”入法及实现障碍的解除——评〈农村土地承包法修正案〉》，载《学术月刊》2019年第1期。

〔5〕 参见宋志红：《三权分置下农地流转权利体系重构研究》，载《中国法学》2018年第4期。

〔6〕 同上。

〔7〕 参见姜红利、宋宗宇：《“三权分置”政策下土地承包权的再确认——基于〈民法典物权编（草案二次审议稿）〉的展开》，载《重庆大学学报》（社会科学版）2019年第4期。

类为债权性流转,但是在现行立法下"代耕"并不是"三权分置"下土地经营权的产生方式或是变动方式,现行立法将其规定在"土地经营权"一节下并不妥当。

(四)土地经营权的物权性流转

1. 抵押方式

农业生产具有生态生长周期的特性,随之而来的是生产经营的高风险以及与其他产业相比的天然弱质性,同时经济效益较低,因此,投向农业的贷款大多采用抵押贷款而非信用贷款的方式。农民所积累的财产有限。在农民的财产中,农作物的价值相对难以评估,并受制于其收获价值的不确定性,难以成为适当的抵押物。由此,农民所拥有的承包地就成了最为重要的抵押物,承包地抵押贷款便成为农村地区融资的最重要方式。

在"两权分离"下土地承包经营权的抵押与承包地抵押的现实需求相背离,2002 年《农村土地承包法》中第 32 条虽然并未明确土地承包经营权是否能够抵押,但 2005 年最高人民法院发布的《关于审理涉及农村土地承包纠纷案件适用法律问题的解释》中明确以土地承包经营权进行抵押认定无效。2007 年实施的《物权法》第 128 条以列举的方式规定了土地承包经营权的流转方式,但是该条款删除了《农村土地承包法》第 32 条关于"其他方式流转"的规定,相对《农村土地承包法》的规定更加严格,基于此,承包地抵押流转通过法律解释的方式适用的空间更加狭窄,其第 184 条第 2 项将《担保法》第 37 条第 2 项对承包地之上权利抵押加以禁止的做法延续了下来。由此可见,在"两权分离"下我国法律和司法解释对于承包地能否抵押,是依据其取得方式的不同而采取不同的立法规定,即以家庭承包方式取得土地承包经营权不得抵押,而以其他方式取得的土地承包经营权可以抵押。

在"三权分置"政策提出之前,理论界关注的焦点在突破现行法律对以家庭方式取得土地承包经营权抵押的限制,对于承包地抵押所指向的对象权利,部分学者认为,土地承包经营权作为一类用益物权,从其权能内容上分析,应当抵押的是土地承包经营权这一物权本身。[1] 在"三权分置"政策提出之后,

---

〔1〕 参见高圣平:《从完善土地承包经营权权能视角看土地承包经营权的抵押》,载《南昌大学学报》2009 年第 1 期;王冠玺、李仁莹:《土地承包经营权抵押范围的再探索》,载《山东大学学报》2010 年第 4 期;唐薇、吴越:《土地承包经营权抵押的制度"瓶颈"与制度创新》,载《河北法学》2012 年第 2 期;高海:《土地承包经营权之收益权融资担保》,载《安徽大学学报》2012 年第 4 期。

有学者认为，土地承包经营权抵押的标的物应界定承包土地的经营权，经营权从承包经营权中单独分离出来，允许其抵押担保，而不是土地承包经营权本身。[1] 从中央政策文件中对于承包地抵押的称谓来看，经历了“承包经营权”“承包土地的经营权”“土地经营权”等用语的变化，反映了在“三权分置”改革的进程中对承包地抵押所指向对象权利一定程度上的不确定性，而最终确定为“土地经营权”。[2] 2018 年修正的《农村土地承包法》第 47 条规定了家庭方式下“土地经营权向金融机构融资担保”，第 53 条规定了其他方式下采用“抵押”方式流转土地经营权，在我国法律体系下“融资担保”“抵押”的内涵应当是一致的，土地经营权不能成为质押的对象，因而承包地抵押的权利对象在 2018 年修正的《农村土地承包法》之后即明确是土地经营权。

2016 年 3 月中国人民银行、中国银监会、中国保监会、财政部、农业部发布的《农村承包土地的经营权抵押贷款试点暂行办法》第 7 条[3]规定了承包土地的抵押权生成的要件，从该条对于承包地抵押贷款的形式要件规定来看，虽然未明确流转方式一定为物权性流转，但从其中“取得了土地经营权权属确认证明”的规定来看，已然要求此类流转具备一定的排他性和向不特定主体公示，虽然规定“土地租金”，但又未明确“租金”是否按照流转期限缴足。若抵押人未按照流转期限缴足“土地租金”，则一旦抵押权实现，抵押人不再向其原承包地转让方缴纳租金，承包农户收回承包地，其之上的抵押权难以实现，因此，此处应为“缴足土地租金”。如此，在“取得了土地经营权权属确认证明”和“缴足土地租金”的情况下，土地经营权已然很难被视为是一类债权。正如有学者指出的，“承包土地的经营权具有绝对性和对抗性，能够产生物权的法律效果”，[4]

---

[1] 参见房绍坤:《论土地承包经营权抵押的制度构建》，载《法学家》2014 年第 2 期。

[2] 试想，即使抵押的是承包土地未来一段时期的经营收益，而非土地经营权，真的就能保障农民不会失地吗？例如，土地经营权人申请了与其土地经营权价值较为接近的借款，即使以承包地的预期收益为抵押，由于土地经营权的存续期限与偿还债务的预期收益所需期限十分接近，在债务未清偿之前，农户在事实上已经失去了承包地，不能以经营农地获得收益，其凭空保有所谓的物权又有何用。

[3] 《农村承包土地的经营权抵押贷款试点暂行办法》第 7 条规定，通过合法流转方式获得承包土地的经营权的农业经营主体申请贷款的，应该已经与承包方或者与承包方书面委托的组织或个人签了合法有效的经营权流转合同，或依流转合同取得了土地经营权权属确认证明，并已按合同约定方式支付了土地租金。

[4] 焦富民:《“三权分置”视域下承包土地的经营权抵押制度之构建》，载《政法论坛》2016 年第 5 期。

因此,此处的“合法流转方式”应当是物权性流转。

如此,土地经营权抵押的法律内涵,即土地经营权人作为抵押人和债权人以书面形式订立约定,不转移抵押承包地的占有,将其土地经营权作为履行债务的担保,若抵押人未履行债务,有权以该抵押的土地经营权进行拍卖、变卖或以其他方式获得价款,以此价款优先受偿。由于土地经营权抵押之后,未履行债务,土地经营权即发生转移,土地经营权抵押亦是承包地流转的一类特殊方式,一旦抵押权实现,便发生权利的概括转移,因此,土地经营权抵押应当归于物权性流转。

2. 入股方式

在“两权分离”下入股流转的权利对象本应是土地承包经营权,但实践中地方性法律文件规定的指向对象并不一致,可以分为四类:(1)以土地承包经营权直接入股,如辽宁省、山东省、湖北省、天津市、江西省、安徽省等;(2)以土地承包经营权的预期收益及收益权入股,如黑龙江省、陕西省和四川省等;(3)以承包地的经营权入股,如海南省、江苏省、浙江省等;(4)土地承包经营权或其收益均可入股,如山西省。各地实践中入股登记权利对象的不一致,源于土地承包经营权承载的身份属性与保障功能,因为入股受让方的经营不善,会使农户承担失地的风险,因此,土地承包经营权入股的法律性质存在“物权说”与“债权说”,〔1〕并由此采用不同的流转规则。〔2〕此外,还有对于入股流转的受让主体类型限制,即土地承包经营权禁止向公司入股,以及除专业合作社之外,入股流转的受让主体类型还可以是公司及其他形式。〔3〕

---

〔1〕 有学者认为,土地承包经营权入股的法律性质应采用债权说,但需要进行修正和补充。高海:《土地承包经营权入股的法律性质探析》,载《法学论坛》2011 年第 3 期。另有学者认为,“入股之法律性质应认定为物权性流转”。参见温世扬、张永兵:《土地承包经营权入股农民专业合作社法律问题探析》,载《甘肃政法学院学报》2014 年第 3 期。

〔2〕 “物权说”认为,土地承包经营权在入股后转移至受让方,需要变更登记,公示物权变更的状态。“债权说”认为,承包农户保留有土地承包经营权这一物权,而将其未来的预期收益或经营性权利以债权形式让渡于受让方,以防止承包农户因入股而失地。若采用“债权说”,土地承包经营权就不会发生物权转移,也无须入股登记进行公示。

〔3〕 有学者指出,“目前政策上对土地承包经营权入股公司禁止”。吴越、吴义茂:《农地赋权及其土地承包经营权入股范式》,载《改革》2011 年第 2 期。另有学者指出,土地承包经营权入股公司符合出资财产的特定性、可评估性、可转让性的要件,其入股公司不存在理论上的障碍,应当拓宽入股的受让范围,允许入股有限公司、股份公司等。参见史卫民:《土地承包经营权入股公司的法律规制》,载《中州学刊》2012 年第 6 期;宋志红:《土地承包经营权入股的法律性质辨析》,载《法学杂志》2010 年第 5 期。

2018 年修正的《农村土地承包法》第 36 条明确了承包农户以入股方式流转土地经营权，明确了承包地入股流转所指向的权利对象为土地经营权，取代了具有身份属性的土地承包经营权，无须因承载对农户的保障功能而受到法律的限制。承包农户通过入股将土地经营权让渡给商法人，取得商法人的股权或者出资份额，以此获得商法人通过规模经营的增值收益，从而使“入股”法律关系实至名归，虽然其不再保有土地经营权，但享有抽离经营性权能的土地承包经营权，使农户能够在土地经营权入股存续期限届满时，再次取得承包地。因此，在“三权分置”下承包农户以“入股”方式流转承包地属于土地经营权的物权性流转。

3. 信托方式

在“两权分离”下，各地方对于承包地的信托流转进行了实践，但是对于承包地信托的信托财产权的对象，并没有统一的认识。我国目前典型的信托模式主要有“草尾模式”“沙县模式”“绍兴模式”“中信模式”等，其中，“中信模式”对信托财产表述为一定期限的土地承包经营权，然而实际上农户保留了对政府提供的粮食补贴、农业综合直补的权利，因此，其不是完整的土地承包经营权；在“草尾模式”中，受托方与农户签订“土地经营权信托合同”，而与其他农业经营主体签订的是“土地承包经营权租赁合同”，其信托财产为何并不明晰。[1]

在“三权分置”下，土地经营权派生于土地承包经营权，其不再受限于集体成员身份属性的束缚，从本轮农村土地改革对土地经营权的定位来看，强调其财产性权利的属性，“放活”的政策目标赋予权利人充分的自由，相应地减少对权利人的制约与干涉，并且土地经营权完全具有登记能力。此外，2018 年修正的《农村土地承包法》第 36 条、第 53 条规定了以“其他方式”流转土地经营权，以概括式规定为信托方式保留了空间。因此，土地经营权是在法律框架之内实际经营承包地的权利，具备信托财产的一般性要求，可以设定信托。[2] 从

〔1〕 参见徐海燕、张占峰：《我国土地经营权信托模式的法律思考》，载《法学杂志》2016 年第 12 期。
〔2〕 参见陈敦：《土地信托与农地“三权分置”改革》，载《东方法学》2017 年第 1 期。

“三权分置”下土地经营权信托的定义来看,[1]信托设立之后,土地经营权发生权利的概括转移,[2]受托人得以以自己的名义享有土地经营权,并进行流转登记,因此,信托方式应当属于土地经营权的物权性流转。

4. 转让方式

转让作为大陆法系国家的权利变动方式之一,无疑是最为普遍、一般的物权性流转,2018 年修正的《农村土地承包法》将转让作为土地承包经营权的物权性流转方式,而没有将其列为土地经营权的流转方式。究其原因在于,土地经营权是具有存续期间的权利,在《农村土地承包法》未明确其权利属性的前提下,无法将之与出租方式进行区分,二者均是权利人在一定期限之内对承包地占有、使用、收益的权利。但是,并不妨碍在未来立法确认土地经营权的物权属性之后,将转让作为土地经营权的流转方式,同样能够将之列入法律所规定的“其他方式”,以便地方实践的现实需求。

## 第二节 “三权分置”下承包地流转制度的价值目标及功能定位

### 一、“两权分离”下承包地流转制度的价值目标及其面临的困境

由于我国实行农村土地的集体所有制,集体土地所有权以及“两权分离”下的土地承包经营权不能按照市场机制进行交易,两者虽然是民法中的所有权、用益物权,但是在实际上并不能在市场经济的法律制度中发挥所有权和用益物权应当具有的功能。[3] 在土地公有制下,农民集体是集体土地的所有权主体,集体土地所有权不能交易,也无法交由其他主体占有、使用、收益及处分,基于此为实现集体成员对于集体土地的权益,以集体土地所有权为基础,在其之上设立土地承包经营权交由集体成员,在“两权分离”的制度设计上土地承包经营权内含了集体成员的身份属性,权利主体以户为单位、在家庭承包

---

[1] 土地经营权信托,是指委托人在一定期限内将土地经营权委托给受托人,受托人在坚持土地集体所有和保障农民承包权的前提下,按照土地运营的市场化需求,以自己的名义对其进行专业管理和处分,并将农业生产经营活动产生的收益分配给受益人的行为。参见房绍坤、任怡多:《新承包法视阈下土地经营权信托的理论证成》,载《东北师范大学学报》(哲学社会科学版)2020 年第 2 期。

[2] 参见徐海燕、冯建生:《农村土地经营权信托流转的法律构造》,载《法学杂志》2016 年第 5 期。

[3] 参见李国强:《论农地流转中“三权分置”的法律关系》,载《法律科学》2015 年第 6 期。

的方式下取得承包地并由此获得社会基本的生存、生活保障,其必须具有集体成员的身份,虽然《物权法》将其确定为一类用益物权,但是在设计之初便将之限定于集体内部,承担稳定土地承包关系和集体成员社会保障的制度功能。一旦土地承包经营权发生物权变动的流转,例如,转让、入股、抵押等形式都可能导致集体成员身份彻底脱离,不但会导致集体成员面临失地的风险,更会动摇集体土地所有制的根基。因此,集体土地所有权和土地承包经营权并不是个人主义下的私人所有权和用益物权,也不具备市场经济下物权流转的制度功能。在“两权分离”的时代背景下,承包地主要由自耕农进行生产经营,并不需要考虑承包地向集体范围之外的流转,承包地的实际占有者、经营者和承包者的多元身份是合一的,即本集体成员。

“两权分离”下的“以人为中心”、具有明显身份属性和社会保障功能的“集体土地所有权—土地承包经营权”权利框架设置符合当时农村、农业的生产条件和时代特点的需求,其价值导向呈现出“形式正义”的倾向与色彩,将承包地资源的利用视为本集体内部事务,将承包地碎片化,在集体内部实行以家庭为单位的小农化生产方式,无须考虑承包地资源在社会整体中的配置及其利用,自然导致了承包地流转价值目标的落后、制度设计上的缺陷与空白。由此,“两权分离”下“形式正义”的价值目标又决定了其权利属性上具有非常明显的“身份性”,以及制度上对于集体成员的保障性功能。

但是,随着我国工业化、城镇化的加速推进,大量的农村人口进入城市从事非农生产,导致相当数量的承包地没有人从事生产经营。而且,以“稳定”为价值导向的“两权分离”下的权利结构和属性使承包农户不敢轻易自愿放弃土地承包经营权或是将之流转交由他人,因为承包农户若是自愿放弃土地承包经营权,按照法律规定,其无法向农村集体经济组织请求承包土地,[1] 而流转承包地也可能面临失地的风险。[2] 一旦承包农户返回农村,承包地则是其从

---

〔1〕 2002年《农村土地承包法》第29条规定:“承包期内,承包方可以自愿将承包地交回发包方。承包方自愿交回承包地的,应当提前半年以书面形式通知发包方。承包方在承包期内交回承包地的,在承包期内不得再要求承包土地。”

〔2〕 2002年《农村土地承包法》第41条规定:“承包方有稳定的非农职业或者有稳定的收入来源的,经发包方同意,可以将全部或者部分土地承包经营权转让给其他从事农业生产经营的农户,由该农户同发包方确立新的承包关系,原承包方与发包方在该土地上的承包关系即行终止。”

事农业生产经营所必需的生产资料。承包农户即使在一定时期之内在城市具有稳定的收入来源，也难以保证未来能一直在城市生活而不需要返回农村，因此，承包农户更加倾向将土地承包经营权保留，特别是在2005年取消农业税、“三提五统”之后，保留土地承包经营权并没有额外的成本，其宁愿选择撂荒承包地作为未来返回农村的保障，也不愿流转承包地而面临失去保障的风险。

在“两权分离”的制度层面，土地承包经营权流转受到来自其“身份属性”的诸多限制，而这些限制又源于土地公有制下集体土地所有权的制约，其在流转方式、流转范围、受让对象等方面受到限制。就流转方式的限制而言，虽然2002年《农村土地承包法》以“列举+概括”的方式对土地承包经营权进行了规范，但仅明确列举了“转包、出租、互换、转让”四种流转方式，以“其他方式”流转的概括式规范需要引用其他法律的规定，但是未列举的入股、抵押、信托等流转方式在其他法律中要么被禁止，[1]要么存在空白无法引用，导致土地承包经营权的流转存在制度上的障碍。就流转范围而言，基于保障承包农户的需要，以家庭方式设立的土地承包经营权的流转范围大多限制在本集体内部。[2] 就受让对象而言，以家庭方式设立土地承包经营权的入股流转为例，法律和政策对入股对象为合作社予以肯定，但是对于入股公司则予以否定。

如此的制度设置也是在“两权分离”下由“形式正义”的价值导向所产生的，其结果就是导致以家庭方式设立的土地承包经营权具有明显的“身份属性”，目的就是保障“两权分离”权利结构的“稳定”，而导致“身份属性”固化于土地承包经营权之内，并限制其流转。但是在工业化、城镇化的现实背景下，曾经以“形式正义”为价值导向的“两权分离”的权利结构和制度设计，已经成为承包地依据市场规则流转、释放承包地财产性价值、增加承包农户财产性收入的最大阻碍，因此，国家亟须推进承包地“三权分置”改革并赋予承包地流转以新的价值目标。

---

〔1〕 例如，原《担保法》第37条规定了不得抵押的财产范围，原则上“耕地、宅基地、自留地、自留山等集体所有的土地使用权”不得抵押，承包地之上所设定的土地承包经营权赫然在列，其抵押的流转方式被原《担保法》否定。

〔2〕 例如，土地承包经营权的互换，这一流转方式本身就要求当事人双方具有本集体成员的身份。

## 二、“三权分置”下承包地流转制度的价值目标及其构成

在新的时代背景和现实需求下,2013 年党的十八届三中全会决议的通过,开启了新一轮农村土地权利制度改革的序幕,随后一系列中央文件对承包地“三权分置”改革明确予以政策性规定,其中 2015 年中共中央、国务院发布的《关于加大改革创新力度加快农业现代化建设的若干意见》提出对农村土地承包方式的法律进行修改,明确界定承包地“三权”之间的关系,2016 年 10 月发布的《分置办法》,进一步明确承包地“三权分置”改革实施的目标、原则、格局框架等方面,并完善“三权分置”法律法规,开展土地经营权流转的地方试点,并以此为基础对修改《农村土地承包法》等法律总结经验。随着 2018 年《农村土地承包法》的修正,“三权分置”由政策转化为法律,但是通过解析该法的内容可知,修法工作在体系化思维和法律技术的运用方面仍存在一定的缺陷,以致在“三权分置”政策向法律的转化方面存在诸多不足,[1]其距离承包地“三权分置”的政策目标尚有一定差距。特别是承包地流转的部分具体制度规则十分模糊,难以适应当下承包地流转的现实需求。因此,首先需要对承包地流转的价值目标予以准确界定,以此指引和规范承包地流转制度的规则构建与完善。

### (一)有限自由

#### 1.“自由”是“三权分置”改革与承包地流转的内在价值需求

在拉丁语中,“自由”意味着从束缚中解放出来,自由(权)在罗马法中定义为:“凡得以实现其意志之权力而不为法律所禁止者,是为自由。”自由又可以分为不受他人干预和限制的自由,即“免于……的自由”,以及依据自己意思决定自身行为的自由,即“从事……的自由”,英国学者柏林将前者称为“消极自由”,将后者称为“积极自由”,不论二者之间的区别,“自由”的实质在于:一方面,其标识着主体的意志与客观必然性之间的某种统一性;另一方面,其标识着个人与社会之间的某种统一性。[2]

在承包地“三权分置”下,一方面,承包农户大量进入城市从事非农生产,

---

〔1〕 参见房绍坤、林广会:《土地经营权的权利属性探析——兼评新修订〈农村土地承包法〉的相关规定》,载《中州学刊》2019 年第 3 期。

〔2〕 参见张文显:《法哲学范畴研究》(修订版),中国政法大学出版社 2001 年版,第 206 ~ 207 页。

在一定程度上脱离了承包地，流转承包地能够为其换取相应的经济对价，只不过其不愿意承担失地的风险并受到“两权分离”下承包地流转制度的限制，而难以流转承包地，因此，在当下承包农户具有流转承包地的主观意愿和客观需求；另一方面，承包地具有“资源—财产”双重属性，承载着个体利益和社会公共利益，兼具私益性和公益性，承包农户和集体、社会、国家等多元主体对其均有利益诉求，承包地的流转不仅能够保证承包农户获得相应的经济对价，而且能够保障承包地按照市场机制有效配置与高效利用，达至粮食安全、集体资源利用等公共目标，实现财产与资源、个体与整体、个人与国家之间的连接与统一。

从法律制度的层面来看，“三权分置”即将承包农户由具有身份属性束缚之下“解放”出来，因此，国家适时提出承包地“三权分置”改革，在不改变土地公有制的基本经济制度的前提下，以及保留原有“集体土地所有权—土地承包经营权”权利结构基础上，由承包地之上再次分离出一个更加符合市场交易要求的私权—土地经营权，[1]将原本受到集体成员身份属性所束缚的“两权分离”权利结构，演化为内涵“自由”价值的“集体土地所有权—土地承包经营权—土地经营权”的“三权分置”权利结构。由此，“自由”是“三权分置”背景下承包地流转制度的内在价值需求。

2.“三权分置”下的“自由”价值是“有限自由”

(1)平等的自由

韦伯在讨论19世纪私法中的契约自由时指出，法律形式上的自由不过是市场经济中经济强者们支配经济资源的自由，对于处于经济弱势地位的人们而言，这种“形式上的自由”不仅毫无意义，相反，其更是一种真正的“不自由”。[2] 对于承包农户而言，由于“两权分离”下土地承包经营权所内含的身份属性，将其束缚在特定范围之内，承包地的流转亦受到诸多限制，加之长期只能从事农业生产，收入较为有限，因而在经济上明显处于弱势地位。2002年颁布的《农村土地承包法》第32条规定了以家庭方式取得土地承包经营权的流转，单从这一条文的内容来看，土地承包经营权能够以多种方式“自由”流

[1] 参见李国强：《论农地流转中“三权分置”的法律关系》，载《法律科学》2015年第6期。

[2] 叶明：《经济法实质化研究》，法律出版社2005年版，第41页。

转,但是这种“形式上的自由”在缺乏相关制度支撑或是被其他法律所否定之时,留给承包农户的并不是流转承包地的“自由”,反而是无法彰显其承包地之上财产性权利的无奈。

因此,对于压抑已久的承包地流转的需求,首先应当是赋予其平等的自由,即强调自由的主观理性并受制于社会规则的约束,必须充分保证社会所有人平等分配社会的基本权利,平等地享有最广泛的基本自由。[1] 对于承包农户流转承包地的现实需求,应当赋予其“平等的自由”,分离出符合市场机制的土地经营权,并建构承包农户能够自由选择流转土地经营权的制度,保障承包农户可以依据自身的实际情况,自由选择承包地流转的方式,真正实现承包地之上的财产性权利,平等地分享改革开放所带来的经济发展成果。

(2)有限度的自由

“自由”应当是有限度的自由,在“三权分置”的权利结构中,土地经营权无疑是一类新型的、符合市场机制的财产性权利,但是在赋予承包农户“自由”流转承包地分离出土地经营权的同时,应当对其设置一定的限度,防止过度张扬个体利益而损害集体利益或是社会公共利益,由此土地经营权的流转应当是有限度的流转自由。

首先,土地经营权的流转自由限度源于集体土地所有权,即使是个人主义下的私人所有权,在当今社会中同样承担着相对应的“社会义务”,土地经营权最终源于集体土地所有权,“落实集体所有权、稳定农户承包权”是“放活土地经营权”的政策前提,土地经营权流转的自由必然不能突破这一前置性条件,土地经营权的流转应当保障承包农户继续保留土地承包经营权,此外,其再流转应当经过承包方的同意和发包方的备案,而这些管理权均源于集体土地所有权。

其次,土地经营权人“合理使用”承包地的“限度”,承包地作为一类资源性财产,土地经营权作为一类资源性财产权,其受让对象应当具有相应的农业生产资质,同时负有“合理使用”承包地的义务,若对承包地造成损害,还应当承担损害赔偿责任,因此,对于土地经营权的“自由”流转应有一定的边界和合理的限度。

---

〔1〕 参见江帆:《经济法实质正义及其实现机制》,载《环球法律评论》2007年第6期。

最后，土地经营权的流转应当在法律制度的框架之内，赋予承包农户流转土地经营权的自由，但是土地经营权的流转方式、流转合同、流转登记等制度将土地经营权的流转“自由”限定在法律设置的运行框架之内，一方面，国家通过法律规范在承包地流转之时设立土地经营权，且将流转承包地的“自由”赋予承包农户；另一方面，也用制度为承包地流转设置了限度，承包地的“自由”流转只能在制度的限度之内，即国家构建了土地经营权按照市场机制流转的规则，同时否定制度之外的承包地流转。

(3)国家适度干预下的自由

承包地流转意味着承包农户流转土地经营权，土地经营权流转市场的构建与制度完善需要国家的适度干预。土地经营权流转市场并非自生自发的市场，而是在国家的推动之下，以公权力构建的市场。虽然“两权分离”下基于承包地流转的内在需求，在实践中很早出现了多种形式的承包地流转，各地方也在法律规定的框架下积极进行土地承包经营权流转的探索，例如，入股农民专业合作社、承包土地的抵押融资等，但是由于“两权分离”下的权利结构和制度限制，承包地的流转大多以法律制度之外的方式进行，一旦发生纠纷往往无法可依，承包地流转关系的稳定性难以保障，阻碍了承包地流转市场的建立。同时，在我国农村土地改革的进程中，国家始终发挥着巨大的推动作用，也只有国家公权力才能在外部推动“三权分置”下土地经营权流转市场的构建。土地经营权流转市场需要国家的适度干预，同时，国家干预能够克服土地经营权流转市场可能出现的信息不对称、价格机制缺失、负外部性等市场失灵的现象。因此，土地经营权流转市场的“自由”是国家适度干预下的自由，具体体现在以下几个方面。

首先，国家供给土地经营权市场的制度规则。在缺失市场内部自发性规则的前提下，只有国家运用外在于市场的公权力制定法律规范，才能够保障土地经营权流转市场的稳定与效率，以法律所具有的强制力保证承包地流转市场中的主体遵守土地经营权的流转规则，进而实现承包地资源的有效配置。因此，国家适度干预下的自由是土地经营权流转市场的国家意志力的体现，其以法律的形式保证市场中的主体“不仅认识到了规律……而且倾向于规律，自觉自愿按照规律办事，主体才会觉得自己的行动完全是自己意志的外化”,[1]将流转意志的自由转化为流转行为的自由。

其次,国家对土地经营权市场进行监管。承包地承载着社会公共利益,承包地流转市场直接关系承包地的有效配置,然而市场存在价格机制缺失、信息不对称、负外部性等市场失灵现象,需要国家对土地经营权市场进行监管,防止市场规则被人为破坏。在国家的监管之下,一旦土地经营权市场出现障碍,由国家依据法律加以排除,恢复市场流转的自由,保证承包地资源的有效配置。

最后,政府干预土地经营权市场需要在法律的限度之内。现实表明,政府干预经济生活虽然可以解决自由经济中的一些问题,但是政府本身也不是万能的,与市场失灵一样,政府同样也可能存在失灵。[2] 由于土地经营权市场在政府干预的过程中,同样存在信息不对称、预算偏离市场需要等政府失灵的风险,需要以法律的形式对政府公权力划出界线,为政府干预划定边界,即市场出现失灵才得以干预,从干预的正当性和谨慎性两个方面把握。[3]

(二)理性秩序

秩序的存在是人类一切活动的必要前提,其构成了人类理想的要素和社会活动的基本目标。虽然在不同的历史时期,人们对于秩序的认知存在各种差别,但是“秩序总是意味着某种程序的关系稳定性、结构一致性、行为规则性、进程连续性、事件可预测性以及人身财产安全性”,[4]同样,美国著名法理学家博登海默将秩序的概念界定为:“意指在自然进程和社会进程中存在的某种程度的一致性、连续性和确定性。”[5]秩序所内含的一致性、连续性和确定性对于处于不同社会关系的人们而言意味着“安全”,而这最终指向人们利益的实现,意味着“效率”,可见秩序本身蕴含着安全和效率的因素。法律是秩序的象征,又是建立和维护秩序的手段与工具。一个判断或一个结论,只有在它是

---

〔1〕 张文显:《法哲学范畴研究》(修订版),中国政法大学出版社2001年版,第208页。

〔2〕 参见李昌麒主编:《经济法理念研究》,法律出版社2009年版,第39页。

〔3〕 干预的正当性,在于强调干预必须基于法律的授权,即必须受制于规则的约束,在规则的框架下进行干预,而不得超越规则随意干预;干预的谨慎性,在于强调干预的合理性,着重于将“市场之手”与“国家之手”相结合。参见李昌麒主编:《经济法学》,法律出版社2007年版,第78页。

〔4〕 张文显:《法哲学范畴研究》(修订版),中国政法大学出版社2001年版,第196页。

〔5〕 [美]E.博登海默:《法理学:法律哲学与法律方法》,邓正来译,中国政法大学出版社2004年版,第227~228页。

以确定的、可靠的、明确的知识为基础的情形下，才能被认为是“理性的”。[1]

“理性秩序”是构建人类社会一切活动的必要前提，其构成了人类理想的要素和社会活动的基本目标。但是，在不同部门法的视阈下，对于秩序的关注又有所不同：民商法关注的秩序价值，是市场经济下个人本位的安全和效率，其具有自发性和客观性，是对社会中自生自发之交易规则和习俗规范的记载和确认；经济法所关注的秩序价值，则主要体现了社会本位下整体的安全和效率，具有强烈的主观性和一定的不确定性，体现人类对某些自然秩序“失灵”的否定或矫正。从长远来看，民商法的秩序价值限于局部而微观，经济法则关注全局而宏观的经济秩序，[2]这两种部门法下的不同秩序观在市场层面和国家干预市场层面，对“三权分置”下承包地流转具有重要的理论和制度构建意义。

1. 不同部门法视阈下理性秩序的构成解析

(1) 安全

在民商法的视阈下，安全意味着：一是在承包地“三权分置”的权利结构中，分离土地经营权的前提是不能动摇集体土地所有制的根基以及承包农户对于承包地的权益，集体土地是重要的集体资产和稀缺的市场资源，对于承包农户的家庭生活和集体经济的发展壮大具有重要的价值和意义。二是土地经营权流转规则化解市场风险的需求，承包农户流转承包地需要对流转规则具有明确性、可预见性，以保证承包地流转能够实现其所想要达成的效力。

在经济法的视阈下，安全意味着：一是成员集体非理性的治理，由于集体成员个人禀赋的差异和外部条件的限制，集体成员个体的理性有限，作为承包地“三权”运行中集体成员意志形成集体意志，难免存在集体非理性，需要一致、明确的规则加以调节。二是政府干预失败的防治，政府在干预承包地流转市场的过程中可能发生政府失灵，需要以安全为价值指引，以法律规则防止政府公权力侵害市场中的私权益。[3]

(2) 效率

在民商法的视阈下，效率意味着：一是承包地之上的财产性权益实现，通

---

〔1〕 [美]E. 博登海默：《法理学：法律哲学与法律方法》，邓正来译，中国政法大学出版社 2004 年版，第 270 页。

〔2〕 参见江帆：《经济法实质正义及其实现机制》，载《环球法律评论》2007 年第 6 期。

〔3〕 参见杨青贵：《集体土地所有权实现法律机制研究》，法律出版社 2016 年版，第 76～77 页。

过土地经营权流转的规则构建与完善,承包农户通过流转土地经营权获得相应的经济对价,集体所有土地的经济价值得以释放,承包地之上的财产性权益得以通过市场机制实现。二是市场中土地经营权流转的顺畅,通过构建土地经营权流转规则,处于平等地位的市场主体得以较低的制度成本流转土地经营权。

在经济法的视阈下,效率意味着:一是国家承包地资源的有效配置,通过政府对于土地经营权市场的适度干预,克服土地经营权市场可能出现的信息不对称、负外部性等市场失灵的表现,以法律规范政府公权力的干预,实现承包地资源整体上的有效配置。二是土地经营权市场的整体效率,在市场整体层面推动土地经营权市场的高效运行,通过制度激励承包农户将闲置的承包地流转分离土地经营权,降低市场运行的整体成本,例如,通过土地经营权登记制度实现信息的有效传递,通过市场机制实现承包地资源流转的整体效率。

2.“三权分置”下土地经营权流转呼唤理性秩序

土地经营权作为新兴的财产性权利,其市场的建构离不开国家公权力,然而由于法律规则的滞后性,土地经营权流转规则尚存在欠缺或是空白,需要国家供给制度,以支撑“三权分置”下土地经营权的流转市场,其中最为重要的价值目标即理性秩序,以此指引承包地“三权分置”政策目标的实现以及“三权”的权利结构和运行制度的规则设计。鉴于承包地具有“财产—资源”的双重属性,在《农村土地承包法》和《民法典》所构建的承包地流转框架之下,理性秩序是市场层面和国家干预市场层面所共同追求的价值目标。

(1)横向的市场层面

首先,作为一类新型的财产性权利,土地经营权需要在承包地“三权”的权利结构中确定其权利属性和体系定位,进而确定其流转模式、流转合同生效模式、流转登记效力等一系列市场流转的交易规则。但是2018年《农村土地承包法》对于土地经营权的权利属性进行了模糊规定,仅在第37条规定了土地经营权的权利内容,并且该法对于两类承包方式之上设立的土地经营权在立法体例上予以分别规定,这就造成了土地经营权流转的效力、方式等方面存在一定的模糊。其次,土地经营权流转大多为原则性规则,需要其他法律的支持。2018年修正的《农村土地承包法》在第二章“家庭承包”中的第五节“土地经营权”对承包方流转土地经营权进行了规范，同时，在第三章“其他方式的承包”的第 53 条规定了以其他方式设立的土地经营权可以流转，为土地经营权流转市场规则的构建提供了制度空间。但是，通过梳理相应章节的法条，可以发现其规范内容多为原则性规定，例如，该法第 36 条规定了以家庭方式取得承包地可以“出租(转包)、入股或者其他方式”流转土地经营权，“其他方式”的具体形式还需要在实践中进一步探索和检验，并需要援引物权法、合同法、担保法等其他法律的规范。最后，土地经营权的流转规则用词并不明确，使流转规则在适用中出现模糊，可能造成土地经营权流转当事人的权益受损，例如，该法第 38 条规定了土地经营权的流转原则，其中，第 5 项规定了集体成员取得流转土地经营权的优先权，但是“同等条件”本身并不是一个内涵明确的法律词语，究竟何为“同等条件”，且优先权如何行使，这些相关规则存在缺失。综上所述，在土地经营权横向的市场层面的规则存在一定模糊和空白的情况下，理性秩序就成为“三权分置”下承包地流转所需要的价值目标，强调个人本位下的个体利益实现以激励承包农户流转土地经营权，构建以土地经营权为中心的农业生产和交换秩序，将市场中的主体用统一的、明确的、可预见的规则加以约束，规范其土地经营权流转的模式、方式、效力等方面，并以此援引其他法律的规则健全土地经营权的流转规则体系，以弥补现行法律的诸多不足之处。

(2)纵向的国家干预市场层面

新兴的土地经营权市场需要国家的适度干预，而纵向的国家干预市场层面需要理性秩序的指引，保证公权力能够克服土地经营权市场失灵，并防止公权力过度干预市场而影响市场机制正常运行，以实现市场对承包地资源的有效配置。一是社会本位下整体公共利益的实现与保护，由于具有“资源”属性的承包地承载着社会公共利益，需要政府的适度干预，这就需要理性秩序在政府与市场之间构建制度的“桥梁”，以保障政府干预的正当性和合理性，例如，流转登记制度在政府与市场之间实现承包地信息的有效传递，政府基于及时、有效的信息对市场作出正确的决策。二是土地经营权市场较强主观性和政策性的内在需求，由于土地经营权市场的新建以及承包地的公共属性，使土地经营权具有非常明显的政府主导性，由于土地经营权市场的运行监管常常依赖政府的主观判断与决策，在特定的宏观经济条件下对市场进行调节，因而具有主观性和政策性，意味着其具有一定的不确定性，正是基于此，理性秩序能够对政府有限理性下的判断和决策进行纠正,保障其不会偏离理性和市场运行的客观规律。三是纠正土地经营权市场失灵的现实需求,土地经营权市场同样存在价格机制缺失的市场不普遍、流转双方之间的信息不对称、承包地过度使用的负外部性,以及农业生产本身的弱质性、面对自然灾害的抗风险能力较弱等一系列市场失灵和土地经营权市场自身弱势的问题,市场失灵和市场弱势就需要国家在理性秩序的指引下,对土地经营权市场予以适度的干预,以克服其市场失灵和市场弱势。

## 三、“三权分置”下承包地流转制度的价值位序及功能定位

“有限自由”与“理性秩序”作为承包地流转制度的价值目标,二者之间并非并列或是杂乱无章的,其存在一个较严谨的价值位序,并且二者在承包地流转价值体系中的定位亦不相同。

### (一)“有限自由”的价值位序与定位

有限自由是承包地流转的基础性价值,由于“两权分离”下的“集体土地所有权—土地承包经营权”的权利结构及其“土地公有制下的所有权——内含身份属性的用益物权”的权利属性设置,承包地流转的权利对象即土地承包经营权流转。但是土地公有制下的土地所有权不能在市场中交易,也不能被市场主体拥有,因而由所有权分离出土地承包经营权,依据身份交由集体成员,实现承包地资源的配置,因此其具有身份属性。虽然由原《物权法》确定土地承包经营权为一类用益物权,但是身份属性的限制使其流转受到了诸多的限制,“导致在土地流转交易频繁的背景下,出现了很多制度之外的‘交易’”。[1]

国家基于承包地流转的现实需求,适时推进承包地“三权分置”改革,在土地承包经营权的基础上抽离其经营性权能派生出土地经营权,将内含身份属性的土地承包经营权继续保留给承包农户。土地经营权作为一类纯粹的财产性权利,可以按照市场机制进行配置,“三权分置”下承包地流转的权利对象及内涵随之更新为土地经营权流转。由此,土地经营权流转从土地承包经营权流转的身份属性束缚下得以释放,“有限自由”即破除原本承包地流转受到的身份性束缚的价值目标,承包农户依据自身条件和意志“自由”选择是否流转

〔1〕 李国强:《论农地流转中“三权分置”的法律关系》,载《法律科学》2015 年第 6 期。

土地经营权；“自由”选择承包地的流转类型，即流转土地承包经营权或是流转土地经营权；若是流转土地经营权，还能够“自由”选择土地经营权的流转方式。承包农户流转土地经营权的选择，即“有限自由”价值目标的具体实现形式。

此外，从承包地流转的制度层面来看，首先要突破“两权分离”下的制度对于承包地流转的限制，由“两权分离”演化为“三权分置”并实现从政策向法律的转化。2018年修正的《农村土地承包法》第33条、第34条分别规定了土地承包经营权的互换和转让，相比修法之前改变了土地承包经营权的流转方式，并在该法第36条规定了承包农户可以“向他人流转土地经营权”，如此在法律上为土地经营权创制流转的制度空间，这也是基于“有限自由”优先的考虑下所选择的、适合我国国情的立法体例与承包地流转模式的转变。从国家构建承包地流转市场的视角，原有的市场困境缘于土地承包经营权的身份属性束缚，作为价值位序的考虑，必然选择有限自由优先，打破原有的束缚，在承包地之上设立新型的财产性权利，更新承包地流转的权利对象和内涵为土地经营权流转，其本质就是市场对于流转“自由”的渴望与需求。因此，“有限自由”在承包地流转的价值位序中处于首要位序，其价值体系中的定位是基础性的价值目标。

### （二）“理性秩序”的价值位序与定位

“理性秩序”是承包地流转的目的性价值，是从市场的横向层面和国家干预市场的纵向层面实现市场个体和社会整体的安全与效率的根本要求，以民商法和经济法相结合的视阈对兼具私益性和公益性的承包地流转予以指引和规范。从不动产权利交易的普遍性规律来对“理性秩序”的价值位序与定位进行分析，主要包括以下几个方面。

第一，土地经营权流转关系的稳定性。“三权分置”下土地经营权流转是以承包农户的土地承包经营权为基础，抽离其经营性权能派生出土地经营权，将其流转至其他具有农业生产资质的市场主体，由其享有土地经营权这一纯粹的财产性权利，流转双方当事人为土地承包经营权人和土地经营权人，即承包农户和适格（具有农业生产经营资质）的市场主体。双方的“用益物权—权利用益物权”之间的权利结构关系具有物权关系的稳定性以及物权所具有的对世性，土地经营权人得以以其享有的权利对抗承包农户所保留的、抽离经营性权能的土地承包经营权。同时,承包农户对土地经营权人对于承包地的合理利用和再流转予以一定的限制,从而保障了土地经营权流转关系的稳定性,市场中的承包农户和潜在的适格主体能够有信心和安全地流转土地经营权,保障市场配置承包地资源的高效率。

第二,土地经营权流转框架的一致性。土地经营权作为一类新型的财产性权利,在我国法律体系下可以将其区分为债权性流转和物权性流转。在债权性流转的框架下,承包农户通过出租(转包)方式流转土地经营权,适用合同法的流转规则;在物权性流转的框架下,承包农户通过入股或者其他方式流转土地经营权,适用物权法的流转规则,二者共同构成了土地经营权的流转框架,至于采用何种流转框架,则由承包农户根据自身的客观情况和主观意愿自主选择,无论是债权性流转还是物权性流转,在《民法典》“合同编”和“物权编”的既定规则下,土地经营权流转的框架均具有一致性。

第三,土地经营权流转行为的规则性。如上所述,在土地经营权的债权性流转和物权性流转的框架确定的基础上,土地经营权流转行为按照不同的流转方式分别适用债权流转的规则或是物权流转的规则。在债权性流转的框架下,土地经营权的流转行为适用《民法典》“合同编”的规则,即流转行为的要件、流转行为的生效模式、流转行为的效力等方面具有债权的规则性;而在物权性流转的框架下,土地经营权的流转行为适用《民法典》“物权编”的规则,流转行为的要件、流转行为的生效模式、流转行为的效力等方面具有物权的规则性。无论是何种流转方式,在既定的流转框架下,土地经营权的流转行为均具有《民法典》“合同编”或“物权编”适用之下的规则性。

第四,土地经营权流转进程的连续性。土地经营权流转经过一系列的程序才能够完善,例如,受让主体适格性审核、流转合同、发包方备案、流转登记等,无论采用何种流转方式,在既定的流转框架下,土地经营权当事人均需要完成流转进程,才会发生法律上的效力,即设立土地经营权,因此,土地经营权流转进程的连续性保障了流转当事人依据法定的程序在土地承包经营权的基础上设立土地经营权,并使土地经营权流转在实践中具有可操作性。

第五,土地经营权流转效力的可预见性。无论承包农户选择何种流转土地经营权的方式,在既定的债权性和物权性的流转框架下,分别适用《民法典》“合同编”或是“物权编”的规则,土地经营权流转的效力以及相应的法律效果对于流转当事人而言均具有主观上的可预见性。正是在知晓土地经营权流转效力的基础上,流转当事人才能够依据自身主观意愿和客观条件选择适合自己的流转方式,并且主动遵守流转的法律效力,在客观上有利于土地经营权流转关系的稳定性。

综上所述,在土地经营权市场的"有限自由"价值实现之后,需要以"理性秩序"价值实现市场的安全与效率。"理性秩序"价值贯穿土地经营权流转的稳定性、一致性、规则性、连续性和可预见性,对于土地经营权市场的安全运行和高效配置至关重要,因此,"理性秩序"紧随"有限自由"的实现,是土地经营权流转的目的性价值。

（三）"有限自由"与"理性秩序"的关系辨析

当国家通过修改法律为承包地流转市场打破原本的身份属性束缚,将承包地流转的内涵更新为土地经营权流转并赋予其"有限自由"之后,土地经营权市场的制度空间已然开拓出来。然而,"自由"并不意味着土地经营权市场中的主体可以不受约束的行使自身的权利,若市场中的主体不遵循市场经济的客观规律,完全依据自身的利益和好恶行使权利,将会导致市场的"无序"或"脱序",其"意味着关系的稳定性和结构的一致性模糊并消失了;行为的规则性和进程的连续性被打断了、断裂了,不可预测的因素侵入到了社会生活之中,从而使人们失去了信心和安全感",[1]如此土地经营权市场必然崩塌。如上文所述,"有限自由"的价值内涵是平等的自由、有限度的自由、国家适度干预下的自由,其本身就蕴含自由的边界与限度。因此,在"三权分置"下土地经营权市场肯定"有限自由"价值的基础上,"理性秩序"价值应当承接其后,构建土地经营权流转关系的稳定性、流转框架的一致性、流转行为的规则性、流转进程的连续性和流转效力的可预见性。土地经营权市场首先需要"有限自由"以破除身份性的束缚,同时,以"理性秩序"实现土地经营权流转的规律,在流转自由的基础上构建流转的秩序,自由是土地经营权市场建构的基础,秩序是土地经营权市场运行的目的,因此,"有限自由"和"理性秩序"之间的关系是前后承接且相互连接的。在确定土地经营权是可以按照市场机制自由流转的财产性权利并为其流转开拓了制度上的空间,承包农户可以自由选择土地经营

---

[1] 张文显:《法哲学范畴研究》(修订版),中国政法大学出版社 2001 年版,第 197 页。

权的流转方式之后,便需要以“理性秩序”价值为指引,确定土地经营权的权利属性以及根据流转关系的性质所需要遵循的流转框架及其规则,以规范当事人的流转行为,使其知晓流转土地经营权所产生的法律效力。

## 四、“三权分置”下承包地流转制度价值目标及功能定位的意义

### (一)明确承包地“三权”的权利结构和运行逻辑

承包地是一类极其重要的社会资源,不仅涉及承包农户的个体利益,而且关乎社会成员的公共利益,在原有“两权分离”的权利结构及运行逻辑已经不再适宜我国承包地流转现实需求的背景下,国家适时提出承包地“三权分置”改革,“为社会成员规定明确的权利和义务以及权利的界限和义务的边际,并用强力去维护人们之间的权利和义务关系,以预防和制止纷争”。[1] 近年来,中央发布了一系列政策文件并在2018年修正了《农村土地承包法》,实现了承包地“三权”由政策向法律的转化,但是其中也存在一定的制度层面的模糊。打破原有“两权分离”的束缚,明确承包地“三权”的权利结构以及权利的界限和义务的边际,厘清“三权”的运行逻辑以保障承包地的有序流转,需要“有限自由”和“理性秩序”价值的指引。一方面,以“有限自由”价值明确土地经营权是在土地承包经营权基础上派生出的一类纯粹的财产性权利,以适应市场机制的需求,承包农户能够在法定框架下自主选择流转土地经营权的流转方式,土地经营权人亦可以选择再流转的方式;另一方面,以“理性秩序”价值构筑土地经营权的债权性和物权性的流转框架,分别适用《民法典》合同编和物权编关于权利流转的普遍性规则,并针对承包地兼有的私益性和公益性制定土地经营权流转的特殊性规则,例如,发包方和承包方对于土地经营权再流转的同意和备案、土地经营权受让主体的适格性审查等,以保障承包地“三权”之间的均衡及有效行使,并明确土地经营权流转的构成要件、生效模式、登记效力等流转规则,以“理性秩序”承接“有限自由”,并弥补由于“有限自由”而产生的“三权”权利结构和运行逻辑的空白或缺陷。由此,“三权分置”下承包地流转价值目标对明确承包地“三权”的权利结构和运行逻辑具有重要的意义。

---

〔1〕 张文显:《法哲学范畴研究》(修订版),中国政法大学出版社2001年版,第198~199页。

(二)促进土地经营权市场的有效配置

鉴于承包地的“资源—财产”双重属性,其财产属性体现着个体利益。决定了承包地的有效利用需要市场机制发挥资源配置的决定性作用,在“有限自由”价值指引下,冲破原有“两权分离”下的身份属性束缚,构建土地经营权市场交易的制度规则,在市场层面维护土地经营权的流转秩序,明确土地经营权的权利属性、确定流转合同的效力及生效构成要件、完善损害承包地的赔偿责任等,以促进土地经营权市场的有效配置;而承包地的资源属性则体现了其承载着的社会公共利益,承包地之上的权利表现出明显的公共性,其属性呈现社会化的倾向。私权的社会化必然要求国家加强对市场交易秩序的管理,特别是在自然资源、公共产品、不动产等具有公共性的领域,[1]在“理性秩序”价值指引下,国家在尊重市场客观规律的基础上对市场予以适度的干预,严格市场的准入与退出,完善登记制度、法定交易规则,强化政府对土地经营权市场的监管责任以及加大对违法者的惩罚力度(如增加惩罚性赔偿、资格罚以及名誉罚)等。因此,“三权分置”下承包地流转的价值目标对于促进土地经营权市场的有效配置具有十分重要的意义。

## 第三节 “三权分置”下承包地流转制度的规则不足及其完善

### 一、土地经营权受让主体适格性审核制度

(一)“三权分置”下受让主体适格性审核制度的重要意义

1. 承包地生态环境保护的现实需要

承包地是农业生产的物质基础,是集合了农作物生长所需要养分的载体,就其使用价值而言,是为人类生存提供农作物的必要生产要素。但承包地作为农作物生产的载体,其特定范围之内的生态环境承载能力以及农业生产能力并不是无限的,承包地蕴含的农业生产能力及其所承载的农业生态环境系统,会随着农业生产而不断消耗或失衡,其使用价值也会不断下降,如果过度使用承包地还可能会对其使用价值造成永久性的损害。因此,就承包地而言,

---

〔1〕 参见江帆:《经济法实质正义及其实现机制》,载《环球法律评论》2007 年第 6 期。

其使用价值具有可损耗性。在大量农村人口进入城市从事非农生产的现实背景下,大量承包地若不能流转将会处于闲置的状态,因而国家提出建立土地经营权交易市场推动承包地的流转,集体之外或本地经营者流转承包地进行规模化发展特色农业的现象大大增加,承包地的流转速度明显加快。然而,市场主体具有实现自身利益最大化的内在驱动力,一旦土地经营权流转市场对于受让主体不进行任何监管,出于对利益的追逐,经营者则可能对承包地进行掠夺式的开发与利用,承包地的生态环境承载能力将受到影响,造成承包地的农业生产能力过度损耗。甚至有的经营者可能违反承包地的用途管制将承包地转为非农生产,这可能对承包地的生态环境造成不可逆转的损害。已有实践表明,有些规模化业主对土地短期化利用的现象明显,造成了土地属性变化、耕地质量下降等问题。[1] 同时,承包地的生态环境修复成本极高,事后的损害赔偿制度难以起到承包地生态环境保护的制度功能,因此,具有事前预防性的土地经营权受让主体适格性审核制度适时回应了“三权分置”下承包地流转对生态环境保护的现实需要。

2. 承包地流转中多元利益主体保护的内在价值诉求

“土地首先是一种自然资源,土地之上共存着资源与财产双重属性。土地的财产属性追求的是经济效率价值目标,而土地的资源属性则蕴含着对人类的生存保障等社会公平价值理念的追求。”[2]作为一类关乎国计民生特殊的资源,“三权分置”下承包地承载了经营者、承包农户、集体、国家等多元主体的利益。首先,承包农户或经营者作为承包地的使用者,通过在承包地上投入自身劳动力和其他农业生产成本,取得农作物实现其个体利益,同时“三权分置”下承包农户与经营者之间存在个体利益之间的冲突与均衡,经营者具有过度使用承包地地力实现利益最大化的冲动。其次,作为承包土地的所有者,农村集体组织将承包地交付使用者进行农业生产,由于承包地的使用价值的可损耗性,更加关注承包地本身使用价值的可持续性,以实现承包地所承载的集体利益。最后,承包地作为国家主权范围内稀缺的自然与社会资源,具有为全体的

---

〔1〕 参见张克俊:《经济新常态下土地经营权流转的新特征与思路调适》,载《中州学刊》2015 年第 5 期。

〔2〕 刘俊:《土地所有权国家独占研究》,法律出版社 2008 年版,第 3 ~4 页。

社会公众提供最基本的物质来源的公益性作用,承载粮食安全、农民社会保障、生态环境保护等公共利益,被社会公众追求,耕地资源的有限性与人类需求之间存在矛盾,耕地的利用和保护需要国家干预才能够达到合理的均衡,实现耕地所承载的公共利益。基于“三权分置”下土地经营权流转涉及经营者、承包农户、集体、国家等多元主体,需要国家以受让主体适格性审核制度对个体、集体、国家等利益达到均衡,防止经营者过于追求个体利益过度开发、利用承包地而侵害集体利益、国家利益。

3. 国家适度干预土地经营权流转市场的外在制度需求

鉴于承包地“财产—资源”的双重属性,“三权分置”下土地经营权流转的市场化可实现其财产属性,但是土地经营权市场中存在多元主体间承包地的信息失灵、经营者损害承包地生态环境的负外部性、农产品供求不均衡带来的周期性波动等市场失灵的现象,其内生于市场机制而无法由市场克服,需要国家公权力进行适度干预,以克服土地经营权流转中的市场失灵。然而,代表国家行使公权力的政府同样可能存在政府失灵,其基于承包地的资源属性而对土地经营权市场的干预存在过度的可能,因而需要以法律的形式构建受让主体适格性审核的制度,以正当性和谨慎性为干预的原则,[1]划定国家与土地经营权市场的边界,明确受让主体适格性审核的适用范围以及规制的要素,既防止政府过度干预市场,侵害经营者的权益;又督促政府对市场加以适度干预,以公权力保障经营者具有农业生产经营的能力或者资质,同时,防止经营者为实现利益最大化而对承包地过度开发,损害承包地的生态环境承载能力和农业生产能力。因此,受让主体适格性审核是界定公权力行使边界及规制要素、实现国家适度干预土地经营权流转市场的外在制度保障。

## (二)受让主体适格性审查所面临的风险以及现行法律制度需改善的内容

1. “地租侵蚀利润”风险

随着“三权分置”背景下大量农村地区人口进入城市,土地经营权市场交

---

〔1〕 干预的正当性,在于强调干预必须基于法律的授权,即必须受制于规则的约束,在规则的框架下进行干预,而不得超过规则随意干预;干预的谨慎性,在于强调干预的合理性,着重于将“市场之手”与“国家之手”有机结合。参见李昌麒主编:《经济法学》,法律出版社2007年版,第78页。

易规模逐步扩大，流转速度加快，实践中承包农户倾向以出租方式流转土地经营权，例如，从四川省2014年各类土地流转方式的统计数据中可以得知，出租、转包、转让、互换、股份合作的占比分别为45.7%、37.0%、4.7%、2.7%、4.8%，出租方式的占比由2010年的38.4%提升至2014年的45.7%。〔1〕在流转土地经营权的支付方式中，除约定向承包农户支付固定保底的租金性收入，更是普遍根据中央政策的指导意见采用了租金上涨调整机制，即“分段确定租金或约定浮动比率”。但是从整体上看，由于我国农产品价格的生成机制较为固定，加之农业生产的弱质性，其受自然因素的影响较大，因而农产品的市场价格变化较小，相对二、三产业，农业生产所获得的利润较为有限。以水稻、小麦、玉米三种全国主要粮食类农产品为例，2005年至2012年流转地租金年均上涨20.8%，而同期的亩利润年均仅增长4.66%，土地成本占产值的比例由11.33%提升至15.04%，利润占产值的占比由22.38%下降至15.24%，〔2〕“地租侵蚀利润”的趋势非常明显。〔3〕工商资本流转土地经营权从事农业生产的利润本就有限，而且利润的增长远低于土地租金的增长。对于逐利的工商资本而言，“地租侵蚀利润”风险的存在使其倾向于短期内加剧对承包地地力的利用，或是在利润不足时以违约直接退出流转，由承包农户和集体经济组织兜底其短期经营后的不利局面，〔4〕而这明显不利于承包地长期的、规模化经营目标的实现。

2. “非粮化”与“非农化”风险

鉴于粮食生产的收益明显低于经济作物的收益，逐利的经营者对于流转的承包地有“非粮化”的倾向。根据原农业部2014年的农村经营管理情况的

〔1〕参见张克俊：《经济新常态下土地经营权流转的新特征与思路调适》，载《中州学刊》2015年第5期。

〔2〕参见叶兴庆：《从“两权分离”到“三权分离”——我国农地产权制度的过去与未来》，载《中国党政干部论坛》2014年第6期。

〔3〕“地租侵蚀利润”，是指承包农户可能手握土地经营权待价而沽，而真正的经营者依靠土地经营权种植粮食却很难盈利，不多的盈利也被逐步上涨的农地经营租金所侵蚀。参见陈小君：《土地经营权的性质及其法制实现路径》，载《政治与法律》2018年第8期。

〔4〕“三权分置”下通过土地经营权流转实现规模经营的占比必将越来越多，承包地短期过度性利用的问题将可能更为突出。仅2013年全国农经部门受理土地流转纠纷超过7万件，并且呈逐年上升趋势。此外，随着规模化种养殖逐步成为主导模式，因粪便、薄膜、废水、化肥与农药残留等造成的农村面源污染问题可能更为严峻。参见张克俊：《经济新常态下土地经营权流转的新特征与思路调适》，载《中州学刊》2015年第5期。

统计数据，截至2014年年底，全国家庭承包的土地流转面积共计4.03亿亩，其中，流入工商资本企业的承包地面积占流转总数的9.6%，但是在这些流转的土地中，用于种植粮食作物的面积总数仅为2.29亿亩。[1] 甚至在其他数据分析中，流转至工商资本企业的承包地用于种粮的承包地占比仅为6%。虽然我国现行法律对于承包地生产经营的内容并无过多的限制，但是对于基本农田的用途有着明确的规定，即禁止占用基本农田挖鱼塘、种树和从事其他破坏耕作层的活动。有的地方政府在追求所谓规模化“政绩”的驱动下，对于工商资本大量流转承包地的生产经营项目或内容的监管有所放松。此外，实践调查和统计数据显示，工商资本租赁的承包地比非工商资本经营的家庭农场、种粮大户等更倾向于“非粮化”。[2] 同时，鉴于农业生产的收益远较二、三产业的平均利润少，其受到成本上升与农产品价格的“双重天花板”的挤压，随着工商资本流转土地经营权的比重增加，“非农化”的倾向可能愈加突出，承包地一旦转为非农用途，其具有极大的增值空间。因此，工商资本流转土地经营权的“非粮化”“非农化”风险始终存在，且随着流转的增速而扩大，若是国家监管机制失灵，逐利的本质将极可能将此种风险转化为现实行为，[3]侵害其他多元主体的权益。

3. 现行法律中受让主体适格性审查的制度缺陷

近年来，在乡村振兴战略和承包地“三权分置”改革的背景下，中央政策鼓励和引导工商资本积极投入、参与农业规模化生产，[4]由此工商资本投资农业、流转土地经营权的现象逐渐普遍。虽然工商资本依据其自身特有的整合资本、技术、劳动力等方面的优势，在取得土地经营权之后对改造、升级传统农业，实现农业生产的规模化经营、增加农民的财产性收入有推动作用，但同时

---

〔1〕 参见农业部经管总站体系与信息处：《2014年农村经营管理情况统计总报告》，载《农村经营管理》2015年第6期。

〔2〕 参见刘良恒等：《“下乡资本”跑马圈地“烂尾”频出》，载《经济参考报》2018年1月30日，第A05版。

〔3〕 参见张克俊：《经济新常态下土地经营权流转的新特征与思路调适》，载《中州学刊》2015年第5期。

〔4〕 例如，2013年中央一号文件《关于加快发展现代农业　进一步增强农村发展活力的若干意见》指出，“鼓励和引导城市工商资本到农村发展适合企业化经营的种养业”，首次明确提出工商资本参与农业生产，2014年11月中央出台《关于引导农村土地经营权有序流转发展农业适度规模经营的意见》指出，“引导工商资本发展良种种苗繁育、高标准设施农业、规模化养殖等适合企业化经营的现代种养业”。

“地租侵蚀利润”以及“非粮化”“非农化”等风险问题也随之而来，引发危害国家粮食安全、破坏农业生态文明、损害农民合法权益、冲击农村固有格局等消极影响。[1] 2018 年修正的《农村土地承包法》规定了土地经营权受让主体适格性审核的流转原则，并专门针对工商资本流转土地经营权所存在的风险作出第 45 条的规定，即地方政府对“工商企业等社会资本”的“资格审查、项目审核和风险防范制度”以及集体经济组织对其“收取管理费用”的方式，可见国家通过立法的形式对其风险予以规制，以保护多元主体的权益。然而，现行法律存在法律逻辑的缺失、权力边界的空白以及规制要素的模糊等不足。

（1）法律逻辑的缺失

集体经济组织在承包农户向第三人流转土地经营权的法律关系中，无论第三人是否为工商资本，其与承包农户就土地承包经营权之上派生的土地经营权，均需要支付相应的对价，流转土地经营权的对价应当全部由承包农户享有，集体经济组织并不是土地经营权流转法律关系的当事人，同时亦非承包地管理的行政权力主体，虽然其能够依据为工商资本在土地经营权流转过程中提供相应的流转信息、与承包农户的中介等管理服务收取一定的“服务费用”，但是《农村土地承包法》第 45 条第 2 款中的“管理费用”显然不是“服务费用”，而且该条的文义以及其与第 45 条第 1 款内容的关联也难以得出此种解读。[2] 因此，《农村土地承包法》第 45 条第 2 款中集体经济组织收取“管理费用”的权利依据存在法律逻辑的缺失，而这可能导致“管理”的内涵、依据不清以及“费用”收取的内容、边界不明。

（2）权力边界的空白

虽然基于工商资本流转土地经营权所面临的种种风险，国家需要通过法律的形式对其予以较为苛刻的规制，然而公权力本身具有自我扩张的倾向，其依法规制的内容和边界应当是明确的，将之限定在“工商企业等社会资本”可以承受的合理范围之内。但是，《农村土地承包法》第 45 条第 1 款仅原则性规定了规制的具体制度并在该条第 3 款提出“具体办法”由国务院相关的主管部

---

〔1〕 参见张尊帅：《工商资本投资农业的风险及其防范》，载《现代经济探讨》2013 年第 8 期。

〔2〕 参见陈小君：《土地改革之“三权分置”入法及其实现障碍的解除——评〈农村土地承包法修正案〉》，载《学术月刊》2019 年第 1 期。

门规定，在规制的"具体办法"制定颁布之前，鉴于当前实践中有的政府主管部门对"工商企业等社会资本"的监管不规范、审查范围过宽、程序繁杂拖沓等不良现象，[1]公权力对其规制的边界存在空白，可能会导致公权力挤压社会资本或是放纵其掠夺式开发、利用承包地资源。

(3)规制要素的模糊

从《农村土地承包法》第38条规定土地经营权的流转原则来看，受让主体适格性审查的适用范围应当是所有流转土地经营权的"受让方"，[2]而且针对特定受让主体的专门性规制制度，即该法第45条第1款中对"工商企业等社会资本"设置的"资格审查、项目审核和风险防范制度"。但是，现行法律对受让主体适格性审查仅有流转原则中的规定，而对其具体的规制要素则十分模糊，例如，适格性审查的行使主体、确定受让主体适格性的标准、针对特定受让主体的审查制度适用规则等，规制要素的模糊必然导致法律规制的功能降低甚至落空。

综上所述，以上种种制度缺陷有必要在学理上加以阐明，以确定公权力行使的合理方式以及边界、范围，防止过度审查所带来的危害。

(三)受让主体适格性审核的原则

从《农村土地承包法》第38条规定的"受让方须有农业经营能力或者资质"以及"不得改变土地所有权的性质和土地的农业用途，不得破坏农业综合生产能力和农业生态环境"的流转原则分析，可以得出受让主体适格性审核的原则应当包括以下几个方面。

1.类型化的主体：坚决面对全部的土地经营权受让主体

由于"三权分置"下的经营者仅是在特定期限内在承包地之上从事农业生产并获得相应农产品，越是不惜地力而过度投入化肥、农药，越能够在特定面积的承包地之上获得更多的农产品，取得更多的经济收益，但过度使用承包地地力、滥用化肥、农药的不利后果则由承包农户承担。由于受让土地经营权的主体均存在为了自身利益的最大化而过度利用承包地的内在冲动，所以受让

---

[1] 参见陈广华、毋彤彤：《乡村振兴视域下工商资本流转土地经营权的法律规制研究——兼评〈农村土地承包法〉第45条》，载《中国土地科学》2019年第8期。

[2] 2018年修正《农村土地承包法》第38条第4项规定："受让方须有农业经营能力或者资质。"

主体适格性审核的适用范围应当是全部的受让主体。

此外,不同类型的经营者所需要考量的农业经营能力和资质也是不同的,例如,本集体内部的成员同样可以成为土地经营权的受让主体,其既是承包农户,也是经营者,虽然其必须通过适格性的审核,但对其审核的要素最简要。对于种粮大户、家庭农场,其经营者本身长期从事农业生产,而且居住地大多为本地或周边地区,相较个体的经营者(承包农户),差别在于经营的承包地面积较大和雇佣的人数较多,但依旧属于个体户经营的范围,因而审核的要素就要参考面积与雇工人数是否符合其“规模经营”的需求。而“工商企业等社会资本”本身不从事农业生产,并且可能存在跨区域的情况,具有强大的资金能够流转大面积的承包地和雇用较多的农业劳动力,且逐利的倾向在所有类型的受让主体中最为明显,相应的风险也最大,因此,对于此类主体应当采用较严格的规制要素来审核。综上所述,适格性审核面对全部的土地经营权受让主体,但应当根据主体的类型以区分不同程度的规制要素。

2. 农业用途管制的内容:坚持承包地的农业用途管制

针对“三权分置”下承包地流转出现的“非粮化”“非农化”风险,土地经营权受让主体适格性审核的内容应当坚持承包地的农业用途管制,特别是针对基本农田的用途管制,只要流转土地经营权的“项目审核”中涉及基本农田,除准入审核阶段的监管外,必须强化经营阶段的监管,将农业用途管制由准入延伸到项目经营的过程,甚至到项目结束,即受让土地经营权的期限届满,农业主管部门应当实地考察项目用地是否符合农业用途管制,如有“非粮化”“非农化”的现象则对受让主体追究相应的法律责任。

3. 审核保护的目标:维持承包地的农业综合生产能力和农业生态环境

承包地资源与土地资源的概念差别在于,前者相较后者更加注重所蕴含和承载的农业综合生产能力和农业生态环境,承包地并不是一类单纯的自然资源,而是经过数代农民不断改造而形成适宜传统农业生产的一类社会资源。如前文所述,承包地所承载的农业综合生产能力和农业生态环境是有限度的、可损耗的,在“三权分置”下受让主体无须承担损害农业综合生产能力和农业生态环境的不利后果,过度使用反而能够实现利益最大化,因此,适格性审核保护的目标即是维持承包地的农业综合生产能力和农业生态环境。虽然立法确立了市场化的承包地“有偿”使用,包括其承载的农业综合生产能力和农业生态环境,但是“有偿”不意味着对其降低或是损耗,而是对其“维持”,“有偿”与“维持”是相对应的。因此,适格性审核应当对准入之时承包地的农业综合生产能力和农业生态环境加以确认,通过将《耕地质量标准》国家标准与二者挂钩,明确“维持”这一审核的尺度,以达成保护承包地资源的目标。

(四)受让主体适格性审核的模式、内容与边界

随着土地经营权流转市场的建立以及流转的加速与拓展,作为监管者的政府,除完善土地经营权主体的准入和资质审查制度外,[1]还应重点配套土地经营权受让主体的经营内容的监管制度,将一次性监管转变为持续监管,将主体监管转变为主体和行为双重监管,[2]为促使政府对市场进行有效干预,受让主体适格性审核的模式、内容与边界应当包括以下几个方面。

1. 监管模式:持续式的监管

虽然“三权分置”下流转土地经营权的受让主体的准入及资格审核是一次性完成的,但鉴于土地经营权流转关系的持续性,以及适格性审核保护目标的可损耗性和长期性,政府适度干预市场的监管模式并不能仅在受让主体准入的阶段予以一次性监管即宣告结束,而是在土地经营权流转关系持续的整个阶段即土地经营权的存续期间,政府都应当对其予以适当的干预,因而此类监管的具体外在表现模式必然是持续式的监管。只有在持续式的监管模式下,政府才能够对经营者的生产经营行为予以充分的关注,保证其行为不会过度损耗承包地所承载的有限的农业综合生产能力并维护农业生态环境,从而实现经营者的个体利益与承包农户、集体、国家等多元主体的个体、集体、国家利益相均衡。若是仅采用一次性的监管则无法实现利益之间的均衡,并且难以真正实现适格性审核所欲保护的农业生产能力与生态环境保护之目标。

2. 监管内容:主体与行为的双重监管

针对受让主体资格审查的单一监管,虽然在土地经营权流转的市场准入阶段能够将一些不适格的主体排除在市场之外,保障市场中受让主体具有相应的农业生产能力或资质。但是,市场中主体是会随着竞争不断变化的,其经

---

[1] 参见李长健、杨莲芳:《三权分置、农地流转及其风险防范》,载《西北农林科技大学学报》(社会科学版)2016 年第 4 期。

[2] 参见陈小君:《土地经营权的性质及其法制实现路径》,载《政治与法律》2018 年第 8 期。

营能力或资质有可能“减等”或是丧失,同时,监管内容单一的主体监管无法对经营者的生产经营行为进行纠正,而事后的救济往往成本过高且难以恢复承包地的初始状态。特别是面对“工商企业等社会资本”,在主体监管之下其依赖雄厚的资本实力,能够非常“轻松”地通过审核,但是其生产经营行为所带来的种种风险则难以规制。因此,主体与行为的双重监管应当成为适格性审核的内容,单一的主体监管已然不能适应对“工商企业等社会资本”监管的功能需求。

3. 监管边界:正当性与审慎性的监管

政府适度干预土地经营权市场意味着,适格性审核应当有其边界,尤其是面对“工商企业等社会资本”,如不明确监管的边界而对其规制过多,等同变相加重其生产经营的制度成本,反而使其为逐利而通过突破承包地的农业用途管制,或种植预期收入更高的经济作物等方式,不合理地分散其生产经营的成本,[1]如此便背离了适格性审核的制度初衷与目标。因此,确定适格性审核的边界应当有正当性与审慎性,即一方面,适格性审核应有法律的明确授权,并且其规制要素应当明确、清晰,以此判定哪些行为应当予以规制;另一方面,审核的规制要素设置应当合理,其设置应当使市场运行和国家干预能够发挥应有的作用,在实践中,警惕承包地过度向工商资本大规模集中的现象加剧,最理想的状态是土地经营权流转在适度的规模经营范围内,获得最优的农产品产出率、资源利用率和劳动生产率。[2]

### (五)受让主体适格性审核的规制要素构成

2018 年修正的《农村土地承包法》第 45 条规定了资格审查、项目审核、风险防范等制度,却未能明确其规制要素。通过前文论述,不同类型的受让主体的规制程度应当是不同的,因此,资格审查、项目审核、风险防范等制度的适用在针对不同类型的主体之时也并非并列的,而是依据其类型选择适用,同时,农村经济组织的“管理费用”亦应当明确其性质及收费的内容。受让主体适格性审核的规制要素构成应当按照不同的制度加以解析,为“具体办法”的制定

---

〔1〕 参见陈广华、毋彤彤:《乡村振兴视域下工商资本流转土地经营权的法律规制研究——兼评〈农村土地承包法〉第 45 条》,载《中国土地科学》2019 年第 8 期。

〔2〕 参见张克俊:《经济新常态下土地经营权流转的新特征与思路调适》,载《中州学刊》2015 年第 5 期。

提供参考,特别是对“工商企业等社会资本”则更为必要,其主要包括以下内容。

1. 资格审查与项目审核

资格审查属于主体监管,项目审核则属于行为监管,二者共同构成了适格性审核的“主体与行为”双重监管。

(1)经营资质

就“工商企业等社会资本”而言,由于相对其他类型的受让主体,其本身并非从事农业生产经营的主体,因而对其经营资质这一规制要素不仅应当关注“工商企业等社会资本”所投资的主体或是其设立的主体,更要规范其实际从事农业生产经营的自然人是否具有相应的资质。“资格审查”制度应将其范围具体到“农业经营能力”,也即工商资本投资农业的市场准入门槛,以事前性的预防减少流转的违约。

(2)经营规模

经营规模直接关系流转承包地的面积是否适宜,以及相应的农业劳动力是否匹配,“经营面积”与“实际劳动力”成为衡量经营规模的关键因素,同时,还要考虑农产品产出率、资源利用率和劳动生产率是否在经营规模的最优程度范围之内,如此才能在项目审核中对其合理性加以判定。

(3)经营内容

经营内容直接关系农业用途管制,是行为监管的重点,在准入阶段通过对经营内容的审核,判断其受让土地经营权的承包地是否属于基本农田,其生产经营的农产品是否符合用途管制、是否将农用地转为其他用途;在项目实施阶段,主管机关需要对受让主体的生产经营行为的内容持续监管,判断其是否与项目审核的经营内容一致;在项目的完结阶段,通过土地经营权注销登记等制度对照承包地的状态是否与之前项目审核的经营内容相符合。

2. 风险防范

鉴于农业的弱质性,其生产经营所面临诸多风险,然而在法学的研究视角下,“地租侵蚀利润”与“非粮化”“非农化”的风险要素无疑具有重要的规制意义。

(1)“地租侵蚀利润”风险

为了避免、降低“地租侵蚀利润”风险,需要政府对于土地经营权流转的价格予以适度的干预,中央政策提出“对工商企业长时间、大面积租赁农户承包地要有明确的上限控制”,[1]即为防止工商资本为追求利润而盲目增加流转承包地的面积,而提出数量的上限控制,同时,在地方实践中有“根据当地经济发展水平、农产品和农资价格变动情况等综合因素……县级农村土地流转管理部门制定并发布本县市区土地流转指导价格”的做法,[2]由政府根据本地情况发布流转土地经营权的“地租”政府指导价,在一定程度上控制市场中“地租”的过快上涨,以均衡承包农户的“地租”与工商资本的“利润”,缓和“地租侵蚀利润”风险可能引发的种种消极影响。

(2)“非粮化”与“非农化”风险

为避免“非粮化”“非农化”的风险,中央政策除强调对于非农建设和破坏基本农田种植条件的禁止之外,还提出“采取措施保证流转土地用于农业生产,可以通过停发粮食直接补贴、良种补贴、农资综合补贴等办法”,特别是针对工商资本采用约束性规制和激励性规制并行,既鼓励工商资本积极投入农业生产经营,又采用多种措施以持续式的监管,定期对其生产经营行为予以监督检查。[3] 针对工商资本倾向于“非粮化”与“非农化”的特性,可以参考其他国家的经验,引导、鼓励工商资本在一定比例限制的前提下入股以农民为主体的家庭农场,一方面,吸引工商资本投入农业,便于以农民为主体的家庭农场融资以扩大生产规模或是更新技术;另一方面,以家庭农场为经营主体从而压抑并降低工商资本直接经营承包地的“非粮化”倾向及风险,也能够降低工商资本直接经营承包地的经营风险。[4]

3. 管理费用的定位及适用内容的完善

集体经济组织在土地经营权流转过程中能够发挥独有的功能,首先,作为承包农户与工商资本等规模经营者之间流转交易的桥梁纽带,协助提供交易

---

〔1〕 2014年11月中共中央办公厅、国务院办公厅印发《关于引导农村土地经营权有序流转发展农业适度规模经营的意见》。

〔2〕 2016年河北省衡水市人民政府办公室印发《关于加强工商资本租赁农地监管的实施意见》(衡政办字〔2016〕20号)。

〔3〕 2014年11月中共中央办公厅、国务院办公厅印发《关于引导农村土地经营权有序流转发展农业适度规模经营的意见》:“按面积实行分级备案,严格准入门槛,加强事中事后监管……定期对租赁土地企业的农业经营能力、土地用途和风险防范能力等开展监督检查。”

〔4〕 参见高海:《农用地“三权分置”研究》,法律出版社2017年版,第160~161页。

信息,降低双方谈判成本;其次,通过实行流转合同备案、监督承包地用途等所有权权能预防违约;最后,若土地经营权流转的当事人发生纠纷,集体经济组织也具有独特的调解、协调优势。[1] 在提供中介、信息、协调组织等服务的情况下,集体经济组织可以适当收取相应的具有"服务性质"的费用,其不是具有公权力性质的管理费用,而是基于所有权的管理权能在流转土地经营权的过程中对流转当事人提供的服务行为而收取的费用,"管理费用"的不准确表述应当在立法中加以修正。

## 二、土地经营权流转合同制度

合同是反映交易的法律形式,其反映的是等价交换的基本原则。[2] 在"三权分置"的背景下,土地经营权是承包地流转交易的权利对象,在市场经济条件下其设立、转移、变更或者消灭等权利的变动,无不基于承包地流转当事人之间的表意行为,正如《民法典》第 464 条对合同的定义,"合同是民事主体之间设立、变更、终止民事法律关系的协议",土地经营权流转关系正是基于流转合同而产生当事人可以预期的法律上的后果。

### (一)土地经营权流转合同的形式要件

作为特别民法的《农村土地承包法》,其第 40 条首先确定了土地经营权流转合同为要式合同,即签订书面合同,此规定符合"三权分置"下承包地流转的规范性要求。需要特别注意的是,鉴于实践中农村地区法律意识尚待加强,个别地区甚至在承包地发包中缺失书面的承包合同,也为土地承包经营权确权登记造成了一定困难。虽然土地承包经营权合同也是要式合同,并且立法设置了较为完善的承包地发包程序制度,但是实践中依旧出现了未签订承包合同的现象,最终只得依据集体成员的身份属性以及"实际取得"土地承包经营权的标准确认其权利归属,而这也会直接影响承包地发包、流转的规范性,造成发包合同的形式要件规范性制度功能的落空。

鉴于"三权分置"下土地经营权作为一类剥离身份属性的财产性权利,其

---

[1] 参见陈广华、毋彤彤:《乡村振兴视域下工商资本流转土地经营权的法律规制研究——兼评〈农村土地承包法〉第 45 条》,载《中国土地科学》2019 年第 8 期。

[2] 参见王利明:《合同法》,中国人民大学出版社 2015 年版,第 3 页。

流转关系的产生、变更、消灭应当适用市场经济关于财产权变动的普遍性规则。“法律关系以一定的权利义务为其内容，每一个法律关系至少须以一个权利为其要素，或为债权，或为物权”，[1]无论土地经营权的权利属性最终确定为债权或是物权，流转合同对土地经营权流转关系的规范性、稳定性及可预见性发挥着重要的制度功能。对于土地经营权流转合同的形式要件及其规则，应当按照其流转框架的不同分别予以规范性的要求。

在债权性流转框架之内，土地经营权流转合同应当签订书面合同，以规范其流转行为，保障流转关系的稳定性，但若是未签订书面的合同，在经由发包方备案的前提下，则应当适用《民法典》第 490 条第 2 款之规定，[2]土地经营权流转合同在事实上成立生效，在土地经营权的性质未确定之时受让方得以“租赁”方式取得土地经营权或是“土地租赁权”。受让方得以依据此权利在承包地之上从事农业生产经营，并得以债权性的流转方式再流转承包地，在合同法的规制下形成连续的债权性流转关系。

此外，在物权性流转框架之内，流转当事人同样应当签订流转合同，然而不动产权利变动的普遍性规则采用债权形式主义，流转合同的成立生效并不产生权利变动的法律后果，必须经由流转登记受让方才能取得土地经营权。同时，流转当事人还需要按照《农村土地承包法》第 36 条的规定向发包方备案，受让方再流转土地经营权还需要按照《农村土地承包法》第 46 条的规定取得承包方的书面同意并向集体经济组织备案。因此，在物权性流转框架下土地经营权流转的书面合同成为流转登记的必备形式要件，加之向发包方备案和承包方书面同意等集体内部流转管理制度的规范，土地经营权流转合同的形式要件规范性能够得到充分的制度保障，若是未签订流转合同，则无法申请流转登记，亦不能产生土地经营权变动的法律效力，在理论上完全杜绝了违背书面合同形式要件的可能。

### （二）土地经营权流转合同的条款内容

2018 年修正的《农村土地承包法》第 40 条规定了土地经营权流转合同的

---

〔1〕 王泽鉴：《民法总则》（修订版），中国政法大学出版社 2001 年版，第 81 页。

〔2〕 《民法典》第 490 条第 2 款规定：“法律、行政法规规定或者当事人约定合同应当采用书面形式订立，当事人未采用书面形式但是一方已经履行主要义务，对方接受时，该合同成立。”

条款内容，但部分条款的内容规定较为原则，以适应"放活土地经营权"的政策目标便于流转的创新，然而这不意味着对流转合同规范性的放弃，否则在实践中可能偏离"三权分置"的政策目标与现实需求，应当在理论上对此部分条款的内容予以明确并以此指导土地经营权的流转实践，保障其可操作性以及防范土地经营权流转的诸多风险。

1. 流转土地的"坐落"与"质量等级"表述方式的规范性

在本轮土地承包经营权确权登记、颁证的基础上，对于承包地的边界、四至、位置有了明确的记载和坐标图，以土地承包经营权为基础派生的土地经营权，其流转合同中能够对相应流转土地的"坐落"予以明确，将"坐落"的表述方式与权属证书保持一致，在合同中附上流转土地的坐标图，作为合同的附件，避免流转当事人就流转地块的边界产生纠纷。若是土地经营权的物权性流转，流转合同中的关于流转土地的"坐落"还会成为登记机关审核的内容。因此，流转土地的"坐落"的规范性需要与登记证书中保持一致，不能由流转当事人随意约定而在合同中作出非规范的表述方式。此外，流转土地的"质量等级"直接与承包地所承载的农业生产能力和农业生态环境相关联，其代表着社会公共利益，因此，流转当事人的合意不得与"质量等级"的真实性相背离，其表述方式应当适用《耕地质量等级》国家标准，作为条款的内容记载于流转合同之中，确定流转之时承包地的客观状态。若是受让人过度开发、利用承包地，对承包地的农业生产能力和农业生态环境造成损害，则通过流转合同中的"质量等级"即能够准确判定损害的程度，以此作为损害赔偿数额的计算依据。

2. "流转土地的用途"的具体内容应当予以明确

为了避免"三权分置"下承包地的"非粮化""非农化"风险，对流转合同中"流转土地的用途"的监管也是政府部门和集体经济组织行使其管理职能的具体表现，是土地用途管制制度的重要内容，也是对承包地流转予以持续式监管和行为监管的应有之义。流转合同中"流转土地的用途"之条款应当具体并且明确，特别是对于基本农田的流转合同，不能以"农用地"等较为含糊的用词而导致基本农田的"非粮化"风险，应当具体明确到承包地之上所生产经营的农产品的种类，可以将农业主管部门公布的农产品目录作为明确"流转土地的用途"具体内容的依据。同时，基于经营者的生产经营的自由，应当允许其在"流转土地的用途"中选择多项农产品的种类，以应对农业生产的周期性。

3.“双方当事人的权利与义务”不得突破承包地“三权”的结构与边界

虽然土地经营权是基于合同约定而产生的财产性权利，但是从承包地“三权”的权利结构来看，“三权分置”下土地经营权产生的权源基础是土地承包经营权或是集体土地所有权。流转合同的当事人能够基于合意对合同的权利义务进行约定，但是约定的权利义务的内容限于承包地“三权”的权利结构，不能对其权源之边界，即土地承包经营权和集体土地所有权的权利内容是土地经营权流转合同约定内容的边界，不得通过流转合同的合意而突破法定的权利边界。由于原本的土地承包经营权抽离其经营性权能而派生出土地经营权，因此，“双方当事人的权利与义务”限定于原有的经营性权能范围之内，不能无限制地扩展而挤占了抽离经营性权能的土地承包经营权或是集体土地所有权的权利内容，妨害承包农户所保留的土地承包经营权之保障性权能，否则就会动摇承包地“三权”的权利结构、背离“三权分置”的政策目标。

4.“流转价款及支付方式”应当考虑地方政府指导价

承包地作为一类资源性财产，是人类社会赖以生存和经济社会发展的重要物质基础和战略性资源，具有不可再生性和可损耗性，其承载的代际公平、社会整体福利、国家粮食安全等多重公共价值的需求，决定其价格规制的特殊性，[1]土地经营权流转合同的价格条款需要国家予以适度的干预。同时，为了避免承包地流转、利用的“地租侵蚀利润”风险，政府有必要以政府指导价的形式对土地经营权流转的市场价格上限予以指引，防止土地租金过快上涨而挤压经营者从事农业生产经营的利润，警示经营者过度追求流转承包地的规模而可能导致经营不善的后果。此外，实践中也有地方政府对土地经营权的流转价格公布指导价。因此，流转合同中“流转价款及支付方式”应当根据当地的客观情况，由政府出台流转指导价，流转当事人应当将此作为流转价格的上限加以考虑，进而在合同中约定达成合理的流转价格以及选择适当的支付方式，保留一定的利润空间，避免因“地租侵蚀利润”风险引发违约。

5.“违约责任”不得以合同约定排除侵害社会公共利益的责任

2018 年修正的《农村土地承包法》第 42 条规定了承包方对流转合同的解

---

〔1〕 参见史际春：《论公用型资源价格的法律规制》，载《社会科学》2015 年第 7 期。

除权并设置了兜底性条款；第 64 条规定发包方对流转合同的代位解除权，并且土地经营权人对承包地及生态环境造成损害承担赔偿责任。但是，此两个条文中使用了较为含糊的“严重损害”“严重破坏”的表述，究竟何种程度的损害或破坏才能被称为“严重”并不明确，不利于对承包地所承载的农业生产能力和农业生态环境的“维持”。

鉴于承包地的可损耗性以及承包地所承载的社会公共利益，土地经营权受让方对承包地的过度开发、利用直接损害的是承包农户的个体权益，最终损害的是集体经济组织的集体利益以及整体社会成员的社会公共利益。一旦出现对承包地的过度利用而损害其地力，不但违背了流转合同的“合理使用”之流转原则，[1]经营者也需要承担违约责任；同时，承包地作为资源性财产，经营者对其过度利用不仅损害承包农户的财产权，也损害了集体、社会基于土地资源的公共财产权，经营者承担侵权责任，因而经营者“损害”“破坏”承包地及其生态环境之行为会引发流转合同的违约责任与农业生态环境的侵权责任之间的竞合。

在适用《民法典》“合同编”和“侵权责任编”调整责任竞合的同时，首先，应当明确界定法律中“严重损害”“严重破坏”的内涵，由于各地方的承包地质量等级并不一致，在确定以《耕地质量等级》国家标准作为判定承包地质量等级的依据之后，[2]若是承包地的质量等级在签订流转合同之时原本就不高，则判定“严重”的等级变化就应当较窄，例如，承包地原本的质量等级为八级，那么即使只下降一级到二级就已经非常接近最低的耕地质量等级，从而导致承包地的“永久性损害”无法生产农产品。其次，流转合同“违约责任”的约定不得排除侵害社会公共利益的责任，流转当事人通过合同约定的责任范围限定于合同调整土地经营权流转法律关系之内，由于承包地具有公益性，不得通过约定排除法定的侵害农业生态环境的责任，即使在合同中约定亦是无效的条款。

---

〔1〕 2018 年修正的《农村土地承包法》第 38 条第 2 项规定：“不得改变土地所有权的性质和土地的农业用途，不得破坏农业综合生产能力和农业生态环境。”

〔2〕《耕地质量登记》所确定的国家标准从农业生产角度出发，对耕地地力、土壤健康状况和田间基础设施构成的满足农产品持续产出和质量安全的能力进行评价，将耕地质量分为 10 个等级，一等为质量最高，十等为质量最低。

### （三）债权性流转框架下土地经营权流转的生效模式及流转合同的效力

#### 1. 债权性流转框架下土地经营权流转的生效模式

通过对土地经营权流转方式的类型化分析，在 2018 年修正的《农村土地承包法》第 36 条所规定的流转方式中，出租、转包无疑属于债权性流转框架下的方式，鉴于二者在“三权分置”下的区别仅在于受让方是否具有本集体成员的身份属性，因而在学理上应当将二者合并规范为“租赁”更为恰当，并且“租赁”不仅是世界范围之内土地流转与利用的主流，自改革开放以来其在我国实践中也从未缺席。[1] 由于该法第 36 条将不同性质的流转方式统一进行规范，加之“流转”本就不是一个规范的法律概念，并在我国法律中没有统一的内涵，[2] 因此，现行的立法设置使债权性和物权性的流转方式得以统一的规范，其目的是适应“放活”的政策目标和实践中流转多样化的需求。

由于 2018 年修正的《农村土地承包法》对土地经营权的权利属性予以淡化处理，在债权性流转框架下，经由流转合同的成立生效，受让方即取得承包地之上债权性质的利用权。土地经营权的权利属性若是采用“债权说”，则受让方在流转合同生效时即取得土地经营权；若是采用“物权说”，则受让方在流转合同生效时即取得实际上的“土地租赁权”，由此既可通过分离土地经营权的物权变动方式，也可通过设定土地租赁权的债权方式流转承包地权利。[3] 在“放活土地经营权”的政策目标下，法律以内涵模糊的“流转”规范承包地权利的变动，以适应实践中流转多样化的制度需求，同时为未来土地经营权的性质确定预留了空间：若土地经营权确定为债权，则现有流转框架无须改变；即使其确定为物权，则受让方取得“土地租赁权”，修法的成本也能够降到最低。因此，在现阶段土地经营权的权利属性存疑的基础上，债权性流转框架之内土地经营权流转的生效模式采用债权意思主义，即合同生效模式，流转合同生效受让方即取得土地经营权，不需要经由登记，由此“三权分置”下承包地得以实

〔1〕 参见陈小君：《土地改革之“三权分置”入法及其实现障碍的解除——评〈农村土地承包法修正案〉》，载《学术月刊》2019 年第 1 期。

〔2〕 例如，《民法典》第 334 条规定的承包地权利的“流转”方式有互换、转让；第 339 条规定的“流转”方式有出租、入股或者其他方式；第 342 条规定的“流转”方式有出租、入股、抵押或者其他方式。2018 年修正的《农村土地承包法》第 36 条、第 53 条的土地经营权流转分别为“出租（转包）、入股或者其他方式”，以及“出租、入股、抵押或者其他方式”。

〔3〕 参见宋志红：《三权分置下农地流转权利体系重构研究》，载《中国法学》2018 年第 4 期。

现债权性的流转与利用。即使土地经营权人在取得权利之后申请登记,但此登记并非土地经营权的流转登记而是设立登记,因为此“流转”是土地经营权的设立而不是权利的概括转移,须适用设立登记的规则,因而不会产生设立登记与流转登记的规则层面的矛盾与冲突。

2. 债权性流转框架下土地经营权流转合同的效力

债权性流转框架下土地经营权流转合同的效力仅限于特定的当事人之间,具有相对性,因而通过出租等方式流转的土地经营权不具有物权性流转的绝对性与对世性,并且不具有公开的特点,因此,流转合同成立生效之时受让方即取得土地经营权,无须财产变动的公示,在程序和成本方面更为便捷,但是在效力方面其与物权性流转存在较大差异。就一般意义而言,物权性流转具有排他、追及、优先等效力,而债权性流转不具有这些效力,虽然不动产之上的租赁权具有物权化的权利保护,但其本质依然属于债权性的流转与利用,在效力上存在一定的差别。[1] 例如,流转合同不具有排他性,承包农户可能与多个受让人签订流转合同,两个以上的以出租方式流转土地经营权的合同都能够有效成立,但是出租承包地的承包农户只能向其中一个受让方履行债权债务,对其他受让方只能承担违约责任,其他受让方仅就流转合同并不具有优先效力。

正是由于流转合同的相对性,其效力限于特定的当事人,而这可能无法实现土地经营权人对承包地长期经营所需要的稳定性以及对抗性,因而2018年修正的《农村土地承包法》第41条规定了长期流转的权利人可以申请登记,以取得对抗善意第三人的效力,以此保障权利人对于承包地长期经营的稳定性。需要强调的是,由于该法对土地经营权的权利属性予以淡化处理,并且第41条以任意性规范对权利人申请登记进行规定,对流转合同当事人仅具有指引功能,目的在于对长期稳定的承包地债权性的流转与利用关系有需求之时以登记为制度保障,不宜将该法第41条视为规范流转登记的生效要件,而得出土地经营权的流转均采用合同生效模式的结论。综上所述,债权性流转框架下土地经营权流转合同在特定当事人之间具有相对性的效力,而登记是为流转当事人对抗第三人的制度保障,保障当事人对长期稳定的承包地流转与利用关

---

〔1〕 参见谭启平:《“三权分置”的中国民法典确认与表达》,载《北方法学》2018年第5期。

系的期待，且此处的登记应当定性为债权性流转下土地经营权的设立登记。

(四)物权性流转框架下土地经营权流转合同的功能与定位

1. 流转合同是当事人达成土地经营权物权性流转合意的外在形式

在民法理论上，关于一项权利的取得，依据其所需要的前提要件不同，可以细分为原始取得和继受取得，原始取得，是指非基于他人既存的权利而独立取得新的权利；继受取得，是指基于他人既存的权利取得新权利(权利的相对发生)，继受取得又可细分为就他人的权利依其原状的移转取得和于他人的权利上设定物权的创设取得。[1] 虽然2018年修正的《农村土地承包法》对土地经营权的权利属性界定不清，但可以确定的是，基于土地经营权的生成路径及承包地“三权”权利结构，其派生的权源要么基于集体土地所有权，要么基于土地承包经营权，均需要权利人就派生土地经营权达成合意，因此，土地经营权并非基于法定方式而产生的，而是基于当事人所达成的意愿并依据其他主体的既存权利而创设，并由流转受让人取得土地经营权。[2] 土地经营权作为市场经济的财产性权利，当事人之间的合意是以法律行为变动权利的基础，由于土地经营权的权利变动需要通过双方的合同来进行，因而在学理上常常将合同视为权利变动的基础关系，[3]流转合同是当事人达成流转土地经营权之合意的外在形式，其在土地经营权的物权性流转中处于基础性的地位。

2. 流转合同记载土地经营权物权性流转的权利变动方式

在当事人达成流转土地经营权的合意之时，对达成一致的流转方式需要通过一定的形式表示出来，这种当事人表示出来的、就流转达成一致的表意行为或者交易意思，即是合同。虽然土地经营权流转合同的形成需要双方当事人的一定行为，但是此类行为仅是成立流转合同的行为，即对流转合同的内容进行协商、确定并以当事人所同意的物权性流转方式加以固定或确认的行为，其所产生的法律后果仅是流转合同的签订与成立。按照民法理论，土地经营权的流转属于权利的继受取得，其将债权合同理解为物权变动的依据，以债权合同来判断物权取得的效果，[4]因此，流转合同记载土地经营权的权利变动

[1] 参见王泽鉴：《民法总则》(修订版)，中国政法大学出版社2001年版，第239页。

[2] 参见房绍坤：《〈农村土地承包法修正案〉的缺陷及其改进》，载《法学论坛》2019年第5期。

[3] 参见王利明：《物权法》，中国人民大学出版社2015年版，第57页。

[4] 参见孙宪忠：《物权法》，社会科学文献出版社2011年版，第104页。

方式。

此外,流转合同的目的实现还必须经过合同规定的履行行为予以落实的过程,即在将流转合同所记载的流转内容付诸实际,并完成合同约定的流转方式所要求的各项履行义务之后,对土地经营权的变动加以公示,流转合同所约定的土地经营权变动才发生法律上的效力,当事人流转土地经营权的合同目的才会实现。因此,虽然合同在土地经营权的物权性流转中居于基础地位,但是仅有流转合同本身,承包地之上的土地经营权不会发生权利变动,合同的成立与合同的履行之间的关系是形式与实质的关系,若是没有履行行为,流转合同不过是永远不会产生现实结果的一纸空文,流转合同的内容即土地经营权的流转是当事人的表意行为与履行行为在形式要件与实质要件的结合;流转合同是土地经营权变动的原因,对受让人实际取得权利——土地经营权变动的结果,起决定性作用。[1]

3. 流转合同是土地经营权物权性流转生效的构成要件

一般而言,学理上基于法律行为的权利变动,原则上应当采用"合意(或法律行为)+公示(登记或交付)"的方式完成,此为权利变动的常态,在法律没有特别规定的情况下,土地经营权的权利变动原则上应当依据此种变动方式的规则。[2] 土地经营权作为一类不动产之上的财产性权利,其变动显然属于双方法律行为,即基于土地经营权流转合同而产生的权利变动,在物权性流转的框架之内,其变动的公示方式无非包括占有、交付与流转登记两类。[3] 虽然2018年修正的《农村土地承包法》第41条对流转土地经营权的登记进行了规范,但该条文仅规范了登记所产生的对抗效力,而非土地经营权流转的生效模式,虽然该条文为任意性规范,但是从该条文中并不能得出土地经营权流转登记采用登记生效模式或登记对抗模式的结论,[4]因而在承包地"三权

---

[1] 参见陈光华:《物权变动要件论》,知识产权出版社2008年版,第234页。

[2] 参见王利明:《物权法》,中国人民大学出版社2015年版,第58页。

[3] "按照世界各国物权法的通例,动产物权的变动原则上以占有、交付为公示方式(船舶、航空器、机动车等例外);不动产物权变动则以物权登记为公示方式。我国《物权法》的规定亦是如此。"聂佳:《中国土地承包经营权设立登记评析》,载《现代法学》2008年第4期。《民法典》第208条延续了这一规定。

[4] 登记生效模式与登记对抗模式的区别在于:登记是否为物权变动的生效要件不同;是否为强制性的要件不同;是否存在物权的冲突不同;是否要考虑善意第三人不同;适用范围不同。参见王利明:《物权法》,中国人民大学出版社2015年版,第59~60页。

分置”的改革进程和地方实践中,该条文更多的是具有宣示意义和对当事人的指引功能。但无论物权性流转框架下土地经营权的流转生效采用何种模式,流转合同无疑是其构成要件,并且处于基础性、前置性的地位,起到决定性的作用。

### 三、土地经营权流转登记制度

本轮土地确权登记是在国家的推动下,运用土地承包经营权登记制度进行的确权登记。虽然取得了很大的成果,但是承包地流转登记制度依旧存在一些问题。在“三权分置”的改革契机下,应当以《分置办法》为政策指引,厘清2018年修正的《农村土地承包法》中土地经营权流转登记制度的逻辑及体系,在“债—物”并存的流转框架之下完善土地经营权流转登记制度,以保障土地经营权物权性流转的规范性与稳定性。

#### (一)土地经营权设立、流转登记应当设立不同的生效模式

在承包地的发包与流转阶段,当事人所面临的风险是不同的,对于承包地信息的需求也是不同的。从设立阶段来看,因承包方式的不同,承包合同的双方是农村集体组织与集体成员或非集体成员。无论哪种承包方式,设立土地经营权的双方是相对特定的,并在设立过程中均有相应的程序制度,避免在同一地块上重复设立权利。承包人对于承包地信息的需求仅限于拟承包的特定地块,因而风险较小,对于承包地信息的需求也较小。因此,土地经营权设立登记应当采用意思主义模式,即土地承包经营合同双方达成合意,经由合同成立、生效而取得土地经营权。若采用物权形式主义模式,需要在登记之后才设立物权,意味着在合同生效之后,登记之前的一段时间内,承包地实际占有人没有取得土地经营权,形成了一段时间的“权利真空”。在此期间,承包地信息处于“静止”状态,不涉及第三人和交易风险,因此,设立阶段采用物权形式主义模式没有必要。

从流转阶段来看,当承包地进入市场流转,所面对的是市场中众多的潜在受让方,其权利内容也随着土地流转发生变更,承包地信息处于连续的“运动”状态,潜在受让方的风险远大于土地经营权的设立阶段,对于承包地信息的需求较大,需借助登记所能提供的公示力、公信力及推定力,实现确

认产权界限的目的。[1] 因此,土地经营权流转登记应当采用物权形式主义模式,即土地经营权的流转发生法律上变更的效力,除当事人之间对于不动产物权变更之合意外,还须进行登记的法定程序,不登记则物权变动不生效,以此引导经营者进行登记。若土地经营权流转不以登记为权利变更的生效要件,则承包地流转时登记无法反映真实、充分、有效的承包地信息,不仅承包地潜在受让方无法获得有效的承包地信息而承担信息风险并增加交易成本,而且国家也无法获取连续、有效的承包地信息。《分置办法》指出,健全承包合同取得权利、登记记载权利、证书证明权利的确权登记制度,这一政策规定对于土地经营权登记制度的生效模式给予了明确的指导。在发包阶段,当事人因承包合同生效而取得权利,生效模式采用债权意思主义,同时,当事人可以申请登记制度予以记载、公示,其登记为土地经营权的设立登记;在流转阶段,物权性流转发生土地经营权的概括转移,其流转生效模式采用债权形式主义,即登记生效模式,以土地经营权的流转登记为生效要件,其登记为土地经营权的流转登记,受让方通过登记取得证书,证书证明受让方拥有权利。

(二)土地经营权流转登记应当限定于物权性流转

现行法律将承包地的流转分为转包、出租等债权性流转,以及入股、抵押等物权性流转。其中,债权性流转仅需出让人和受让人之间达成合意便可生效,而物权性流转除流转双方的合意之外,还需要进行登记才可生效。在确定土地经营权的物权属性以及流转的登记生效模式之后,区分两种类型的流转已经没有必要。在“三权分置”下,土地经营权在流转阶段已经割离其原有身份属性的物权,其权能包括占有、使用、收益,处分,无论物权性或是债权性的承包地流转,受让人都可取得相同的占有、使用、收益等权能。从制度设计的角度看,债权性流转可以等同于附期限的物权性流转,债权性流转在制度设计上能够被物权性流转吸收。承包地流转的类型可以仅为物权性流转,并在适当时机下,将债权性流转吸收到物权性流转,对未登记的承包地流转之法律效力不予认可,利用市场对于承包地信息的需求将“劣币”逐出,土地经营权登记才能将所有的承包地流转类型涵盖,并公示完整、有效的承

---

〔1〕 参见郜永昌:《论农村土地登记治理功能及其实现》,载《西北农林科技大学学报》(社会科学版)2013 年第 7 期。

包地信息,保障承包地流转的规范性,实现承包地有序流转及权属清晰。但是,在现阶段,还是应当保留承包地的债权性流转方式。《分置办法》指出,健全登记记载权利、证书证明权利的确权登记制度。由于债权性流转生效模式下,权利变动无须登记便可生效,也无法取得权利证书证明受让人拥有土地经营权,因此,将土地经营权登记限定于物权性流转与《分置办法》相符合。

(三)土地经营权流转登记应当将承包地质量纳入登记内容

不论承包地的财产属性,还是其资源属性,承包地质量均是最重要的价值标准。就财产属性而言,承包地的使用价值在于农业生产的地力;就资源属性而言,承包地的资源价值在于蕴含其中的生态环境,两者在一定程度上均能通过承包地质量得以彰显。质量等级是承包地信息所蕴含的重要内容,是衡量承包地使用价值的重要依据,应当将承包地质量纳入土地经营权登记。首先,承包地质量是影响承包地流转的重要因素,[1]流转双方基于自身利益的考量,出让方希望将质量较低的承包地流转出去,而受让方希望通过流转得到优质承包地。出让方由于实际占有、使用承包地,承包地质量信息在流转双方之间存在不对称,将承包地质量纳入登记内容进行公示,防止记载承包地质量的信息被人为扭曲,降低承包地流转的成本。其次,我国承包地质量的形势严峻,制定合理的农村土地权利制度能够促进农户进行有利于长期土地生产力提高的投入。[2] 将承包地质量纳入登记内容,承包地权利的内容和边界可以经由登记制度得到进一步明确,激励经营者对于承包地质量提升的长期投入,以防止其对承包地进行短期的掠夺性利用。最后,承包地资源承载公共利益,对于承包地的养护,国家应当予以适度干预,对于承包地的实际经营者给予有效的补贴,激励经营者对承包地合理利用,并投入成本保护、提升承包地的农业生产能力和农业生态环境。因此,国家需要土地经营权登记所记载、公示的承包地质量信息,实现国家财政补贴的有效激励。

---

〔1〕 参见张成玉:《农地质量对农户流转意愿影响的实证研究——以河南省嵩县为例》,载《农业技术经济》2011 年第 8 期。

〔2〕 参见何凌云、黄季焜:《土地使用权的稳定性与肥料使用——广东省实证研究》,载《中国农村观察》2001 年第 5 期。

## 四、土地经营权流转管理制度

### (一)农民集体内部的流转管理

从土地经营权的权源基础来看,土地经营权派生于集体土地所有权或土地承包经营权,作为承包地的所有者,集体土地所有权人具有对其进行管理的权能,为集体成员提供基本的生存保障和福利,在本质上是集体成员的集体意志和利益的反映,因而所有权人对集体财产之管理是客观的需要;[1] 土地承包经营权抽离其经营性权能而派生土地经营权,其是承包农户流转土地经营权后所保留的、具有身份属性的土地财产权利。换言之,在“三权分置”改革的探索过程中,土地经营权流转的最终承担者依然是承包农户,其个体利益存在不可控制的风险,因而在这一阶段,承包农户对土地经营权流转加以必要的管理是主观的需要,以防止未来经营者可能对承包农户权益的侵害。从承包地的公私二元性来看,其兼具公益性和私益性,由于承包地具有可损耗性,在“三权分置”背景下土地经营权的“放活”会加重经营者过度开发、利用承包地的风险,承包农户会成为承包地过度利用的直接受损人,而农民集体则会成为间接受损人,并且会对承包地所承载的粮食安全、农业生态环境等社会公共利益造成难以估量的损害。因此,基于以上两方面的考量,作为农民集体内部的发包方和承包方应当对土地经营权的流转予以适度的管理。这是因为过度的管理,有可能演化为对“放活土地经营权”这一政策目标的制度障碍,在市场化下土地经营权流转的法律规则之外,形成对经营者财产权的过分限制,反而会破坏市场规则的适用以及市场配置土地资源的决定性作用,导致土地经营权的市场化路径以及承包地“三权分置”改革目的落空,因此,农民集体内部的流转管理应有其合理的限度。

1. 发包方备案

(1)备案是发包方行使所有权管理权能的具体方式与基础

2018 年修正的《农村土地承包法》第 36 条、第 46 条、第 47 条规定了流转土地经营权需要向发包方备案。发包方作为集体土地所有权的行使主体,其

---

〔1〕 参见韩松:《论农民集体土地所有权的管理权能》,载《中国法学》2016 年第 2 期。

对流转土地经营权的备案是基于集体土地所有权的管理权能。[1] 备案正是对承包地流转管理的具体方式，其能够在土地经营权流转之时适时掌握土地经营权的流转信息，即便土地经营权发生再流转，发包方依旧能够及时掌握流转信息。同时，发包方只有在及时掌握流转信息的基础之上，才能够进一步对承包地进行管理，监督受让方的生产经营行为是否符合合同约定的用途，是否过度开发、利用承包地，以及是否撂荒等。因此，发包方通过备案知晓土地经营权的流转信息是其行使其他监督管理权能的基础。

(2)备案保障发包方以最低的成本及时知晓土地经营权的流转信息

由于发包方不是土地经营权流转合同的当事人，鉴于合同的相对性，其不能直接参与到流转合同的签订之中。同时，按照2016年农业部发布的《农村土地经营权流转交易市场运行规范(试行)》的规定，现阶段流转合同的签订主要在土地经营权交易市场之内完成而并非在本集体内部，[2]合同的签订场所因而脱离了集体的监管。此外，虽然发包方能够通过流转登记查询到部分流转方式下土地经营权的流转信息，但是需要发包方花费更多的成本，并且无法知晓债权性流转的信息。因此，相较登记查询，鉴于合同相对性，备案无疑是发包方能够以最低的成本及时知晓土地经营权流转信息的保障。

(3)备案不应当成为土地经营权流转生效的构成要件

相较《农村土地承包法》第36条的规定，《民法典》第339条中并没有"向发包方备案"的表述。《民法典》无疑是市场经济关于财产权利的基本法律，是规范财产权在市场中交易的普遍规则，作为民事特别法的《农村土地承包法》不能就此超越《民法典》的规定，因此，备案仅是定位于民事特别法中发包方基于所有权管理权能的具体方式，不宜将备案作为土地经营权流转的生效要件，即使土地经营权流转当事人未向发包方进行备案，亦不影响流转的生效。可见，虽然备案是发包方基于所有权管理权能的客观需要并且具有重要的功能，

---

[1] 集体所有权的管理权能是通过管理活动对集体所有权的行使，属于集体所有权的权能。韩松：《论农民集体土地所有权的管理权能》，载《中国法学》2016年第2期。

[2] 《农村土地经营权流转交易市场运行规范(试行)》第1条第2款规定："本规范所指农村土地经营权流转交易市场，是指为农村土地经营权依法流转交易提供服务的平台，主要包括农村土地经营权流转服务中心、农村集体资产管理交易中心、农村产权交易中心(所)等。"同时，该规范第8条规定："流出方和流入方与农村土地经营权流转交易市场签署流转交易服务协议，明确农村土地经营权流转交易市场提供的服务内容及协议双方的权利、义务。"

但是其不应当成为土地经营权流转生效的构成要件,否则将影响土地经营权流转规则的体系化并且动摇流转的法律效力。

(4)备案与流转合同、登记制度的衔接

虽然备案不应当是土地经营权流转生效的构成要件,然而在土地经营权流转处于探索的现阶段,其具有独特的功能与地位,居于土地经营权流转过程中的重要一环,应当在土地经营权市场的交易规则中将其与流转合同或登记制度相衔接,以激励权利人主动向发包方备案。

2. 承包方同意

2018 年修正的《农村土地承包法》第 43 条、第 46 条、第 47 条分别规定了承包方对受让方改良土壤、土地经营权的再流转和融资担保等事项的“同意”,然而土地经营权作为一类市场化的财产性权利,其在市场中的流转以及在法律框架内对承包地的支配应当遵从权利人的意思,承包方对此不应当加以干涉,否则会对权利人行使或流转其土地经营权的“自由”造成妨害。鉴于现行立法对土地经营权的权利属性予以淡化处理,那么对赋予承包方对土地经营权流转事项的“同意”之法律依据有必要进行理论上的探讨,否则承包方的“同意”将会无限膨胀,对“三权分置”下土地经营权的市场配置机制造成消极影响。因此,应以此为基础进一步厘清承包方“同意”的限度与边界。

(1)承包方同意的法理依据

首先,从承包地“三权”的权利结构分析,土地经营权是承包农户的土地承包经营权抽离部分经营性权能而派生的,承包农户保留的土地承包经营权即是政策中的“农户承包权”或是现行立法中的土地承包权。[1] 从集体获得的土地承包权是“三权分置”下农户保留的重要财产权利,必须逐步凸显其财产功能,强化土地承包权的物权功能,[2] 农户的土地承包权和经营者的土地经营权均属于财产性权利,后者以前者为基础及权源,因而承包方的意志对土地经营权有一定的联系,此为“同意”的法权依据。其次,从承包地的特性和承包方的权益保护分析,承包地所承载的农业生产能力和农业生态环境并非没有限度,

---

〔1〕 2018 年修正的《农村土地承包法》第 9 条规定:“承包方承包土地后,享有土地承包经营权,可以自己经营,也可以保留土地承包权,流转其承包地的土地经营权,由他人经营。”

〔2〕 参见李国强:《论农地流转中“三权分置”的法律关系》,载《法律科学》2015 年第 6 期。

而是随着农业生产而不断的减损和失衡，因而具有可损耗性。承包地是由农民集体基于承包农户的集体成员身份而分配的，承包农户是承包地可损害性的直接承担者，土地经营权的再流转和承包地的土壤改良与承包农户的权利保护直接相关，再流转更换了受让方而承包方并不知晓此主体的客观情况，土壤改良可能改变承包地的客观基础，因而承包方需要就此表达自己的意愿，此为“同意”的客观依据。

(2)承包方同意的限度与边界

如上所述，过度地强调承包方同意会限制土地经营权的再流转和经营者改良承包地的土壤，例如，在土地经营权的入股流转之后受让方取得土地经营权，但是受让方基于扩大生产规模的需要将土地经营权向银行抵押融资，若是没有承包方的同意则无法就土地经营权设定抵押权，由此，过度强调“同意”可能造成经营者只能就承包地从事农业生产，而无法实现土地经营权的其他财产性功能；再如，在取得土地经营权后，经营者的农业生产行为必然会造成承包地的地力下降或是农业生态的失衡，若是过度强调“同意”，则经营者只能任由承包地的地力下降直至造成永久性损害或是农业生态环境的彻底失衡，并且不能建设农业生产附属、配套设施，可能造成只能开展传统型农业生产的局面，规模性经营的客观条件不能实现。因此，承包方同意需要有一定的限度与边界，否则将在承包方的意愿和承包地有效利用之间形成悖论。承包方同意的限度与边界应当在于承包地“合理”开发和“可持续”利用，并且在流转合同之中能够得到部分的反映，例如，在入股的流转合同中，当事人可以就入股主体的规模性经营需求达成一致，直接约定土地经营权的再流转、担保融资或是改良土壤，如此在土地经营权流转的合意之中，已然取得承包方概括性的“同意”，防止承包方之后就其“同意”而过分限制经营者行使其权利。

(3)默示同意

鉴于“三权分置”背景下，大量承包农户会进入城市从事非农产生，若是僵硬地解读《农村土地承包法》第 43 条关于改良承包地的土壤需取得承包方同意的规定，可能出现无法联系城市中的承包农户而不能改良土壤导致承包地的地力下降的情况，受让方对此难以自行解决。在民法理论上，意思表示的方式可以是明示或是默示，所谓默示，是指由特定行为间接推知行为人的意思表示。[1] 针对此类情况，由于承包方的同意仅是防止承包地受损的风险，若是实现土壤改良只会对承包方的权益有利而无害。《农村土地承包法》第43条的规定主要是针对受让方在承包方同意的基础上取得“合理补偿”，其立法本意也不是限制受让方改良土地，而是防止双方当事人就“合理补偿”产生纠纷，因而设定了承包方同意。因此，改良土壤完全可以基于默示同意的方式，这样既保障了承包农户基于承包地的财产权利，又实现了经营者改良承包地土壤从而实现长期经营的需求。

3. 集体成员土地经营权受让优先权

(1)集体成员土地经营权受让优先权的依据

首先，优先权的设置体现了国家政策的扶持，2017年中央印发了《关于加快构建政策体系培育新型农业经营主体的意见》，明确了新型农业经营主体在培育体系中的定位，[2] 其中，集体成员构成的家庭经营是基础，集体内部与外部的合作与联合是纽带，可见集体成员的优先权得到了国家政策的扶持。其次，赋予集体成员优先权具有独特的优势，作为世代在集体内部生活并从事农业生产的集体成员，十分熟悉本集体范围承包地的客观情况，加之传统农村社区“熟人社会”的约束，既能够有效利用承包地，也能够基于“恋土”情结保护集体土地，最大限度地实现承包地资源利用与保护的平衡。最后，赋予集体成员优先权一定程度上也是防范风险的需要，如前文所述，集体外部的经营者特别是社会资本受让土地经营权具有“非粮化”“非农化”风险，若在“同等条件”下由集体成员优先受让土地经营权，则可以在一定程度上化解此类风险。

(2)集体成员土地经营权受让优先权应当予以必要的限制

虽然赋予集体成员土地经营权受让优先权具有多重优势，但是其可能引发的一些消极后果同样值得关注，例如，集体成员之间可能就土地经营权的流转价格相互串通，当集体外部的潜在经营者和承包农户已经就流转价格达成初步意向，此时若本集体成员以“同等条件”为理由要求行使其优先权，则会迫使经营者提升价格。若是不对集体成员土地经营权受让优先权予以必要的限

[1] 参见王泽鉴：《民法总则》(修订版)，中国政法大学出版社2001年版，第339页。

[2] 2017年中共中央办公厅、国务院办公厅印发的《关于加快构建政策体系培育新型农业经营主体的意见》指出，“加快培育新型农业经营主体，加快形成以农户家庭经营为基础、合作与联合为纽带、社会化服务为支撑的立体式复合型现代农业经营体系”。

制，最终的结果将是引发“租金侵蚀利润”风险，或是彻底将集体外部的潜在受让者排除，那么土地经营权的流转将限于集体内部，如此也将背离“三权分置”改革的目标。

(3)集体成员土地经营权受让优先权的行使方式

在对集体成员土地经营权受让优先权予以必要限制的基础上，需要明确优先权的行使方式，承包农户可以首先在集体内部发布流转土地经营权的意愿和信息，确定本集体内部有受让意愿的成员，若是没有则直接在土地经营权流转市场中发布信息，同时排除集体成员的优先权行使，以防止其恶意竞价；若是集体成员有受让的意愿，则与土地经营权流转交易市场中的潜在受让方进行竞争，并可以行使优先权。此外，“同等条件”的内涵应当被明确为不仅包括流转价格，还应当考虑受让竞争者的经营方式和经营资质，只有在流转价格、经营方式、资质等各方面具有“同等条件”的集体成员才能够行使优先权，而不能仅是流转价格同等便能优先受让土地经营权。

(二)政府主管部门的流转管理

由于承包地具有“财产—资源”的双重属性，土地经营权作为一类市场化下的财产性权利，其流转应当由市场机制发挥决定性作用，但是市场并不完美，存在失灵的情况，国家应当以法律的形式对此予以适度的干预；此外，基于承包地的资源属性，承包地配置的有效性将直接影响其所承载的粮食安全、生态环境等社会公共利益，土地经营权流转交易市场本就是承包地“三权分置”的诱致性制度改革下的产物，[1]其中内含国家对土地经营权这一新型权利市场的干预，加之现阶段这一市场本就不成熟，由此政府主管部门对土地经营权的流转进行管理，以保障承包地资源在市场配置中的规范性与有效性。

1. 流转合同的管理

(1)土地经营权流转合同的文本规范

作为一类新型财产权的交易市场，土地经营权流转交易市场是诱致性制度改革下的产物，并且实践中对于土地经营权流转方式还在不断的探索，因而需要对流转合同的文本进行管理。一方面，由流转交易市场明确服务的内容

---

〔1〕 参见陈小君：《土地改革之“三权分置”入法及其实现障碍的解除——评〈农村土地承包法修正案〉》，载《学术月刊》2019年第1期。

并在市场内当事人签订合同,[1]同时流转当事人参照土地经营权流转交易合同的示范文本来签订流转合同;[2]另一方面,示范文本应以《农村土地承包法》第40条合同条款的规定为基础,并且可以更加细化、详尽,以此保障流转合同的规范性和当事人流转土地经营权意思表示的准确性与有效性,特别是对当事人就流转方式自主选择的表意应予以更多的关注。

(2)土地经营权流转合同的鉴证

从已经失效的《合同鉴证办法》对鉴证的定义来看,鉴证是指国家主管机关对合同的形式要件是否合法、规范的监管制度,[3]在我国社会主义市场经济建立之初,由于市场中合同的真实性、合法性存在一定的问题,因而国家需要对合同的形式要件予以审查,以鉴证制度保障市场中合同的规范性。随着我国市场经济初步完善,市场主体已然能够依据法律规定自行实现合同的规范性,因而鉴证制度逐渐退出了合同制度的历史舞台。土地经营权流转交易市场作为一类新型土地财产权交易市场,其本身不具备成熟的交易规则,加之农村地区法律意识尚待加强,并且实践中土地经营权流转的创新尚在探索之中,需要国家以相应的制度对土地经营权流转合同予以监管,在我国市场经济建立之初发挥积极作用的合同鉴证无疑是较为适宜的制度选择,[4]2016年农业部印发的《农村土地经营权流转交易市场运行规范(试行)》便将土地经营权流转合同的鉴证制度纳入其中。

土地经营权流转合同的鉴证制度主要包括以下几方面的内容:首先,鉴证的功能,一方面,保障流转合同形式要件的规范性,流转当事人达成的合意是

---

[1] 《农村土地经营权流转交易市场运行规范(试行)》第8条规定:“流出方和流入方与农村土地经营权流转交易市场签署流转交易服务协议,明确农村土地经营权流转交易市场提供的服务内容及协议双方的权利、义务。”

[2] 《农村土地经营权流转交易市场运行规范(试行)》第13条规定:“交易双方应参照土地经营权流转交易合同示范文本订立合同,主要包括以下内容:(一)双方的基本信息;(二)流转土地的四至、坐落、面积、质量等级;(三)流转的期限和起止日期;(四)流转土地的用途;(五)流转价款及支付方式;(六)合同到期后地上附着物及相关设施的处理;(七)双方的权利和义务;(八)双方的违约责任、争议解决方式、合同变更和解除的条件;(九)双方认为需要约定的其他事项。”

[3] 《合同鉴证办法》第2条规定:“鉴证是工商行政管理机关审查合同的真实性、合法性的一种监督管理制度。”

[4] 2016年10月中共中央办公厅、国务院办公厅出台的《关于完善农村土地所有权承包权经营权分置办法的意见》明确指出:“提倡通过流转合同鉴证、交易鉴证等多种方式对土地经营权予以确认,促进土地经营权功能更好实现。”

基于真实的意思表示,同时,土地经营权流转方式的创新符合现行法律的规定;另一方面,实现对土地经营权流转信息的规制,保障市场中流转信息得以真实、有效地传递,流转交易市场通过鉴证能够收集到基于合同相对性而仅存在于当事人之间的合同信息,在信息规制层面突破合同的相对性。其次,鉴证的主体,现阶段市场经济较为完善,政府主管部门已经不再适宜成为合同鉴证的审查主体,无须基于公权力对合同的形式要件进行审查,[1]由土地经营权流转交易市场作为合同关系之外的第三方,对合同的形式要件予以鉴证并记载相应的信息即可。[2] 再次,鉴证的内容和审查方式,鉴证的目的在于保障土地经营权流转合同形式要件的规范性和当事人所达成合意的真实性,因而鉴证的内容仅限于合同条款形式要件的审查以及确定当事人的流转合意是基于其真实的意愿,而不涉及合同的实质要件,否则鉴证的第三方将可能过分干涉当事人的流转自由甚至影响合同的生效,因此,鉴证的审查方式应当是形式性审查并记载合同条款的事项,而无须对合同的条款内容予以实质性审查。最后,鉴证的效力,虽然在土地经营权市场尚未完善的现阶段,鉴证制度发挥了保障流转合同规范性的功能,并且根据相关规定中“可以获得”的表述,[3]该条为任意性规范,对流转双方具有引导意义,当事人亦可以选择不进行鉴证,因其并非流转合同生效的构成要件,鉴证的效力仅为第三方确认合同的形式要件符合法律规范。

2. 承包地资源开发利用的监管

根据2018年修正的《农村土地承包法》第11条的规定,对于承包地之上的承包经营应当“保护土地资源的合理开发和可持续利用”,承包地不仅是农民集体、承包农户、经营者的重要财产,更是国家的重要资源,其具有“财产—资源”的双重属性,就我国人多地少的现实国情而言,承包地的资源属性更是先于财产属性。正如有学者指出的,“基于对资源性财产的资源属性的尊重和考

---

〔1〕《合同鉴证办法》第5条规定:“合同鉴证由县级以上工商行政管理机关办理。有条件的工商行政管理所,经上级机关确定后,可以以县(市)、区工商行政管理局的名义办理合同鉴证。”

〔2〕参见《农村土地经营权流转交易市场运行规范(试行)》第16条。

〔3〕《农村土地经营权流转交易市场运行规范(试行)》第15条规定:“按照农村土地经营权流转交易市场的相关要求,流转交易双方签订合同后,可以获得农村土地经营权流转交易市场提供的流转交易鉴证。”

虑,立法在对资源性财产的调整上更多地关注了分配的公平与利用的可持续……必须受到严格的法律限制”。[1] 特别是“三权分置”的现实背景下土地经营权的加速流转,承包地财产属性所代表的个体利益的实现与资源属性所承载的社会公共利益的可持续发展之间需要均衡,以防止个体利益的过度张扬而损害粮食安全、农业生态环境等公共利益。这就需要国家以法律的形式对市场化的土地经营权予以适度的干预,监督并严格限制经营者的农业生产经营行为,保障其对承包地“合理开发”以及承包地的“可持续利用”。“合理开发”与“可持续利用”的关系是一体两面,前者是针对经营者的农业生产经营行为的限制,是对行为的监管;后者则是经营者行为下承包地的客观状态与目的,是对承包地状态的监管,也可以将两者归纳为土地资源的“合理使用”。[2]

(1)合理开发

国家对承包地经营者的农业生产经营行为的监管是在承包方、发包方之外的“最后一道防线”,2018 年《农村土地承包法》第 42 条、第 64 条分别规定了承包方对流转合同的解除权以及发包方的代位解除权,在受让方即土地经营权人“给土地造成严重损害或者严重破坏土地生态环境”的情况下,承包方和发包方均可以行使法定权利,对经营者的破坏行为予以制止,并得以依据该法第 59 条要求经营者承担合同的违约责任或是农业生态环境损害赔偿责任。一旦承包方和发包方均怠于行使权利,政府主管部门则应当制止经营者的违法行为,尤其是对永久基本农田的保护,[3] 同时,组织农村集体经济组织对承包地的土地整理,“提高耕地质量……改善农业生产条件和生态环境”。[4]

(2)可持续利用

虽然我国对承包地“财产—资源”的属性分别建立了私法性质的登记制度和公法性质的土地调查、土地统计制度,并分别形成了相对应的数据库,但是基于信息的多元性和数据形成方式的不同,其财产属性的信息与资源属性的

[1] 刘俊:《土地所有权国家独占研究》,法律出版社 2008 年版,第 42 页。

[2] 所谓合理使用,是指最大限度地保持土地的经济效益、社会效益和生态效益,保证土地特别是耕地的延续和功能,更好地满足社会生产和人民生活的需要。刘俊:《中国土地法理论研究》,法律出版社 2006 年版,第 45 页。

[3] 《土地管理法》第 37 条。

[4] 《土地管理法》第 42 条。

信息之间是并行的,相互之间并无交集,将同一承包地的信息割裂为市场层面和国家层面,不仅造成了收集承包地信息的成本提高,而且不能保证市场和国家两个层面的信息是统一的。为了实现承包地的“可持续利用”,政府对承包地的客观状态的监管,需要基于准确、及时、有效的信息。承包地的“可持续利用”状态应当与《耕地质量等级》国家标准挂钩,同时实现登记制度信息的数据库与国家土地资源的数据库相连通,保持《耕地质量等级》与土地调查所形成的土地等级相一致。[1] 由此,政府主管部门基于实时的承包地信息,从国家层面“对土地利用状况进行动态监测”,[2]一旦发现承包地的客观状态偏离“可持续利用”目标,地方政府部门便能够及时对经营者的行为予以纠正。

〔1〕《土地管理法》第27条规定:“县级以上人民政府自然资源主管部门会同同级有关部门根据土地调查成果、规划土地用途和国家制定的统一标准,评定土地等级。”

〔2〕《土地管理法》第29条。

# 第五章　“三权分置”下承包地收回制度的完善

## 第一节　“三权分置”下承包地收回制度的内涵辨析与功能定位

自改革开放之后，土地承包经营权作为集体成员所享有的承包集体土地的权利，是我国构成农村土地制度的核心权利，也是农户所具有的最重要的财产性权利，承载着对农户的社会保障功能。因此，我国一直强调对土地承包经营权的保护，强调土地承包关系的长久不变，因而缺乏承包地收回的有效机制以及注销登记等制度的支撑，以至于出现了土地承包经营权的“固化”。然而，随着我国社会经济的发展及转型，大量农村人口开始进入城市从事非农生产，部分农民已在城市获得稳定收入及居所，脱离了农业生产，而土地承包经营权的“固化”已然成了承包地收回的障碍。“三权分置”下承包地收回不仅是农户经营集体土地的经营权之消灭，亦是农户承包集体土地的承包权之放弃，其意味着农民作为农村集体成员的身份属性丧失，以及身份属性意义上的农民整体数量的减少。“三权分置”改革的适时提出，不仅是对现行土地承包关系的重新厘清，以克服土地承包经营权的“固化”，更是明晰地界定了土地经营权、农户承包权消灭的路径。由此，我国应当厘清“三权分置”下承包地收回制度的法律内涵，并对其制度规则加以重塑与完善，指引承包地有序地收回，土地经营权所蕴含的经营性权能得以回归土地承包经营权或集体土地所有权并再次派生土地经营权，以形成承包地“三权”之间的顺畅运行，有利于农业生产的规模化、集约化，提升承包地资源的有效利用。

## 一、“三权分置”下承包地收回制度的内涵辨析

### （一）“两权分离”下承包地退出向“三权分置”下承包地收回的演进与转化

“两权分离”下土地承包经营权由于身份属性的限制存在诸多缺陷，已然难以适应我国复杂国情下承包地收回制度的理论建构。中央适时提出的“三权分置”改革政策正是在面对新形势下土地承包经营权难以克服的困境，将“两权分离”下“集体土地所有权—土地承包经营权”的承包地权利体系，再次深化改革为“集体土地所有权—土地承包经营权（农户承包权）—土地经营权”的“三权”并行的承包地权利体系。在“三权分置”下，原有的土地承包经营权所承载的财产性功能与保障性功能，即经营性权能与承包性权能实现了分离。土地承包经营权原有的身份属性被剥离，进而在土地承包经营权的基础之上抽离其经营性权能生成“土地经营权”，是一类纯粹的财产性权利。而原本的土地承包经营权则承载着身份属性，因其法律内涵的变化而转化为“农户承包权”，成为承包农户收回或是再次取得承包地的权利依据。在“三权分置”政策下，明确承包地收回的法律内涵，厘清承包权、经营权之间的关系，土地经营权和农户承包权分别承载着承包地对承包农户的财产性功能与保障性功能，以适应我国多元化的承包地退出路径的实现需求。

在“两权分离”下，由于土地承包经营权对于农户承载着其社会保障性功能，加之其与身份属性紧密相连，一旦承包农户选择“主动退出”承包地，则不仅意味着对承包地权利的放弃，更是对其未来生活最后的财产性保障的放弃；同时，土地承包经营权作为农民集体保障集体成员基本生存发展的财产性权利，在实践中农民集体也很难在法定情形下选择“主动收回”承包地，因为一旦集体主动收回承包地，则意味着将判断承包农户集体生存条件的权利赋予农民集体，可能导致承包农户基本权利的丧失。因而“两权分离”下，承包农户“退出”承包地成为法律与政策关注的焦点。但随着“两权分离”向“三权分置”演化与转化，土地经营权取代土地承包经营权成为承包地流转市场中指向的权利对象，由于其剥离了身份属性的束缚，亦不再承载对承包农户的保障性功能。在市场化下的土地经营权加速流转，使法律与政策关注点集中在集体、

承包农户、经营者的权利结构和权利均衡,强调农民集体、承包农户对土地经营权人的监督,以防止土地经营权对土地所有权、农户承包权的过度侵蚀以及经营者损害承包地的农业生产能力和农业生态环境,因而法律对土地承包经营法律关系的终止由土地承包经营权的“放弃”转化为土地经营权的“收回”,即“两权分离”下承包地的“退出”演进为“三权分置”下承包地的“收回”。

(二)“三权分置”下承包地“收回”与“退出”的辨析

1. 承包地“退出”的局限与不足

“两权分离”下的承包地“退出”是政策中对于承包农户不再承包经营自身所取得的承包地的用语,然而政策中的用语、概念应当转为现实中的法律概念,以法律制度的适用解决现实中存在的问题。学界对于承包地“退出”的政策概念到法律概念的理解并不同一,有学者将承包地退出转化为承包地之上的权利退出,即土地承包经营权的退出,[1]以列举的方式指出其有四种情形。[2]还有学者将其理解为,为了解决承包地静态分配所形成的问题,而“建立承包权的退出机制”。[3]还有学者将之理解为土地承包权的退出,“是连同经营权和承包权一起的退出,其行为具有不可逆性”。[4]以上各观点均有其合理之处,但也有其片面性。将承包地退出解释为现行承包地之上土地承包经营权的退出,但未明确其退出的外延,或是其所明确的外延过窄,仅包含了权利的消灭。而在“两权分离”制度下,如前文所述,其难以解决我国实践中存在的问题。同样,仅将承包地退出理解为承包权的退出,也无益于我国承包地所承载社会保障性功能之下承包农户退出承包地内在激励不足的解决。

2. 承包地的“收回”与“退出”侧重点不同

从词意来看,承包地的“退出”强调的是权利的主动放弃,其视角基于承包农户;而承包地的“收回”关注的是权利回归其权源,在“三权分置”下指向的权利对象主要为土地经营权但也包括土地承包经营权,其视角基于作为流转方的承包农户或是发包方的集体经济组织。从权利结构与体系来看,首先,承包

---

〔1〕 参见黄花:《农村土地退出路径研究》,载《中南大学学报》(社会科学版)2014 年第 5 期。

〔2〕 参见谢根成、蒋院强:《农村土地承包经营权退出制度的缺陷及完善》,载《农村经济》2015 年第 3 期。

〔3〕 杜文骄、任大鹏:《农村土地承包权退出的法理依据分析》,载《中国土地科学》2011 年第 12 期。

〔4〕 吴爽:《农民土地承包权有偿退出法律机制的构建》,载《农村经济》2017 年第 9 期。

地的“退出”是“两权分离”下土地承包经营权的消灭,其权能回归集体土地所有权;承包地的“收回”主要是“三权分置”下土地经营权的消灭。其次,还包括土地承包经营权的消灭,其权能回归土地承包经营权或是集体土地所有权。因此,“退出”是基于权利主体的视角,基于自身意愿对权利的放弃,其权利回归权源;而“收回”是基于权源主体的视角,为了土地承包经营权或集体土地所有权的主体利益保护,其主动将权利收回其派生权源的事实状态。正如有学者指出的,法律规范着眼于直接描述“收回承包地”的事实状态,而非借由权利义务这一逻辑线索明确发包方与承包方双方基于此一事实生发的权利义务关系。[1] 承包地的“收回”与“退出”的侧重点虽然各有不同,但是本质上二者均是对权利回归权源这一事实状态的描述。

3.“三权分置”下承包地的“收回”与“退出”的关系

如上所述,承包地的“收回”与“退出”均是对权利回归权源这一事实状态的描述,但是本书认为,在“三权分置”下“收回”的法律内涵应当包含“退出”,原因在于:首先,“收回”的外延较“退出”更为广泛,后者强调权利人主动放弃,其意愿更为明显,但是在“三权分置”的视阈下,土地经营权本就是流转双方约定期限内对承包地的占有、使用、收益,而约定期限届满并不属于当事人的表意行为,而前者能够恰当地将约定期限届满等不含有意思表示的法律事件包含在内。其次,“收回”相较于“退出”突出了管理与监督的内涵。“退出”突出了权利人对权利的放弃,“收回”则含有在权利人不正当行使权利的法定情况下,将权利归于消灭其权能回归权源的意义,因而“收回”突出了承包农户、集体经济组织基于各自的权利,在法定情形下将土地经营权消灭,对土地经营权人的经营行为予以监管,而“退出”则无此含义。最后,在“三权分置”的改革进程中,承包地流转的权利链条相较“两权分离”更为延长,并且土地经营权作为一类财产性权利,其流转方式、范围等更为复杂、广泛,“收回”更加契合“三权分置”的需求,在承包地“三权”的权利结构和运行体系中强调权源基础对土地经营权的联系,无论土地经营权如何流转始终以其权源为基础,保障“三权”权利结构的稳定,符合“落实集体所有权、稳定农户承包权、放活土地经营权”的政策目标。因此,“三权分置”下承包地的“收回”与“退出”的关系是包含与被

〔1〕 参见蔡立东:《论承包地的权利构造》,载《法商研究》2012 年第 3 期。

包含的关系,前者的内涵与外延相较后者更为广泛,承包地退出即意味着权利主体放弃其权利,权源收回此权利。在"三权分置"下即农村集体组织或承包农户收回土地经营权。但是在特定语境下二者可以替换使用,[1]均是对权利回归权源的事实状态的描述。

(三)"三权分置"下承包地收回的内涵构成

习近平总书记在十九大报告中指出,"巩固和完善农村基本经营制度,深化农村土地制度改革,完善承包地'三权'分置制度",将"三权分置"作为我国深化农村土地改革的方向,应当将承包地退出纳入"三权分置"进行理解,并将其作为承包地收回的制度选择。土地经营权作为一类纯粹的财产性权利,能够由承包农户流转,而农户承包权作为承包农户收回或是再次取得承包地的依据,其源于承包农户的集体成员身份,在我国农村土地权利体系是为土地经营权的取得权,其能够由承包农户自行决定是否放弃。由此,"三权分置"下的承包地退出应当包括土地经营权之权利变动,以及农户承包权之放弃,具体分析如下。

1. 土地经营权的权利消灭

作为一类纯粹的财产性权利,土地经营权的权利变动无须再承载承包农户的社会保障功能,作为承包地之上的经营性权利,可以消灭,其权能回归土地承包经营权之后,再行设立新的土地经营权交由其他农业经营主体。同时,土地经营权亦可以让渡于其他农业经营主体,对于承包农户而言,亦是承包地的退出。因此,承包地退出在土地经营权方面,既可以是物权的消灭,也可以是将土地经营权让渡于其他主体。其中,由于土地经营权不受原有土地承包经营权之流转范围以及受让主体之限制,其他农业经营主体既可以为本集体内部其他主体,也可以是集体之外的其他主体。

2. 农户承包权(抽离经营性权能的土地承包经营权)的放弃

作为土地经营权的取得权,农户承包权源于承包农户的集体成员身份,与其在本集体经济组织的户籍直接相关,其可以依据承包农户的意志予以放弃。农户承包权承载着承包农户的社会保障功能,只要保留"承包权",承包农户即使将土地经营权以流转的方式转移于第三方,其在未来土地发包之时便可以

[1] 本书以下部分为表述顺畅,在一定语境下对承包地的"收回"或"退出"交替使用。

取得新的土地经营权。承包农户放弃承包权的法律后果是承包农户无法依据承包权这一取得权在未来土地发包之时取得承包地，即失去了集体对承包农户所担负的社会保障功能。因此，鉴于农户承包权的重要功能与制度意义，其放弃的类型和事由均应由法律或行政法规明确规定，同时，当事人不得通过约定排除其适用，亦不允许当事人事前约定法律所未规定的其他事实作为农户承包权放弃的条件。[1] 农户承包权的放弃并不必然导致土地经营权的消灭或转移，因土地经营权虽依据农户承包权而取得，但一经设立，土地经营权便具有了独立的财产权属性，不再依附于原本的土地承包经营权，即农户承包权。在“三权分置”下，土地经营权与农户承包权已然分离，土地经营权之消灭应该与农户承包权之放弃在法律上进行分割，两者的法律效力不相互影响。

综上所述，承包地的收回具有两层含义，即相对收回和绝对收回，土地经营权的消灭为相对收回，即土地经营权的权能回归其权源；农户承包权的放弃为绝对收回。在现阶段，即使大量农村人口进入城市从事非农生产，承包地对承包农户的社会保障性功能有一定程度的下降，但是其无疑依然是承包农户的重要家庭财产，一旦进城农民无法在城市继续生活，可以回到农村在未来依据其集体成员的身份再次取得承包地。[2] 在“三权分置”下，承包农户更加倾向选择流转土地经营权而保留农户承包权（抽离经营性权能的土地承包经营权），对于农户承包权的放弃无论是个人选择，还是立法规范，都应当采用十分谨慎的态度。因为一旦放弃农户承包权则意味着无法享有集体基于身份对集体成员的财产性保障。由此，现阶段“三权分置”下承包地收回的焦点是土地经营权的消灭，而非农户承包权的放弃，这也是本书论述的内容。

## 二、“三权分置”下承包地收回制度的实现路径

我国正处于社会转型时期，深化农村土地改革应当与我国国情相符合，承

---

〔1〕 参见刘平：《承包地退出规则之反思与重构——以〈农村土地承包法〉修改为中心》，载《华中农业大学学报》（社会科学版）2019 年第 2 期。

〔2〕 在我国四川省内江市土地承包经营权有偿退出试点地区，推行了“永久退出”和“长期退出”两种模式，永久退出，就是农户不再享有土地承包经营权，永久失去其集体成员的身份；长期退出，是指以第二轮承包期限截止为界，土地承包经营权相对地转让于集体组织，期满则归还于承包户。参见刘平：《承包地退出规则之反思与重构——以〈农村土地承包法〉修改为中心》，载《华中农业大学学报》（社会科学版）2019 年第 2 期。

包地退出不仅是承包农户个体的财产与社会保障，更是承包地分配的适时调整，甚至是我国农村地区经济社会发展转型的重要问题。在我国国情下，承包地收回的实现路径应当是市场性、多元性和激励性的多重路径统一。

（一）市场性的实现路径

无论是土地经营权的消灭，还是农户承包权的退出，均涉及农民现实的或未来的经济权益的损失，因此，需要对承包农户退出承包地予以相应的经济补偿。然而，由于我国农村地区承包地数量较大，且农民数量众多，国家财政无力承担承包地退出的全部成本。在“三权分置”下，土地经营权是一类纯粹的财产性权益，其完全可以通过市场机制进行补偿。我国新型农业主体拥有一定数量的资金而缺乏相应的土地，通过土地经营权市场机制，当流转期限届满土地经营权消灭之后，农村集体经济组织与之再次签订土地承包合同，设立新的土地经营权交由新型农业主体；或是以土地经营权物权性流转的方式，由承包农户将土地经营权转移至新型农业主体，承包农户均可以获得相应的经济补偿。而农户承包权包含了未来承包农户对于承包地之上的预期收益，亦可以通过以市场机制为基础、国家财政为引导的方式对承包权的退出予以经济补偿，通过改革发展成果分享、社会全体成员对承包地退出成本分担等方式实现对承包农户转为城市居民之后的经济补偿或社会保障补偿。承包地退出的市场机制并非对其的简单套用，而是在“三权分置”下我国农村土地改革实践的基础上对土地经营权、农户承包权退出的经济补偿机制，其中内涵了国家对承包地资源分配的适度干预，以制度引导市场对承包地退出进行经济补偿。

（二）多元性的实现路径

由于我国地域广阔，东部、中部、西部的经济发展水平不一，各地区之间的农村发展水平差距较大，加之承包农户个体禀赋的差距，即使是同一地区农民也存在分化的现象，各地区、各群体之间的承包农户对于承包地退出所产生的法律后果接受程度不同。加之当前农村地区缺乏相对有效的社会保障体系，进城从事非农生产的农民又难以加入城市的社会保障之中，承包地往往被视为承包农户最后的保障，这就成了农民在进入城市之后，甚至是具有较为稳定的收入之后，仍然不愿意主动退出承包地的重要原因。在未来城市化背景下，越来越多的农民进城落户，包括他们在城市长大和生活的子女却仍保留农村户籍，并进而保留其对于集体土地的承包权，这种情况并不少见。[1] 在长期的城乡二元分治下，虽然农民从事非农生产的收入高于农业生产的收入，但是由于住房、户籍等城市生活的门槛，农民对完全进入城市的预期并不稳定，加之当前对承包地完全退出的补偿不足以支撑农民进入城市的成本，特别是对后代的保障远不及保留承包地所带来的保障，无法替代承包地对后代生存的保障功能。“三权分置”政策的提出，有助于我国不同地区的承包农户退出承包地的多元性需求，其可以选择承包地退出的方式，既可以是承包地的完全退出，也可以是保留农户承包权，收回或流转土地经营权的方式。承包地在很长一段时期内对于大多数承包农户而言，能够满足当代人及后代人的生存、生活的基本保障，保留承包权即是进城农民一旦无法适应城市生活后，能够退回农村生活的最后保障。“三权分置”下的承包地收回为承包农户提供了多元性的退出路径，承包农户得以根据自身条件选择符合自身利益与预期的承包地退出方式，加速承包地的有序收回，实现承包地资源的有效利用。

（三）激励性的实现路径

长期以来，农业、农村承担着支持工业化、城镇化的重担，农民在承包地之上从事生产，很大程度上是一种责任和负担而非权利，甚至大量农民主动退出承包地，以至于大量的耕地撂荒。在2005年前后，为了切实减轻农民负担，我国将“三提五统”等农业税费取消，此后经营承包地所带来经济收益使承包农户将之视为自身的财产性权利，因此，在2005年前后土地承包纠纷增多，中央为此发布了《关于妥善解决当前农村土地承包纠纷的紧急通知》，以解决承包农户退出承包地后又为了经济利益争夺承包地的问题。然而，在“三提五统”等农业税费取消之后，承包农户保留承包地的成本几乎为零，而对其保障性功能依然存在的前提下，其主动退出承包地的内在激励不足，而在保留承包权对于其自身及后代都十分重要的情况下，承包农户没有动力选择承包地的完全退出，即在现行的土地承包经营权之下其不会退出承包地，而是任由承包地撂荒或交由亲友无偿代耕。因此，我国的政策提倡“承包地有偿退出”，而“有偿”即有对承包农户予以有效激励的内涵，因此，承包地退出的实现路径应当是激

[1] 参见吴爽：《农民土地承包权有偿退出法律机制的构建》，载《农村经济》2017年第9期。

励性的,只有通过有效的激励才能实现承包地的有效退出,也使“有偿”退出名副其实。

在“三权分置”政策下,承包权退出与经营权退出之间法律效力以及对两者进行经济补偿的差异得以厘清,并据此作出科学的、合理的经济补偿,以实现对承包地退出的有效激励。土地经营权的收回是承包地之上财产性权利的消灭,由于土地经营权具有存续期限,因此,对其有效激励下补偿的基本因素应当为承包地年平均收益与剩余年限。而农户承包权则可以变现为未来承包地之上的经济收益,且与承包农户的社会保障相联系,因此,对其有效激励下补偿的基本因素更大程度上应当为承包地之上的土地发展权,[1]以及承包农户自身及其后代在退出承包地获得城市社会保障的权益之实现。

## 三、“三权分置”下承包地收回制度回应社会经济发展的现实需求

### (一)适应社会经济的转型

随着我国工业化、城镇化的不断推进,城市需要从农村引入大量劳动力从事生产工作,同时,农业发展的现代化为我国农村地区带来了先进的农业科技和农业生产的机械化,大量的农村劳动力需要向城市和非农产业进行转移。同时,市场经济改革的不断深化,我国市场逐渐与国际市场接轨,在国际化的农产品市场竞争中,我国现有农业生产模式下的农产品,与规模性农业生产的农产品在生产效率及价格等方面难以抗衡,而农产品价格的下降使农民从事非农生产的收入远高于从事农业生产的收入。即便是在农村地区,随着我国农村市场化改革的推进与深入,农业劳动力开始不断涌入非农生产领域。此外,由于长期的城乡二元分治,我国城市地区的经济发展水平高于一般农村地区的发展水平,城市地区的经济、教育、医疗等社会公共服务也在不断吸引农村人口进入城市。在此社会经济转型的大背景之下,我国农村人口大量涌向城市,同时大量农业劳动力进入非农领域,为承包地退出提供了社会经济的基础。

---

[1] 为了国家粮食安全等社会公共利益,承包农户被限制了土地发展权,国家为保证粮食安全制定的基本农田保护和土地用途管制制度实际上是限制了农民行使承包地的发展权。基于公共利益的粮食安全战略应由社会整体承受,但实际上由农民承担。从经济学的角度来看,这属于农村土地发展权受限。因此,国家应依据法学上的“负担均分”原则,在有偿退出之时考虑给予这种“土地发展权”补偿。

在我国社会经济的过程中，一大批新型的农业生产主体已经出现，例如，家庭农场、种粮大户、专业合作社、农业龙头企业等，其产生既是国家在政策层面对新形势的回应，亦符合农业现代化生产所需要的规模性经营需求。这些新型农业生产主体往往具有一定的资金，能够为承包地有偿退出提供市场化所需要的资金支撑，以缓解政府的财政压力。但是这类新型的农业生产主体在现行的制度下在进入承包地经营时存在一定的制度障碍。由于承包地分配限于集体内部，而这些土地是经过农村集体耕作之后形成的优质承包地，部分新型农业主体只能通过承包地流转方式从承包农户取得，基于物权性流转的方式、范围等方面的限制，大多数承包地流转通过债权型流转方式取得，这对需要长期生产经营、投入的农业而言，流转方和受让方均存在合同履行风险。同时，承包地分配的“固化”也使可供新型农业主体利用的承包地资源十分有限。承包地退出为新型农业主体的进入提供了基础，部分已经在城市获得稳定非农收入、居所的承包农户在其承包地退出之后，为新型农业主体从事农业生产提供了最基础的生产资料。通过合理的制度设计，能够厘清承包地退出中的权利类型及其边界，激励、引导承包农户以适当的方式退出其承包地，平衡承包地的所有者、承包者与受让者之间的权益，在稳定土地承包关系的前提下实现承包地的有序收回。

（二）化解承包地配置的碎片化

由于我国农村地区的人口数量庞大，用于农业生产的土地集中在农村地区，且数量相对有限，在我国土地用途的管制下，大量的农村人口只能在相对有限的农村土地之上从事农业生产，使我国农村人均从事农业生产的土地面积十分有限。同时，由于受制于土地天然的肥力、位置、交通等因素的影响，在我国家庭承包经营生产的模式下，集体内部成员均对地力肥沃、位置优越、交通便利的优质承包地有着强烈的需求意向，而对地力较差、位置偏远、交通不便的劣质承包地则十分排斥。为了维护承包地分配的公平，只能将集体所有的地块打碎，将优质、劣质承包地混杂在一起，以碎片化的形式分配给全体承包农户，由此我国的承包地分配以碎片化的形式交由承包农户使用。这种形式与传统的以户为单位的小农生产模式相契合，符合分配之时的农业发展水平，在很长的一段时期内激发了农户的生产积极性，提升了我国的农业生产效率和承包地利用率。但是，随着现代农业的发展，传统的小农生产模式的效率已经不能满足我国对于粮食及其他农产品的需求,其需要向规模化农业生产模式进行转变。此时,碎片化的承包地分配已经成为我国农业生产转型的最大阻碍。由此,在工业化、城镇化推进的过程中,需要让一部分已经在城市有稳定收入、居所的农村人口退出承包地,一方面,减少农村人口的数量,将之转化为从事工业及第三产业的人口,降低承包地分配的压力;另一方面,使碎片化的承包地集中、集合,以利于实现规模化的农业生产,提升承包地资源的利用效率。

### (三)回应国家政策的变迁与弥补法律制度的缺位

自改革开放以来,中央多份文件强调土地承包关系稳定的重要性,由最初的“土地承包一般应在15年以上”,[1]再到“土地承包期再延长30年不变”、[2]“土地承包关系要保持稳定并长久不变”[3]等一系列的土地政策。1998年修正的《土地管理法》第14条规定“土地承包经营期限为三十年”,2002年《农村土地承包法》第20条又进一步明确了耕地、草地、林地等不同的承包期,[4]实现了土地承包期限政策向法律的转化,以巩固和完善农村土地的家庭承包经营制度,使农民始终保持对农村土地积极投入的内在动力,在很长的时期内提升了我国的农业生产能力,也使承包地资源得到有效利用。面对社会经济发展的转型,我国政策在坚持土地承包关系“长久不变”的前提下,也作出了积极的回应。2015年国务院办公厅印发的《关于加快转变农业发展方式的意见》指出:“在农村改革试验区稳妥开展农户承包地有偿退出试点,引导有稳定非农就业收入、长期在城镇居住生活的农户自愿退出土地承包经营权。”

---

[1] 1984年中央一号文件《农村工作的通知》规定:“土地承包期一般应在十五年以上。生产周期长的和开发性的项目,如果树、林木、荒山、荒地等,承包期应当更长一些。”

[2] 1993年《中共中央关于当前农业和农村经济的若干政策措施》规定:“为了稳定土地承包关系,鼓励农民增加投入,提高土地的生产率,在原定的耕地承包期到期之后,再延长三十年不变。”1997年《中共中央关于进一步稳定和完善农村土地承包关系的通知》规定:“在第一轮土地承包即将到期之前,中央就明确宣布,土地承包期再延长30年不变,营造林地和‘四荒’地治理等开发性生产的承包期可以更长。”

[3] 2008年十七届三中全会《中共中央关于推进农村改革发展若干重大问题的决定》中明确指出:“以家庭承包经营为基础、统分结合的双层经营体制,是适应社会主义市场经济体制、符合农业生产特点的农村基本经营制度,是党的农村政策的基石,必须毫不动摇地坚持。赋予农民更加充分而有保障的土地承包经营权,现有土地承包关系要保持稳定并长久不变。”

[4] 2003年《农村土地承包法》第20条规定:“耕地的承包期为三十年。草地的承包期为三十年至五十年。林地的承包期为三十年至七十年;特殊林木的林地承包期,经国务院林业行政主管部门批准可以延长。”

承包地退出与土地承包关系“长久不变”并不矛盾,反而是对土地承包关系的进一步完善。“长久不变”并非“永久不变”,土地承包关系与其他社会关系一样,同样处于不断的发展变化之中,中央政策指的是在整体上的土地承包经营制度的稳定与完善,而非个别的土地承包关系。在过度强调土地承包关系的同时,土地发包之时所形成的静态承包地分配长期“固化”下来,加之为了稳定土地承包关系而提出的“增人不增地,减人不减地”政策,以户为单位的内部人员数量变化不能按照实际的集体成员数量进行调整,承包地的分配状态得不到动态的调整,承包地分配之后的新增集体成员被长期排斥在承包地利用的范围之外,无法享受其应有的土地承包经营权。

中央提出的承包地退出,正是对现实中“固化”的承包地分配关系进行动态调整的回应,其不仅在一定程度上缓解了我国日益紧张的人地矛盾,更在整体上进一步实现了土地承包关系的稳定。然而,由于过于强调土地承包关系的稳定,我国在现行的制度设计中未考虑承包地退出的具体制度,因此,需要未来建立可行的承包地退出的法律制度,在保障承包农户的合法权益前提下,引导承包农户有序退出承包地。

## 第二节 “三权分置”下承包地收回制度的规则缺陷及其完善

### 一、土地经营权消灭事由制度

在民法理论上,权利的消灭即权利变动的具体样态之一,系因法律适用于一定事实而引起,[1]引起权利变动的事实即为法律事实。土地经营权作为承包地之上的新型财产性权利,亦不例外。引发土地经营权消灭的法律事实即是土地经营权的消灭事由,按照民法理论对法律事实的分类标准,以是否基于行为人主观上的意思,可以将其划分为法律行为和法律事件。

#### (一)法律行为

在民法理论上,表意行为是主体表示某种心理状态的行为,其中最重要的就是意思表示,其为法律行为的必备要素。土地经营权消灭的法律行为需要由流转土地经营权的双方当事人的意思表示达成一致才能成立生效的,是双

---

〔1〕 参见王泽鉴:《民法总则》(增订版),中国政法大学出版社 2001 年版,第 239 ~ 240 页。

方行为；仅需要流转土地经营权的一方当事人的意思表示即可成立生效的，是单方行为。此两类法律行为均可以引发土地经营权消灭的法律后果，终止土地经营法律关系，具体可以分为下列几个方面。

1. 流转土地经营权的当事人达成消灭权利的合意

按照2018年修正的《农村土地承包法》第36条、第53条对流转土地经营权的规定，不论土地经营权的流转属于债权性流转还是物权性流转，当事人之间达成流转土地经营权的合意，即流转合同的成立生效，是“三权分置”下土地经营权创设的基本条件。按照《民法典》第562条的规定，特别是对于土地经营权的债权性流转，当事人之间达成解除流转合同的合意，“可以解除合同”，从而产生土地经营权消灭的法律效力，因此，对于土地经营权的债权性流转，流转土地经营权的当事人达成消灭权利的合意，即发生土地经营权的消灭；对于土地经营权的物权性流转，当事人之间解除流转合同的合意，也是其消灭土地经营权的前提条件。若没有登记，则直接终止土地经营权流转法律关系；若已登记，则需要在达成解除合同的合意基础上，办理土地经营权的注销登记。

此外，需要指出的是，鉴于《农村土地承包法》第40条规定了土地经营权流转合同的形式要件为书面合同，因此，解除合同的合意也应当采用书面的形式，也利于承包农户或集体经济组织收回土地经营权具有形式意义上的规范性，保障其再次流转土地经营权的安全性与稳定性。

2. 承包方或发包方的单方行为

虽然土地经营权以其他权利为基础派生而产生，但其无疑是一类独立的财产性权利，经营者按照自身意愿行使土地经营权自主对承包地占有、使用、收益而无须依赖他人的意志或行为，然而这并不意味着经营者能够随意行使土地经营权，甚至对承包地不当经营。在“两权分离”下，鉴于承包地是农民集体分配给集体成员的实物保障，发包方鲜有主动收回承包地的行为，然而“三权分置”下承包地的收回折射着农民集体、承包农户、经营者的“集体土地所有权—土地承包经营权—土地经营权”等承包地“三权”之间此消彼长的关系。由于承包地承载个体利益和社会公共利益，兼具私益性与公益性，同时，为了实现承包地“三权”权利结构以及承包地流转体系的稳定，针对土地经营权人对承包地的不当行为，承包方或发包方基于对其个体利益和集体利益的保护，得以通过自身的意思表示收回承包地，即承包方或发包方以单方行为解除或终止土地经营权流转合同,产生土地经营权消灭的法律后果,其权能回归土地承包经营权或集体土地所有权,承包农户或集体收回承包地。

(二)法律事件

在民法理论上,法律事件是不以人的意思行为构成而产生法律后果的事实,在“三权分置”下土地经营权消灭的法律事件主要包括期限届满、标的物的损毁或灭失、土地征收或用途变更、经营者“连续两年以上弃耕抛荒”、权利主体的资格丧失或是消亡。

1. 约定期限的届满

土地经营权是当事人之间达成合意而创设财产性权利,其权利的存续有约定的期间,时间达到约定期限不为当事人的意志所决定,属于自然事实;同时,土地经营权的再流转期限也不得突破首次流转之时所约定的期限,因此,土地经营权首次流转所约定的期限就成为这一财产权利的存续期间,不论其流转方式属于债权性或是物权性流转。在双方当事人约定期限的届满之时,土地经营权存续所约定的自然依据已然不存在,因而土地经营权消灭,承包农户或集体收回承包地。

2. 标的物的损毁或灭失

土地经营权所指向的标的物为承包地,在我国土地用途管制之下,承包地的用途仅限于农业生产经营,因而其经济价值体现在经营者投入劳动获得农产品。但是承包地所承载的农业生产能力和农业生态环境是有限的、可损耗的,一旦承包地因自然灾害发生损毁或灭失,例如,地震、洪灾、海啸、泥石流等改变了承包地原有的自然条件,其所承载的农业生产能力和农业生态环境亦不复存在,承包地因而丧失其经济价值,土地经营权同样因失去经济意义而消灭。

3. 土地征收而土地用途变更

当国家对承包地进行征收之时,通常涉及土地的用途变更,将农用地变更为建设用地。因土地征收而导致承包地的用途变更,其不以当事人的意志而确定,由于承包地的用途因征收而转为建设用地,那么,土地经营权人就承包地“自主开展农业生产经营并取得收益”[1]的目的不可实现,其权利存续的经

〔1〕《农村土地承包法》第37条。

济价值不复存在,因而土地经营权消灭。同时,流转土地经营权的当事人应当按照合同约定来确定"有关补偿费的归属"。[1]

4. 权利主体的农业经营能力或资质丧失

在土地经营权流转之时,需要对受让方进行适格性审核,以确保其具有相应的农业经营能力或资质,可见具有农业经营能力或资质是流转土地经营权的必要条件。当土地经营权主体的农业经营能力或资质丧失之时,应当考察权利主体的类型以及丧失能力或资质的性质。若土地经营权主体属于"工商企业等社会资本",则其原本并不具有农业经营能力或资质,因此,需要在受让土地经营权之初取得相应的资质,一旦其丧失资质,则表明其已不再具备经营承包地的条件,其土地经营权因此而消灭;若是主体为长期从事农业生产的农民,其个体能力的丧失并不意味着以家庭为单位的农户失去农业经营能力,土地经营权作为财产性权利可以继续由其享有。同时,还要考察丧失能力或资质的性质,若仅是暂时性的丧失能力或资质,也并不必然导致土地经营权的消灭,只有永久性的丧失能力或资质才会发生土地经营权的消灭,进而由承包方或发包方收回承包地。

5. 权利主体的消亡

一旦自然人死亡,其土地经营权并不必然消灭,作为一类财产性权利,在权利主体死亡的情形下,土地经营权可以作为遗产由他人继承,[2]只有在无人继承权利的情况下才会发生土地经营权的消灭和承包地的收回。若是权利主体为法人或非法人组织,主体的解散可能会发生将剩余存续期限的土地经营权让渡给第三人的情况,是为第三人对权利人的债权或是担保物权的实现,此时土地经营权也不会消灭。因此,权利主体的消亡并不必然导致土地经营权的消灭和承包地的收回,需要考察具体的情况。

## 二、土地经营权合同终止制度

### (一)土地经营权合同终止的权利依据

除流转土地经营权的当事人达成消灭权利的合意之外,鉴于承包地所承

---

[1] 《农村土地承包法》第40条。

[2] 《农村土地承包法》第54条。

载的多元利益，兼具公益性和私益性，加之承包地对农户的保障性功能，为实现经营者、承包农户、集体的权利衡平，承包方或发包方基于法定事由可以单方行为终止流转合同，防止经营者不当行使土地经营权而侵害集体利益和承包农户的个体利益，其同样产生土地经营权消灭的法律后果。静态地看，合同“终止”是指合同法律关系消灭的结果；动态地看，合同“终止”是指合同当事人消灭合同法律关系的行权行为。〔1〕 土地经营权的合同终止的权利依据为承包方的解除权和发包方的终止权。

1. 承包方的解除权

2018 年修正的《农村土地承包法》第 42 条规定了承包方行使土地经营权合同解除权的法定事由，即“擅自改变土地的农业用途；弃耕抛荒连续两年以上；给土地造成严重损害或者严重破坏土地生态环境；其他严重违约行为”。从法定事由的规范性来看，现行规定并不十分严谨、准确，其规范较为模糊，土地经营权作为一类新型的、独立的财产性权利，而合同的解除权基于承包方的单方行为即可成立生效，其法定事由的规定较为模糊，则为承包方过度行使解除权侵害经营者的权益埋下了隐患，不利于承包地“三权”权利结构以及流转体系的稳定，应当对其法定事由进一步明确，以规范承包方的解除权行使，防止其过度侵害土地经营权人的利益，同时保障承包方行使解除权以制止经营者的不当行为。

(1)擅自改变土地的农业用途

此处改变农业用途有两层含义：第一层是将农用地转为其他用途，此种行为必然应当禁止；第二层是在农用地的范畴之内，对具体的农业用途的改变，例如，将粮食种植转为经济作物种植，或是将种植用地转为渔业养殖。虽然第二层含义依然是将土地用于农业用途，但其具体用途已经改变。〔2〕 此类情况应当结合土地规划进行区分处理，若是承包地划为基本农田，则基于国家利益的考量也应当视为改变农业用途，承包方得以行使合同的解除权，以防止“非

---

〔1〕 参见王洪平：《发包方土地经营权流转合同终止权研究》，载《法学论坛》2019 年第 5 期。

〔2〕 《土地利用现状分类》(GB/T 21010—2017)国家标准将“农用地”大类细分为 23 个土地利用现状分类，具体包括：水田、水浇地、草地、果园、茶园、橡胶园、其他园地、乔木林地、竹林地、红树林地、森林沼泽、灌木林地、灌丛沼泽、其他林地、天然牧草地、沼泽草地、人工牧草地、农村道路、水库水面、坑塘水面、沟渠、设施农用地和田坎。因此，“农用地”概念的外延是十分广泛的。

粮化”风险;若承包地并非基本农田,则在第二层含义中其并未改变农业用途,承包方不得行使解除权。

(2)弃耕抛荒连续两年以上

在实践中,经营者对承包地“弃耕抛荒”的原因十分复杂并不能一概而论,况且土地经营权是一项财产权,对承包地进行一段时间的闲置也是经营者行使财产权的方式之一,而且改良土壤、轮耕轮休的外在形式与“弃耕抛荒”可能完全一致,“连续两年”的期限起止需要界定,因此,承包方基于此类事由行使解除权应当在一定的前置性规则之下,对经营者的“弃耕抛荒”不当行为有明确的界定,以确定其行为的“弃耕抛荒”目的以及期间达到“连续两年以上”。

(3)给土地造成严重损害或者严重破坏土地生态环境

所谓“严重”,并不是严谨、准确的用词,此类事由应当与《耕地质量等级》国家标准相衔接,在土地经营权流转合同中注明承包地的质量等级,将之与承包地的损害结果进行对比,同时,对损害结果与质量等级的判定不应当交由承包方,而应当由合同之外的专业机构作为第三方进行检测,以保障判定结果和适用法定事由的客观与公平。

(4)其他严重违约行为

根据合同法的基本理论,严重违约即土地经营权流转合同所约定的目的已经无法实现,2018 年修正的《农村土地承包法》第 42 条以“列举加概括”的方式,以“严重”违约行为作为解除权的行使要件。为保障承包地“三权”权利结构的稳定,对此类概括式的事由应当采用更为严格的规则,虽然合同具有相对性,但是“严重”的程度不能仅由承包方进行判定,只有在流转土地经营权的合同目的落空,〔1〕即经营者的合同主要义务不履行,〔2〕并且对承包方的利益造成事实上的损害,才得以适用此类事由。

2. 发包方的终止权

2018 年修正的《农村土地承包法》第 64 条规定了发包方对土地经营权流

---

〔1〕《民法典》第 577 条。

〔2〕由于违约行为是对合同义务的违反,而合同义务的性质不同,将导致对这些义务的违反的形态也不相同,只有经营者对土地经营权流转合同的义务违反导致合同目的无法实现,才可以认为达到“严重”。参见王利明:《合同法》,中国人民大学出版社 2015 年版,第 220 页。

转合同的终止权，相较该法第 42 条所规定的事由，仅有“擅自改变土地的农业用途、弃耕抛荒连续两年以上、给土地造成严重损害或者严重破坏土地生态环境”等三项，而没有“其他严重违约行为”，对发包方终止权的法定事由采用了具体列举的规范方式。

(1)发包方终止权回应农民集体保护承包地的现实需求

在合同法理论中，“终止权”并非一类有名合同权利，合同法上有解除权、抵销权等具体的合同终止制度，但却没有一项被笼统地概括称为“终止权”的合同权利。[1] 同时，原则上合同具有相对性，其效力并不及于合同之外的第三人，第三人也无权干预合同关系。但是，鉴于承包地承载社会公共利益，发包方作为集体土地所有权的行使主体，实际承担了土地经营权行使不当的最终后果，因此赋予发包方对土地经营权合同的终止权，其本质是 2018 年《农村土地承包法》所设置的一项法定代位权，类似保险人代位求偿权意义上的“代位解除权”，[2]作为第三人的发包方得以适当介入当事人的承包地流转关系，正是法律回应农民集体保护承包地的现实需求。

(2)发包方终止权的行使要件

除上文承包方就“擅自改变土地的农业用途、弃耕抛荒连续两年以上、给土地造成严重损害或者严重破坏土地生态环境”等行使解除权具体规则，发包方行使终止权同样适用之外，该法第 64 条增加了“承包方在合理期限内不解除土地经营权流转合同”这一行使要件。首先，发包方应当将列举的法定事由告知承包方，若是承包方能够行使解除权将流转合同终止，则无须发包方行使终止权。其次，在发包方告知承包方之后，需要经过合理期限承包方没有行使解除权，发包方才可以行使终止权。最后，发包方行使终止权应当按照《民法典》第 565 条的规定，即发包方依法主张行使终止权应当以书面的形式通知对方，土地经营权流转合同自通知到达经营者之时终止，权利消灭；如果经营者对此有异议的，可以请求人民法院或者仲裁机构对流转合同终止的效力进行确认。此外，若发包方选择诉讼解除方式，应当向人民法院直接提起代位权诉讼，以此方式行使终止权。鉴于我国农村土地的法治环境尚待加强，行使终止

---

〔1〕 参见王洪平：《发包方土地经营权流转合同终止权研究》，载《法学论坛》2019 年第 5 期。

〔2〕 同上。

权的方式应当交由发包方根据实际情况自行选择。

（二）债权性流转下合同终止的法律效力

1. 债权性流转下土地经营权消灭的生效模式

就土地经营权的债权性流转而言，合同是当事人之间就权利变动达成合意的基础与形式，其权利的变动模式适用合同法的普遍性规则，无须登记即发生权利的变动，即采用债权意思主义（又称合同生效模式）。根据《民法典》第557条、第562条的规定，一旦土地经营权合同约定的期限届满，流转合同已经按照约定履行完毕，或是流转双方达成解除合同之合意，合同的权利义务终止，土地经营权合同关系的终止即导致土地经营权的消灭。此外，根据《民法典》第563条和2018年修正的《农村土地承包法》第42条、第64条的规定，在法定事由下承包方或发包方的单方行为亦可终止土地经营权的合同关系。以上均无须经过登记，土地经营权随着合同关系的终止而消灭，其经营性权能回归土地承包经营权或集体土地所有权，承包农户或农民集体即可收回承包地，其土地承包经营权或集体土地所有权恢复物权的圆满状态，得以再次抽离经营性权能而派生新的土地经营权，向他人流转承包地，以此实现承包地“三权”的动态运行。

2. 经营者承担损害赔偿责任

承包地所蕴含的农业生产能力和农业生态环境会随着经营者对承包地的使用而消耗或失衡，若是在约定的土地经营权流转期限之内经营者没有对承包地“合理使用”或是及时养护承包地的地力，将会加速承包地的损耗而侵害承包农户和农民集体的利益。因此，在流转合同终止之时，应当对承包地的质量等级进行确认，与流转合同签订之时的质量等级进行比较，若是质量等级有所下降，则经营者应当承担损害赔偿责任，因为经营者既违反了合同所约定的承包地“合理使用”之义务，其行为也造成了对承包农户和农民集体财产的侵害，直接减损了承包地这一重要财产与社会资源的经济价值。

3. 承包方无力经营时发包方强制代耕

在“三权分置”的现实背景下，大多数流转土地经营权的承包农户均进入城市从事非农生产，因而将承包地流转至他人。当发包方或是承包方终止土地经营权流转合同之后，承包农户未必能够返回农村从事农业生产，若此时承包地未能再次流转或是发包方终止合同之后承包农户不愿主动从事农业生产经营,承包地则处于撂荒的状态。为了“禁止闲置荒芜农地”的政策目标得以实现,在此情况之下,发包方应当具有“强制代耕权”,可就收回的承包地再次流转土地经营权至他人,[1]并基于无因管理之债而向承包农户收取一定的管理费用,由他人恢复承包地的农业生产经营,但是不得重新发包设立新的土地承包经营权,或者在具备集体经营的前提下由集体经济组织自行代耕承包地,以纠正承包方对承包地的抛荒行为。[2] 若是发包方不能将收回的承包地再次流转土地经营权或是自行代耕,则发包方终止权行使的最终制度意义与功能——“充分利用承包地”,将大打折扣甚至落空。

## 三、土地经营权注销登记制度

### (一)“两权分离”下土地承包经营权注销登记的制度缺陷

#### 1. 注销登记原因的类型不全面

现行土地承包经营权注销登记原因类型的规定散见于《土地管理法》、《土地登记办法》、《不动产登记暂行条例实施细则》(以下简称《实施细则》)等多部法律法规之中。[3] 我国法律对于土地承包经营权注销登记的原因类型采用了列举加概括的立法体例,但并未将土地承包经营权因存续期限届满的权利消灭进行注销登记这一重要的类型列入法律规定。法律仅规定当土地使用权有偿使用合同期限届满,未申请续期或申请续期未获批准,由原土地登记机关注销登记。[4] 但这样的规定依然是将土地承包经营权视为基于“土地使用权有偿使用合同”的一类债权而非物权,与《民法典》“物权编”相悖。我国未将因存续期限届满的土地承包经营权消灭列入注销登记的类型,使这一原因类型的注销登记在实际执行中缺乏法律依据。

---

〔1〕 参见王洪平:《发包方土地经营权流转合同终止权研究》,载《法学论坛》2019 年第 5 期。

〔2〕 2005 年最高人民法院《关于审理涉及农村土地承包纠纷案件适用法律问题的解释》第 6 条规定:“因发包方违法收回、调整承包地,或者因发包方收回承包方弃耕、撂荒的承包地产生的纠纷,按照下列情形,分别处理:……(二)发包方已将承包地另行发包给第三人,承包方以发包方和第三人为共同被告,请求确认其所签订的承包合同无效、返还承包地并赔偿损失的,应予支持。但属于承包方弃耕、撂荒情形的,对其赔偿损失的诉讼请求,不予支持。”据此,即使收回承包地,发包方亦不能就此设立新的土地承包经营权,但若是承包方的原因导致承包地撂荒的,在“三权分置”下发包方得以“强制代耕权”,在剩余的承包期限内代承包农户向他人流转土地经营权。

〔3〕 《土地管理法》第 37 条、《土地登记办法》第 28 条、《不动产登记暂行条例实施细则》第 51 条。

〔4〕 《土地管理法》第 7 条。

2. 注销登记的申请主体不恰当

我国现行法律对于土地承包经营权注销登记申请主体的规定，可以分为以下两类：(1) 无须进行申请，直接由登记机关进行注销。[1] (2) 由土地承包经营权人申请注销登记。[2]

首先，从现行法律的规定可以看出，在以公共利益为目的导致土地承包经营权消灭的情况下，不需要权利人申请注销登记，而是由登记机关对土地承包经营权直接进行注销登记，其实质是公权力行使下私权利归于消灭在法律上的确认。在此情况下私权利人不能参与到自身权益最终消灭的法律程序之中，个体利益在公权力行使过程中一旦受到损害很难寻求法律救济。其次，承包地灭失、承包地被依法转为建设用地均是权利标的物客观事实上的灭失，其法律后果不仅是土地承包经营权这一他物权的消灭，亦是集体土地所有权这一自物权的消灭。土地承包经营权源于集体土地所有权，权利标的物的灭失直接引发所有权的消灭，所有权的消灭导致土地承包经营权的消灭。最后，承包经营的土地被依法变更土地用途，由农用地转为建设用地，是集体土地所有权权能内容的重大变更，直接关系集体土地所有权人的利益，并非直接引发土地承包经营权消灭的法律事由。综上所述，现行规定中土地承包经营权注销登记的申请主体并不恰当。

3. 注销登记的生效模式未明确规定

登记生效模式规定了登记与物权产生、变更、消灭在法律效力之间的关系。我国现行法律对于土地承包经营权的设立登记、变更登记的生效模式有较明确的规定。反观注销登记，现行法律仅作了注销登记是因土地权利的消灭而进行的登记[3]这一概念上的描述，对于土地承包经营权的消灭在法律上的生效与注销登记之间的逻辑关系并未明确。

4. 注销登记的前置性程序缺失

我国现行法律对于土地承包经营权的设立登记、变更登记的前置性程序有较明确的规定，而土地承包经营权注销登记则缺乏这样的前置性程序规定，

[1] 《土地登记办法》第 50 条。
[2] 《不动产登记暂行条例实施细则》第 51 条。
[3] 《土地登记办法》第 49 条。

仅有土地登记注销后回收土地权利证书，以及无法收回证书需在登记簿上注明并经公告废止的规定。[1] 这样的程序设置使土地承包经营权注销登记仅成为一种形式上的证书消除或文字涂抹，而没有对较长承包经营期间存续的法律关系中的主体、内容、客体予以实质性的确认与判定。

（二）土地经营权注销登记原因类型的完善

民法理论中用益物权的消灭原因包括存续期间届满、用益物灭失、抛弃、混同、撤销和消灭时效期间届满。[2] “三权分置”下土地经营权源于土地承包经营权或土地所有权，是一类纯粹的财产性权利，其理应符合民法的基本理论。土地经营权注销登记是登记机关在发生法律关系消灭事由或行为情况下，确认土地承包经营法律关系的终止，将土地经营权之法律效力完全消灭而进行的登记。土地经营权注销登记的原因类型应该按照法律事实进行分类并加以完善。

1. 将存续期间届满纳入土地经营权注销登记的原因类型

土地经营权由土地承包经营权的权能分离所产生，并设定了权利的存续期间，当存续期间届满之时，土地经营权应当消灭，其权能回归土地承包经营权，甚至回归土地所有权，以便重新设立土地经营权，形成土地经营权与土地承包经营权、集体土地所有权的动态运行模式。因存续期间届满导致土地经营权的注销登记是确认这一动态运行模式的制度保障。基于这样的制度设计，土地承包经营权人才能够在一个较长的期间，将部分权能彻底分离形成土地经营权，并赋予其自由流转的法律效力，由市场机制进行配置，“如果不对超过权利存续期限的权利进行注销登记，则难以保护真正的权利人的合法权利”。[3] 基于物权法定原则，土地经营权的消灭应当由法律予以明确规定。因此，土地承包经营权注销登记制度应当将权利存续期间届满作为注销登记的原因类型。

2. “三权分置”下“承包权”的消灭与土地经营权注销登记之间的关系

《实施细则》第 51 条将土地经营权人丧失承包资格作为土地经营权消灭

---

〔1〕《土地登记办法》第 56 条。

〔2〕参见房绍坤：《物权法·用益物权编》，中国人民大学出版社 2007 年版，第 116 页。

〔3〕王昉：《完善我国土地权属注销登记制度的建议》，载《经济问题探索》2002 年第 10 期。

进行注销登记的原因类型之一，承包集体土地资格的拥有与否和权利的存续相关联，如此规定与土地经营权的物权属性相冲突。土地经营权是一类独立的财产性权利，承包集体土地的资格仅是土地经营权设立的条件。土地经营权在设立之后，作为法定存续的用益物权，承包资格的丧失不应当成为其消灭的原因。

如上所述，“承包权”与“经营权”的分离，即在承包地流转阶段承包集体土地的资格与土地经营权的分离。若土地经营权自承包人处进行流转之后，承包人之承包资格的丧失导致用益物权的消灭并进行注销登记，则土地经营权作为物权的法定性不复存在，并直接影响承包地流转的稳定性。即使土地经营权设立之后不曾进行流转，承包集体土地资格的丧失也不能影响土地经营权的存续。本书认为，“三权分置”下“承包权”的消灭不应当与“经营权”的消灭相联系，也不应当作为注销登记的原因类型。在我国承包地权利制度依然承担社会保障功能的前提下，土地经营权注销登记制度应当是记载、确认土地经营权的消灭，而“农户承包权”消灭的记载、确认应当由其他制度承担。[1]

### （三）土地经营权注销登记申请主体的完善

1. 因征收农民集体土地所进行土地经营权注销登记的申请主体

国家为实现公共利益对农村集体土地进行征收，使集体土地所有权及其派生的土地经营权归于消灭，对于农村集体组织和承包地经营者而言，是其财产性权利的消灭。集体土地所有权、土地经营权消灭直接关乎权利人的利益，为使权利人利益免受公权力的不当侵害，作为确认集体土地所有权、土地经营权消灭的注销登记应当由承包地权利人进行申请，而非由登记机关直接将土地经营权予以注销。此外，农村集体土地征收所指向的权利对象是集体土地所有权，土地经营权作为由土地承包经营权所分离形成的用益物权，而土地承包经营权是集体土地所有权的派生性权利，因此，土地经营权在一定意义上亦是集体土地所有权的派生性权利。由于国家对农村集体土地的征收，而导致集体土地所有权的消灭，作为派生性权利的土地经营权自然消灭。因此，集体

---

〔1〕 在现阶段，“农户承包权”即“三权分置”下抽离经营性权能的土地承包经营权的代称，土地承包经营权登记制度即转化为记载“农户承包权”状态的制度载体，“农户承包权”的消灭一定程度上即土地承包经营权的消灭，其权利消灭的状态应由土地承包经营权登记进行记载较为恰当。

土地所有权人应当是因农村集体土地征收所进行的土地经营权注销登记申请主体。

2. 因承包地灭失所进行土地经营权注销登记的申请主体

承包地灭失所引发的法律后果不仅是土地经营权的消灭,还会直接导致集体土地所有权的消灭。现行法律规定,对于承包地灭失由土地经营权人申请注销登记,这样的制度设计是基于权利人因其权利的消灭而申请注销登记的逻辑,但是其忽视了权利标的物的灭失所引发法律关系终止不仅止于用益物权这一他物权的消灭,还会导致所有权这一自物权的消灭。

在所有权消灭的情况下,本应由所有权人申请注销登记,却要求他物权人申请,无视所有权人在注销登记中应有的权利与义务,也造成了他物权人的负担。此外,若由土地经营权人对权利标的物灭失申请土地经营权注销登记,则集体土地所有权人还须就所有权标的物灭失申请集体土地所有权的注销登记。因同一法律事实就同一标的物,由不同权利主体分别申请所有权和他物权的注销登记,造成了程序上的重复和低效率。因此,集体土地所有权人应当是因承包地灭失所进行的土地经营权注销登记的申请主体,并能同时申请集体土地所有权注销登记。

3. 因土地用途的变更所进行土地经营权注销登记的申请主体

土地经营权派生自土地承包经营权,土地承包经营权又派生自集体土地所有权,国家对于农村土地用途限制的直接对象是集体土地所有权的使用权能,因此,土地经营权的使用权能之限制最终是源于国家对于所有权使用权能的限制。当承包地依法变更土地用途时,所变更的对象是集体土地所有权的使用权能。由于自物权使用权能的变更,土地不能用于农业生产,因此,以土地所有权分离形成的土地承包经营权为权利基础的土地经营权自然消灭。

土地用途变更的直接对象并非土地经营权,而是集体土地所有权权能的重大内容变更,直接影响集体土地所有权人对于承包地的使用和收益。虽然土地用途的变更间接导致土地经营权消灭,影响了土地经营权人的利益,但由土地经营权人作为因土地用途的变更所进行注销登记的申请主体,忽视了所有权人应有的权利和义务。此外,现行法律规定当土地用途变更时,所有权人还要申请集体土地用途的变更登记,[1]造成登记程序的低效率。因此,集体土地所有权人应当是因承包地被依法转为建设用地等用途变更所进行的土地经营权注销登记的申请主体,并能同时申请办理土地用途的变更登记。

### (四)土地经营权注销登记生效模式的明确

登记作为物权公示方式,与物权变动的法律效力密切相关,但现行法律对土地经营权注销登记的生效模式并未明确规定。土地承包经营法律关系因法律事实的发生而终止,法律事实分为法律事件和法律行为,两者以是否存在意思表示为区别。土地经营权注销登记作为土地经营权消灭的公示方式,其生效模式应当以引发土地经营权消灭的原因类型进行分类。

1. 法律行为引发土地经营权消灭的生效模式

由于当事人之间的意思表示难以被社会公众获知,需"借助产权登记所能提供的公示力、公信力及推定力,实现确认产权界限的目的",[2]为了保护第三人和交易安全,需要通过注销登记这一物权公示方式使社会公众知晓物权变动。由此,因包含当事人意思表示的法律行为引发土地经营权消灭,应当以注销登记作为土地经营权消灭的生效要件,即以登记作为权利消灭要件的生效模式。

2. 法律事件引发土地经营权消灭的生效模式

当法律事件发生时,土地经营权所存在的基础在客观事实上已经不复存在,在注销登记之前土地经营权在客观上亦不能存在,制度设置上自然不能以注销登记作为权利消灭的生效要件。以因存续期间届满进行注销登记为例,期间即时间段,时间的流逝属于自然的事实,当权利存续期间届满,土地经营权存在的客观基础消失,此时并不需要注销登记但土地经营权已经消灭。因此,因客观的法律事件引发土地经营权消灭,注销登记不能作为土地经营权消灭的生效要件,法律事件发生之时土地经营权即刻消灭,在此种情况下注销登记是土地经营权消灭的物权公示。

### (五)土地经营权注销登记的前置性程序完善

土地经营权注销登记的前置性程序应当包括以下几方面:(1)本集体组织

---

[1] 《土地管理法》第12条、《不动产登记暂行条例实施细则》第26条。

[2] 郜永昌:《论农村土地登记治理功能及其实现》,载《西北农林科技大学学报》(社会科学版)2013年第7期。

成员的村民会议选举产生注销工作小组。注销工作小组代表村民会议参与注销登记的前置性程序，以达到维护集体土地所有权人的利益的目的。(2)由注销工作小组对承包地的使用状态进行确认。在较长的承包期间内，承包地由经营者占有、使用，承包地的使用状态无法被集体土地所有权人获知，加之承包地质量的变化更关系所有权人和未来土地经营权人的利益，因此需要由工作小组进行确认，并可以降低登记机关对于注销登记审核的成本。(3)对承包地的使用状态进行公告公示。通过公告公示，将承包地的使用状态告知集体组织成员，维护集体成员利益，同时错误的承包地使用状态公示也可以经由承包地使用者的异议得以纠正。(4)由注销工作小组代表集体土地权人申请注销登记或协助、敦促土地经营权人申请注销登记，降低程序成本。

# 参考文献


## 一、著作类

1.［德］鲍尔、施蒂尔纳:《德国物权法》(上册),张双根译,法律出版社2004年版。

2. 陈光华:《物权变动要件论》,知识产权出版社2008年版。

3. 陈锡文、罗丹、张征:《中国农村改革40年》,人民出版社2018年版。

4. 陈小君等:《农村土地问题立法研究》,经济科学出版社2012年版。

5. 陈小君等:《我国农村集体经济有效实现的法律制度研究——理论奠基与制度构建》,法律出版社2016年版。

6. 崔文星:《中国农地物权制度论》,法律出版社2009年版。

7.［美］D. 盖尔·约翰逊:《经济发展中的农业、农村、农民问题》,林毅夫、赵耀辉编译,商务印书馆2004年版。

8. 丁关良:《土地承包经营权基本问题研究》,浙江大学出版社2007年版。

9.［美］E. 博登海默:《法理学:法律哲学与法律方法》,邓正来译,中国政法大学出版社2004年版。

10.［英］F. A. 哈耶克:《致命的自负》,冯克利等译,中国社会科学出版社2000年版。

11. 房绍坤:《物权法·用益物权编》,中国人民大学出版社2007年版。

12.［德］G. 拉德布鲁赫:《法哲学》,王朴译,法律出版社2005年版。

13. 高海:《农用地"三权分置"研究》,法律出版社2017年版。

14. 贺雪峰:《小农立场》,中国政法大学出版社 2013 年版。

15. 黄薇主编:《中华人民共和国农村土地承包法释义》,法律出版社 2019 年版。

16. 孔祥智等:《当代中国农村》,中国人民大学出版社 2016 年版。

17. 李昌麒:《经济法——国家干预经济的基本法律形式》,四川人民出版社 1995 年版。

18. 李昌麒主编:《经济法理念研究》,法律出版社 2009 年版。

19. 李昌麒主编:《经济法学》(第 2 版),法律出版社 2008 年版。

20. 李昌麒主编:《中国农村法治发展研究》,人民出版社 2006 年版。

21. 李国强:《相对所有权的私法逻辑》,社会科学文献出版社 2013 年版。

22. 梁慧星:《梁慧星谈民法》,人民法院出版社 2017 年版。

23. 刘保玉:《物权体系论——中国物权法上的物权类型设计》,人民法院出版社 2004 年版。

24. 刘恒科:《承包地“三权分置”的权利结构和法律表达研究》,中国政法大学出版社 2018 年版。

25. 刘俊:《土地所有权国家独占研究》,法律出版社 2008 年版。

26. 刘俊:《中国土地法理论研究》,法律出版社 2006 年版。

27. 刘守英:《直面中国土地问题》,中国发展出版社 2014 年版。

28. [德]曼弗雷德·沃尔夫:《物权法》(第 18 版),吴越、李大雪译,法律出版社 2002 年版。

29. 孟勤国:《物权二元结构论——中国物权制度的理论重构》(第 2 版),人民法院出版社 2004 年版。

30. 农业部农村经济体制与经营管理司、农业部农村合作经济经营管理总站编:《中国农村经营管理统计年报(2015 年)》,中国农业出版社 2016 年版。

31. 眭鸿明:《权利确认与民法机理》,法律出版社 2003 年版。

32. 孙宪忠:《中国物权法总论》(第 3 版),法律出版社 2014 年版。

33. 孙宪忠主编:《不动产登记条例草案建议稿》,中国社会科学出版社 2014 年版。

34. 王利明:《合同法》,中国人民大学出版社 2015 年版。

35. 王利明:《物权法》,中国人民大学出版社 2015 年版。

36. 王泽鉴:《民法物权·1——通则·所有权》,中国政法大学出版社 2001 年版。

37. 王泽鉴:《民法物权·2——用益物权·占有》,中国政法大学出版社 2001 年版。

38. 王泽鉴:《民法总则》(增订版),中国政法大学出版社 2001 年版。

39. 谢在全:《民法物权论》(上、下册),中国政法大学出版社 1999 年版。

40. 杨青贵:《集体土地所有权实现法律机制研究》,法律出版社 2016 年版。

41. 姚洋:《土地、制度和农业发展》,北京大学出版社 2004 年版。

42. 叶必丰:《行政行为原理》,商务印书馆 2014 年版。

43. 叶金强:《公信力的法律构造》,北京大学出版社 2004 年版。

44. 叶明:《经济法实质化研究》,法律出版社 2005 年版。

45. 于海涌:《论不动产登记》,法律出版社 2007 年版。

46. 张钧:《农村土地流转法律问题研究——以云南文山县为例》,法律出版社 2012 年版。

47. 张文显:《法哲学范畴研究》(修订版),中国政法大学出版社 2001 年版。

48. 最高人民法院物权法研究小组编著:《〈中华人民共和国物权法〉条文理解与适用》,人民法院出版社 2007 年版。

## 二、期刊类

1. 蔡立东:《论承包地收回的权利构造》,载《法商研究》2012 年第 3 期。

2. 蔡立东、姜楠:《承包权与经营权分置的法构造》,载《法学研究》2015 年第 3 期。

3. 蔡立东、姜楠:《农地三权分置的法实现》,载《中国社会科学》2017 年第 5 期。

4. 陈朝兵:《农村土地“三权分置”:功能作用、权能划分与制度构建》,载《中国人口·资源与环境》2016 年第 4 期。

5.《陈锡文:农村集体经济组织有两大基本特征》,载《山西农经》2018 年第 13 期。

6. 陈敦:《土地信托与农地"三权分置"改革》,载《东方法学》2017 年第 1 期。

7. 陈广华、毋彤彤:《乡村振兴视域下工商资本流转土地经营权的法律规制研究——兼评〈农村土地承包法〉第 45 条》,载《中国土地科学》2019 年第 8 期。

8. 陈明、武小龙、刘祖云:《权属意识、地方性知识与土地确权实践——贵州省丘陵山区农村土地承包经营权的实证研究》,载《农业经济问题》2014 年第 2 期。

9. 陈小君:《〈农村土地承包法修正案(草案)〉要义评析》,载《中国土地科学》2018 年第 5 期。

10. 陈小君:《土地改革之"三权分置"入法及其实现障碍的解除——评〈农村土地承包法修正案〉》,载《学术月刊》2019 年第 1 期。

11. 陈小君:《土地经营权的性质及其法制实现路径》,载《政治与法律》2018 年第 8 期。

12. 陈小君:《我国农村土地法律制度变革的思路与框架——十八届三中全会〈决定〉相关内容解读》,载《法学研究》2014 年第 4 期。

13. 陈小君:《我国农民集体成员权的立法抉择》,载《清华法学》2017 年第 2 期。

14. 陈小君、高飞、耿卓:《我国农村集体经济有效实现法律制度的实证考察——来自 12 个省的调研报告》,载《法商研究》2012 年第 6 期。

15. 陈晓敏:《论大陆法上的集体所有权——以欧洲近代私法学说为中心的考察》,载《法商研究》2014 年第 1 期。

16. 戴威:《农村集体经济组织成员资格制度研究》,载《法商研究》2016 年第 6 期。

17. 戴炜:《"三权分置"视阈下集体土地所有权的二元构造》,载《南京农业大学学报》(社会科学版)2016 年第 6 期。

18. 丁关良:《土地承包经营权若干问题的法律思考——以〈农村土地承包法〉为主要分析依据》,载《浙江大学学报》2004 年第 3 期。

19. 丁关良、陆春明、蒋青:《土地承包经营权转让登记制度的现实困境及对策》,载《上海财经大学学报》2011 年第 4 期。

20. 丁关良、阮韦波:《农村集体土地产权“三权分离”论驳析——以土地承包经营权流转中“保留(土地)承包权、转移土地经营权(土地使用权)”观点为例》,载《山东农业大学学报》(社会科学版)2009 年第 4 期。

21. 丁文:《论“三权分置”中的土地承包权》,载《法商研究》2017 年第 3 期。

22. 丁文:《论“三权分置”中的土地经营权》,载《清华法学》2018 年第 1 期。

23. 丁文:《论土地承包权与土地承包经营权的分离》,载《中国法学》2015 年第 3 期。

24. 杜文骄、任大鹏:《农村土地承包权退出的法理依据分析》,载《中国土地科学》2011 年第 12 期。

25. 房建恩:《农村土地“三权分置”政策目标实现的经济法路径》,载《中国土地科学》2017 年第 1 期。

26. 房绍坤:《〈农村土地承包法修正案〉的缺陷及其改进》,载《法学论坛》2019 年第 5 期。

27. 房绍坤:《论土地承包经营权抵押的制度构建》,载《法学家》2014 年第 2 期。

28. 房绍坤:《土地经营权的权利属性探析——兼评新修订〈农村土地承包法〉的相关规定》,载《中州学刊》2019 年第 3 期。

29. 房绍坤、任怡多:《新承包法视阈下土地经营权信托的理论证成》,载《东北师范大学学报》(哲学社会科学版)2020 年第 2 期。

30. 高飞:《农村土地“三权分置”的法理阐释与制度意蕴》,载《法学研究》2016 年第 3 期。

31. 高飞:《寻找迷失的土地承包经营权制度——以农地“三权分置”政策的法律表达为线索》,载《当代法学》2018 年第 6 期。

32. 高海:《土地承包经营权“两权分离”的论争与立法回应》,载《武汉大学学报》(哲学社会科学版)2016 年第 6 期。

33. 高海:《土地承包经营权入股的法律性质探析》,载《法学论坛》2011 年第 3 期。

34. 高海:《土地承包经营权之收益权融资担保》,载《安徽大学学报》(哲学社会科学版)2012 年第 4 期。

35. 高海、欧阳仁根:《农地承包经营权权利属性的跨越与流转障碍的克服——以民法用益物权向经济法权利的跨越为路径》,载《南京农业大学学报》(社会科学版)2010 年第 3 期。

36. 高圣平:《承包土地的经营权抵押规则之构建——评重庆城乡统筹综合配套改革试点模式》,载《法商研究》2016 年第 1 期。

37. 高圣平:《从完善土地承包经营权权能视角看土地承包经营权的抵押》,载《南昌大学学学报》2009 年第 1 期。

38. 高圣平:《论农村土地权利结构的重构——以〈农村土地承包法〉的修改为中心》,载《法学》2018 年第 2 期。

39. 高圣平:《农村土地承包法修改后的承包地法权配置》,载《法学研究》2019 年第 5 期。

40. 高圣平:《土地经营权制度与民法典物权编编纂——评〈民法典物权编(草案二次审议稿)〉》,载《现代法学》2019 年第 5 期。

41. 高圣平:《新型农业经营体系下农地产权结构的法律逻辑》,载《法学研究》2014 年第 4 期。

42. 郜永昌:《论农村土地登记治理功能及其实现》,载《西北农林科技大学学报》(社会科学版)2013 年第 7 期。

43. 耿卓:《农民土地财产权保护的观念转变及其立法回应——以农村集体经济有效实现为视角》,载《法学研究》2014 年第 5 期。

44. 管洪彦:《农民集体成员权:中国特色的民事权利制度创新》,载《法学论坛》2016 年第 2 期。

45. 管洪彦、孔祥智:《"三权分置"下集体土地所有权的立法表达》,载《西北农林科技大学学报》(社会科学版)2019 年第 2 期。

46. 韩松:《论农民集体成员对集体土地资产的股份权》,载《法商研究》2014 年第 2 期。

47. 韩松:《论农民集体土地所有权的管理权能》,载《中国法学》2016 年第 2 期。

48. 韩松:《农民集体土地所有权的权能》,载《法学研究》2014 年第 6 期。

49. 何虹、许玲:《农村土地承包经营权确权登记制度的法律完善——基于苏南农村视角》,载《农村经济》2013 年第 6 期。

50. 何凌云、黄季焜:《土地使用权的稳定性与肥料使用——广东省实证研究》,载《中国农村观察》2001 年第 5 期。

51. 胡建:《土地市场化视阈中的农村集体土地产权改造》,载《求实》2014 年第 6 期。

52. 黄花:《农村土地退出路径研究》,载《中南大学学报》(社会科学版)2014 年第 5 期。

53. 黄胜开:《农地流转信息失灵的法律规制》,载《华南农业大学学报》(社会科学版)2014 年第 4 期。

54. 江帆:《经济法实质正义及其实现机制》,载《环球法律评论》2007 年第 6 期。

55. 姜红利:《放活土地经营权的法制选择与裁判路径》,载《法学杂志》2016 年第 3 期。

56. 姜红利:《农地三权分置之下土地所有权的法律表达》,载《法学家》2017 年第 5 期。

57. 姜红利、宋宗宇:《“三权分置”政策下土地承包权的再确认——基于〈民法典物权编(草案二次审议稿)〉的展开》,载《重庆大学学报》(社会科学版)2019 年第 5 期。

58. 焦富民:《“三权分置”视域下承包土地的经营权抵押制度之构建》,载《政法论坛》2016 年第 5 期。

59. 赖丽华:《基于“三权分置”的农村土地经营权二元法律制度构造》,载《西南民族大学学报》(人文社会科学版)2016 年第 11 期。

60. 李长健、杨莲芳:《三权分置、农地流转及其风险防范》,载《西北农林科技大学学报》(社会科学版)2016 年第 4 期。

61. 李戈:《“三权分置”下集体土地所有权的运行困境与完善》,载《经济问题》2018 年第 8 期。

62. 李国强:《论农地流转中“三权分置”的法律关系》,载《法律科学(西北政法大学学报)》2015 年第 6 期。

63. 李林:《依法治国与推进国家治理现代化》,载《法学研究》2014 年第 5 期。

64. 李宁、陈利根、孙佑海:《现代农业发展背景下如何使农地"三权分置"更有效——基于产权结构细分的约束及其组织治理的研究》,载《农业经济问题》2016 年第 7 期。

65. 李蕊:《我国农地融资制度构建理路研究——基于对美国联邦土地银行制度的考察和借鉴》,载《法学杂志》2014 年第 7 期。

66. 李炎媛:《土地经营权抵押贷款融资的法律困境》,载《开放导报》2017 年第 6 期。

67. 刘竞元:《农村集体经济组织成员资格界定的私法规范路径》,载《华东政法大学学报》2019 年第 6 期。

68. 刘平:《承包地退出规则之反思与重构——以〈农村土地承包法修改〉为中心》,载《华中农业大学学报》(社会科学版)2019 年第 2 期。

69. 刘守英、熊雪锋、龙婷玉:《集体所有制下的农地权利分割与演变》,载《中国人民大学学报》2019 年第 1 期。

70. 刘振伟:《巩固和完善农村基本经营制度》,载《农村工作通讯》2019 年第 1 期。

71. 楼建波:《信托财产的独立性与信托财产归属的关系——兼论中国〈信托法〉第 2 条的解释与应用》,载《广东社会科学》2012 年第 2 期。

72. 马俊驹、丁晓强:《农村集体土地所有权的分解与保留——论农地"三权分置"的法律构造》,载《法律科学》2017 年第 3 期。

73. 聂佳:《中国土地承包经营权设立登记评析》,载《现代法学》2008 年第 4 期。

74. 潘俊:《农村土地"三权分置":权利内容与风险防范》,载《中州学刊》2014 年第 11 期。

75. 齐爱民:《土地法、动产法到信息法的社会历史变迁》,载《河北法学》2005 年第 2 期。

76. 漆多俊:《论权力》,载《法学研究》2001 年第 1 期。

77. 钱忠好:《中国农村土地承包经营权的产权残缺与重建研究》,载《江苏社会科学》2002 年第 2 期。

78. 任大鹏:《土地经营权入股合作社的法律问题》,载《农业经济与管理》2015 年第 5 期。

79. 单平基:《“三权分置”理论反思与土地承包经营权困境的解决路径》,载《法学》2016 年第 9 期。

80. 尚旭东:《农村土地承包经营权确权登记颁证:快速推进的“近忧”与“远虑”》,载《农业经济》2016 年第 1 期。

81. 石冠彬:《土地承包经营权设立要件的理论与实证研究》,载《社会科学》2016 年第 11 期。

82. 史际春:《论公用型资源价格的法律规制》,载《社会科学》2015 年第 7 期。

83. 史卫民:《土地承包经营权入股公司的法律规制》,载《中州学刊》2012 年第 6 期。

84. 宋志红:《三权分置下农地流转权利体系重构研究》,载《中国法学》2018 年第 4 期。

85. 宋志红:《土地承包经营权入股的法律性质辨析》,载《法学杂志》2010 年第 5 期。

86. 孙国华:《论法与利益之关系》,载《中国法学》1994 年第 4 期。

87. 孙宪忠:《不动产物权登记研究》,载《中国法学》1996 年第 5 期。

88. 孙宪忠:《推进农村土地“三权分置”需要解决的法律认识问题》,载《行政管理改革》2016 年第 2 期。

89. 孙宪忠:《推进农地三权分置经营模式的立法研究》,载《中国社会科学》2016 年第 7 期。

90. 谭贵华:《“三权分置”背景下土地承包经营权转让管理制度的调试》,载《中国不动产法研究》2017 年第 1 辑。

91. 谭启平:《“三权分置”的中国民法典确认与表达》,载《北方法学》2018 年第 5 期。

92. 唐烈英:《征收集体土地补偿费分配问题研究》,载《农村经济》2014 年第 3 期。

93. 唐烈英、唐立文:《中美两国土地征收补偿比较与借鉴》,载《中州学刊》2014 年第 9 期。

94. 唐烈英、童斌:《论农村土地“三权分置”法律制度之构建》,载《社会科学》2018 年第 8 期。

95. 唐微、吴越:《土地承包经营权抵押的制度“瓶颈”与制度创新》,载《河北法学》2012 年第 2 期。

96. 王超:《农村集体耕地和建设用地确权问题研究——以吉林省为例》,载《农业经济问题》2014 年第 3 期。

97. 王昉:《完善我国土地权属注销登记制度的建议》,载《经济问题探索》2002 年第 10 期。

98. 王冠玺、李仁莹:《土地承包经营权抵押范围的再探索》,载《山东大学学报》(哲学社会科学版)2010 年第 4 期。

99. 王洪平:《发包方土地经营权流转合同终止权研究》,载《法学论坛》2019 年第 5 期。

100. 王敬尧、魏来:《当代中国农地制度的存续与变迁》,载《中国社会科学》2016 年第 2 期。

101. 王利明、周友军:《论我国农村土地权利制度的完善》,载《中国法学》2012 年第 1 期。

102. 王小映:《“三权分置”产权结构下的土地登记》,载《农村经济》2016 年第 6 期。

103. 温世扬:《农地流转:困境与出路》,载《法商研究》2014 年第 2 期。

104. 温世扬、吴昊:《集体土地“三权分置”的法律意蕴与制度供给》,载《华东政法大学学报》2017 年第 3 期。

105. 温世扬、张永兵:《土地承包经营权入股农民专业合作社法律问题探析》,载《甘肃政法学院学报》2014 年第 3 期。

106. [德]乌尔里希·特维斯:《农民与农地在法律上的关系——以农地用益租赁合同的塑造可能性和计划风险为例》,覃亦佳译,载《中德法学论坛》2017 年第 1 期。

107. 吴爽:《农民土地承包权有偿退出法律机制的构建》,载《农村经济》2017 年第 9 期。

108. 吴义龙:《“三权分置”论的法律逻辑、政策阐释及制度替代》,载《法学家》2016 年第 4 期。

109. 吴义茂、吴越:《土地承包经营权入股与家庭承包经营制度的完善——以城乡基本公共服务均等化为背景》,载《法治研究》2012 年第 7 期。

110. 吴越、吴义茂:《农地赋权及其土地承包经营权入股范式》,载《改革》2011 年第 2 期。

111. 吴昭军:《农村集体经济组织“代表集体行使所有权”的法权关系界定》,载《农业经济问题》2019 年第 7 期。

112. 向超、张新民:《“三权分置”下农地流转权利体系化实现——以“内在体系调适”与“外在体系重构”为进路》,载《农业经济问题》2019 年第 9 期。

113. 肖鹏:《农村土地“三权分置”下的土地承包权初探》,载《中国农业大学学报》(社会科学版)2017 年第 1 期。

114. 肖顺武:《论耕地保护法律制度之完善——基于粮食安全视角的解析》,载《西南政法大学学报》2006 年第 4 期。

115. 肖卫东、梁春梅:《农村土地“三权分置”的内涵、基本要义及权利关系》,载《中国农村经济》2016 年第 11 期。

116. 谢根成、蒋院强:《农村土地承包经营权退出制度的缺陷及完善》,载《农村经济》2015 年第 3 期。

117. 谢鸿飞:《民法典与特别民法关系的建构》,载《中国社会科学》2013 年第 2 期。

118. 徐超:《“三权分置”背景下我国农地标示登记的困境及制度完善》,载《农业经济》2017 年第 3 期。

119. 徐超:《“三权分置”下土地经营权登记制度的缺陷及完善——以信息规制为研究路径》,载《农业经济问题》2017 年第 9 期。

120. 徐超:《“三权分置”下土地经营权注销登记的功能解析及制度完善》,载《农村经济》2017 年第 6 期。

121. 徐超:《承包地“三权分置”中“三权”的权利属性界定》,载《西南民族大学学报》(人文社会科学版)2019 年第 9 期。

122. 徐超:《论我国耕地利用和保护的多元主体重构》,载《农村经济》2016 年第 4 期。

123. 徐海燕、冯建生:《农村土地经营权信托流转的法律构造》,载《法学论坛》2016 年第 5 期。

124. 徐海燕、张占峰:《我国土地经营权信托模式的法律思考》,载《法学杂志》2016 年第 12 期。

125. 杨立新:《论我国土地承包经营权的缺陷及其对策——兼论建立地上权和永佃权的必要性和紧迫性》,载《河北法学》2000 年第 1 期。

126. 杨攀:《农村集体经济组织成员资格标准的法律分析与实践》,载《西南政法大学学报》2011 年第 3 期。

127. 杨青贵:《集体土地所有权实现的价值目标、基本原则与制度框架》,载《西北农林科技大学学报》(社会科学版)2016 年第 1 期。

128. 叶兴庆:《从"两权分离"到"三权分离"——我国农地产权制度的过去与未来》,载《中国党政干部论坛》2014 年第 6 期。

129. 应飞虎:《从信息视角看经济法基本功能》,载《现代法学》2001 年第 6 期。

130. 应飞虎、涂永前:《公共规制中的信息工具》,载《中国社会科学》2010 年第 4 期。

131. 袁达松、郑潮龙:《我国农村土地承包经营权登记制度的完善》,载《中州学刊》2013 年第 2 期。

132. 张成玉:《农地质量对农户流转意愿影响的实证研究——以河南省嵩县为例》,载《农业技术经济》2011 年第 8 期。

133. 张克俊:《经济新常态下土地经营权流转的新特征与思路调适》,载《中州学刊》2015 年第 5 期。

134. 张力、郑志峰:《推进农村土地承包权与经营权再分离的法制构造研究》,载《农业经济问题》2015 年第 1 期。

135. 张平华:《论土地承包合同》,载《中国农村经济》2002 年第 2 期。

136. 张沁岚、杨炳成、文晓巍、饶炯:《土地股份合作制背景下推进承包经营权确权的农户意愿、难点与对策——以广东省为例》,载《农业经济问题》2014 年第 10 期。

137. 张守夫、张少停:《"三权分置"下农村土地承包权制度改革的战略思考》,载《农业经济问题》2017 年第 2 期。

138. 张文显:《法治与国家治理现代化》,载《中国法学》2014 年第 4 期。

139. 张尊帅:《工商资本投资农业的风险及其防范》,载《现代经济探讨》2013 年第 8 期。

140. 赵忠奎:《土地承包经营权抵押制度的构建——以土地经营权物权塑

造为视角》,载《江西财经大学学报》2017 年第 6 期。

141. 朱广新:《土地承包权与经营权分离的政策意蕴与法制完善》,载《法学》2015 年第 11 期。

142. 祝之舟:《〈农村土地承包法〉修改的制度要点与实施问题研究》,载《南京农业大学学报》(社会科学版)2019 年第 4 期。